AF309125

MARC MICHEL IMPRIMERIE DE
REY BOUILLON
M. WEISSENBRUCH
IMPRIMEUR DU ROI
BRUXELLES

MAURICE WILMOTTE

La Belgique

morale et politique

(1830-1900)

Avec une Préface de M. ÉMILE FAGUET
de l'Académie française.

Librairie Armand Colin

Paris, 5, rue de Mézières

La Belgique morale et politique

(1830-1900)

MAURICE WILMOTTE

La Belgique

morale et politique

(1830-1900)

Avec une Préface de M. ÉMILE FAGUET
de l'Académie française.

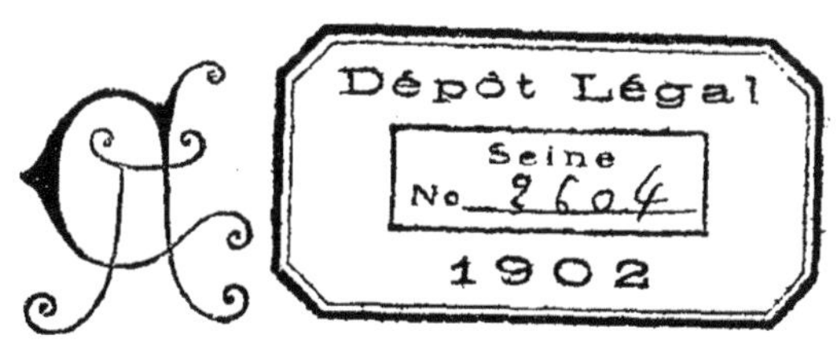

Librairie Armand Colin

Paris, 5, rue de Mézières

PRÉFACE

Ce livre que je me fais un plaisir, malgré mon incompétence, mais sur le désir formel de l'auteur, de présenter au public, est une histoire politique de la Belgique depuis 1830 jusqu'à 1900. C'est un des ouvrages les plus documentés et aussi les plus lumineux que je sache. M. Wilmotte est un historien, un critique, un psychologue et un sociologue. Il s'est tiré avec bonheur, parce qu'il s'y était engagé avec patience et loyauté et avec les meilleurs instruments, de la tâche considérable qu'il avait entreprise. Je ne crois pas qu'il y ait, sur l'histoire de la Belgique, rien de plus complet, rien de plus pénétrant, rien de plus avisé et rien de plus définitif, jusqu'à nouvel ordre, bien entendu, et c'est ce qui me permet de mettre un comparatif à un terme qui régulièrement n'en comporte point.

Le centre, en quelque sorte, de cette étude, c'est l'histoire particulière du « parti libéral » en Belgique, et cela est naturel et légitime; car, c'est le parti libéral qui a fait la Belgique et c'est de quoi la Belgique doit toujours se souvenir, si elle ne veut pas être tout à fait ingrate.

Je ne dis point cela en qualité de libéral français, au moins; car les mots de la langue politique n'ont le même sens ni d'une date à une autre, ni d'un lieu à un autre lieu, et ce que les Belges entendent par libéral n'est nullement ce que nous entendons en 1902 par ce mot. Il en est plutôt le contraire. Libéral a en Belgique le sens qu'il avait chez nous en 1825. Il veut dire autoritaire, centralisateur et étatiste. Il veut dire autoritaire et anticlérical, et ce sont très précisément ces deux sens qui l'enferment dans une définition complète. Les Belges, en hommes qui parlent le français classique, ont conservé au mot, moins sa signification étymologique que le sens qu'il avait quand les Français parlaient une belle langue littéraire.

Peu importe et il suffit de s'entendre sur

l'acception du mot employé, et il suffit, pour s'en souvenir, de mettre des *guillemets*.

Donc le parti « libéral », c'est-à-dire autoritaire, centralisateur et anticlérical a fait la Belgique, de 1830 à 1870. Non pas que la Belgique soit née de lui. Elle n'est pas née d'un mouvement politique, elle est née d'un mouvement patriotique. Elle est née de l'impossibilité où était la population belge de vivre en communauté avec une population qui avait d'autres mœurs, une autre langue et une autre religion qu'elle-même, et non seulement en communauté avec elle, mais sous sa domination. La révolution belge de 1830 est une scission nationaliste, analogue — je plaisante un peu, veuillez le croire, — à celle que nous ferions, si nous nous constituions, nous, hommes d'au-dessus de la Loire, en peuple indépendant, pour nous soustraire à la domination indiscrète du Midi.

Mais, la scission accomplie, c'est le parti « libéral » qui a fait la Belgique, qui l'a établie, qui l'a contractée et ramassée énergiquement autour d'un centre, qui lui a donné ses institutions et ses lois et qui l'a aiguillée dans une certaine direction. Ce sont les grands « libéraux »

dont vous verrez se dessiner dans ce livre les
fières silhouettes, ce sont les Rogier, les Frère-
Orban, les Bara, qui ont été les Richelieu et les
Napoléon de la Belgique.

Ces hommes, je l'ai dit, étaient avant tout
autoritaires, centralisateurs et anticléricaux. Je
reconnais que pour une trentaine d'années, et
peut-être pour un demi-siècle, ils avaient raison,
ou, tout au moins, n'avaient pas tout le tort.
La Belgique, avec ses immémoriales traditions
de libertés locales, avec son provincialisme, son
particularisme, son municipalisme ombrageux,
devait certainement être contractée et ramassée
quelque peu, pour devenir véritablement un
peuple.

D'autre part, encore que je soutienne qu'il
est permis d'être clérical, j'aime assez, moi-
même, que quand on l'est, on le soit patriotiquement et qu'on subordonne son cléricalisme à
son nationalisme et, ce n'était peut-être pas tout
a fait le cas de tous les cléricaux de Belgique.
J'admets très bien qu'un gouvernement, et surtout le gouvernement d'un peuple nouveau,
entende qu'on prenne l'habitude de lui obéir un
peu plus qu'au gouvernement de la ville de
Rome.

Quoi qu'il en soit, anticléricalisme, antiparti-
cularisme et antilibéralisme, ce fut à peu près la
formule générale du parti « libéral » belge,
depuis 1830 jusqu'à 1870. C'est lui, c'est la
bourgeoisie belge, qui, par l'organe de Rogier,
disait en 1841 : « Nous avons pensé, mes amis
et moi, que plus on avait donné [on avait *laissé*
ou *rendu*; car c'est la liberté qui en Belgique
est la plus vieille tradition], que plus on avait
donné de libertés au pays, plus il fallait donner
de force au pouvoir, non pour restreindre ces
libertés, mais pour en *modérer et en régulariser
l'usage.* » — C'est lui qui, en vertu de cette formule, « a résumé, comme dit M. Wilmotte, la
politique libérale en Belgique jusqu'en 1884 »,
s'est montré « résolument niveleur, ne se bor-
nant pas à retirer le plus possible des prérogatives et des ressources propres des pouvoirs
locaux; mais les surveillant dans leurs moindres
actes, leur imposant, en la personne du bourgmestre et des échevins, des tuteurs responsables
devant la puissance gouvernementale et faisant
sentir l'action centralisatrice jusque dans le
moindre hameau ».

C'est le parti « libéral », c'est la bourgeoisie

belge, qui, par la loi de 1850 sur l'enseignement, « à une conception locale et familiale de
l'enseignement, allait, rompant avec une vieille
tradition, substituer une puissante machine,
actionnée par un moteur unique et dont les
rouages compliqués supposaient une organisation bureaucratique et la constitution d'un corps
d'État, celui des préfets et des professeurs étrangers à la ville où ils enseignaient et soustraits à
toutes les dépendances de clocher ; en même
temps que l'unité des programmes allait avoir
pour effet de passer le même rouleau sur toutes
les mentalités, sans tenir compte des particularités individuelles, des variétés natives de
l'esprit provincial, avec ses joliesses et ses mesquineries également chères à la médiocrité bourgeoise et en général à tous les conservatismes. »

C'est lui, c'est la bourgeoisie belge qui, par
l'organe de Frère-Orban, écartait des fonctions publiques les jeunes gens entachés d'éducation libre par ces déclarations subtiles : « Le
libre exercice des professions ne doit pas être
confondu avec l'admissibilité aux fonctions
publiques... Le législateur mettra les conditions
qu'il voudra pour l'admission aux fonctions... A

supposer que le régime de liberté répugne trop
encore, le devoir de l'État, rétabli dans ses
droits, sera d'investir ses écoles du soin de former ceux qui se préparent à la magistrature, au
notariat, aux fonctions de médecin et de pharmacien des administrations civiles et militaires,
au service des hospices et hôpitaux, et ce en
vertu d'un droit incontesté, incontestable, inaliénable, qui lui est reconnu dans cette discussion
même et qui a été défendu par le gouvernement. »

C'est le parti « libéral », c'est la bourgeoisie
belge, qui fit tous ses efforts pour affaiblir l'autonomie communale, retirant aux conseils munici-
paux le droit d'élire le bourgmestre, restituant
au roi le soin de choisir et de révoquer *le secrétaire communal*, qui, devenu agent du pouvoir,
devait préférer les ordres de l'autorité centrale à
ceux de ses chefs locaux, reportant au chef-lieu
d'arrondissement le vote pour le Sénat et pour
la Chambre, afin de « dépayser et déraciner les
électeurs »; enfin, « pour achever la déroute du
particularisme », laissant se constituer ou subsister de vastes circonscriptions électorales, dont
une ville devint le centre et qui élirent jusqu'à
douze ou dix-huit députés (scrutin de liste).

C'est le parti « libéral » qui, par l'organe de Bara, répondant à Jules Simon, fit cette déclaration : « Je dis, moi, que l'État a le pouvoir absolu d'enseigner, parce que la société sera toujours imparfaite, parce qu'il y aura toujours des différences religieuses, parce qu'il faudra un enseignement pour les pauvres [que seul l'État peut donner?], parce que la concurrence est nécessaire pour élever le niveau de l'instruction. »

Meilleur cela, parce qu'il implique que l'État enseignant admettra toujours et même devra provoquer un concurrent avec lui-même.

En un mot le parti « libéral » belge a été une variété du jacobinisme, une variété dans les teintes douces, je le reconnais, parce que l'instinct libéral est si fort en Belgique qu'il est très difficile d'y froisser, d'y meurtrir brutalement le besoin de liberté religieuse, le besoin de liberté individuelle, le besoin de liberté de la pensée, le besoin d'indépendance municipale, au moins relative. Mais enfin, le parti « libéral » belge a été une manière de jacobinisme tempéré et poli, mais à tendances autoritaires, centralisatrices et anticléricales très fortes et très opiniâtres.

Du reste, admirablement patriote, militariste autant au moins que le parti catholique pouvait l'être, sentant bien que le plus « neutre » des pays ne peut l'être sûrement qu'en pratiquant la neutralité très armée, en se protégeant lui-même et en montrant, tous les jours, qu'il serait très capable de se défendre.

*
* *

Le parti « libéral », depuis une trentaine d'années, depuis vingt ans surtout, a été très affaibli, jusque-là qu'il n'est presque plus qu'un appoint entre les deux grands partis belges, le parti catholique et le parti socialiste.

Ce qui l'a énervé, c'est la poussée démocratique. Il représentait la bourgeoisie de 1830, patriote, disciplinée et disciplinaire, intelligente et éclairée, invinciblement opposée, du reste, à deux forces, l'instinct religieux et l'instinct de libre gouvernement de l'individu par l'individu, opposée encore aux rêveries et aux aspirations socialistes. *Tout*, par conséquent, ou presque tout se trouvait contre lui quand survint, fatalement amenée par le mouvement général euro-

péen, l'extension du suffrage politique. Il eut
contre lui les libéraux, dans le sens du vrai mot,
et je reconnais que par tout pays, sauf en Amérique, cela ne compte pas pour beaucoup ; mais
encore c'est quelque chose ; les libéraux, donc,
et les catholiques et les socialistes. Il fut réduit à
presque rien, presque au souvenir mélancolique
des services, des très grands services, il faut le
crier, qu'il avait rendus au peuple naissant. Il
devenait un « parti historique » comme les
royalistes en France.

Il est maintenant, comme dans un étau, entre
le peuple des villes qui est socialiste et le peuple
des campagnes qui est catholique. Il est destiné
à se rapprocher peu à peu, jusqu'à presque s'y
confondre, du parti socialiste et à n'être plus
qu'une nuance du parti socialiste.

Cela se voit pleinement à la consultation politique que donne dans une brochure, parue
d'hier (¹), M. Wilmotte, qui est un des représentants les plus nets et les plus conscients, comme
aussi des plus convaincus du vieux parti « libéral ». M. Wilmotte s'y révèle comme absolument

(¹) *Le libéralisme belge et son devoir présent*,
Bruxelles, Weissenbruch.

anticollectiviste, il est vrai ; mais je crois qu'il suffit d'avoir le sens du possible et le sens du réel pour être anticollectiviste ; mais il s'y montre aussi comme « socialiste d'État » dans une très large mesure et très décidé. Impôt sur le revenu, intervention de l'État, très précise et très impérative, dans les questions d'heures de travail, de salaire et de contrat, accaparement par l'État des grandes industries qui sont d'intérêt national et, on peut se risquer à le dire sans trahir sa pensée, du plus grand nombre d'industries possible : voilà le socialisme d'État, que l'on pourrait appeler « le socialisme d'État modéré » *qui n'était pas du tout* celui du vieux « parti libéral » et qui est, sans qu'il s'en cache, et tout au contraire, celui de M. Wilmotte.

En cela, M. Wilmotte me paraît tout à fait dans l'axe, si l'on peut dire, de son parti, et dans le sens de l'évolution naturelle et nécessaire de son parti. Le parti « libéral », centralisateur, niveleur, étatiste, devait en arriver *à appliquer aux questions sociales les idées qu'il s'est efforcé pendant quarante ans d'appliquer aux questions politiques.* Intervention de l'État dans le domaine des intelligences et des consciences a pour conséquence et aboutissement logiques, intervention de l'État dans le domaine du travail et de la concurrence industrielle. Centralisation et nivellement dans les choses politiques a pour conséquence et pour aboutissement logiques, nivellement relatif des fortunes et tendance à faire ceci que l'État seul soit riche. Voilà au moins qui est rationnel, qui se tient, et qui même se tient beaucoup mieux que certains programmes du jacobinisme bourgeois de Frère-Orban ou de Rogier, où il entrait un nombre respectable de contradictions.

Je crois donc que M. Wilmotte est dans la vérité de son parti. Je crois que son parti viendra tout entier à des idées analogues, et dès lors, comme le radicalisme français, ne sera plus qu'une variété du socialisme, que l'aile droite du socialisme.

Autant dire qu'il disparaîtra, comme le radicalisme français est condamné à disparaître et qu'il ne restera en présence que le parti catholique et le parti socialiste : le parti catholique ayant pour frein et modérateur le catholicisme libéral ; le parti socialiste ayant pour modérateur et pour frein le semi-socialisme, le socialisme d'État qui s'appellera encore quelque temps « le parti libéral », jusqu'à ce que cette dénomination ne se comprenne plus, ne réponde à rien et n'ait même plus le sens d'un contre-sens.

Pour moi, libéral radical, je souhaite qu'un de ces deux partis, qui ne sont pas plus libéraux l'un que l'autre, prenne quelque souci des questions de liberté dans la terre classique de la liberté ; que, prenant en quelque considération la forte parole de Benjamin Constant : « Il ne faut *point* de gouvernement hors de sa sphère ; mais dans cette sphère il ne saurait en exister trop », il s'attache à tracer avec netteté et surtout avec désintéressement la limite de cette sphère, ce qui est toute la question ; qu'il ne s'imagine point que, pour subsister, l'État, c'est-à-dire le parti au pouvoir, *a besoin de tout*, de l'enseignement, de la religion, des administrations locales et des activités individuelles ; qu'il s'imagine, au contraire — cette chanson est bien vieille, mais je ne saurais, Madame, en chanter une autre, et « je chante la mienne » comme Costecalde chez les Bézuquet — que plus les religions, les enseignements, les municipalités,

les personnes sont libres, plus l'État est fort;
qu'il ne s'agit que de donner à l'État la force
suffisante et nécessaire pour défendre la patrie
contre l'étranger et maintenir l'ordre à l'intérieur; que dans cette « sphère » il faut le faire
aussi fort que possible, et qu'au delà de cette
sphère, il n'y a qu'une mesure à prendre, qui est
de ne lui rien donner du tout.

Très persuadé que ni le parti catholique
belge, ni le parti socialiste belge ne songeront
à rédiger ni, et encore moins, à appliquer ce
programme, je suis très à l'aise pour le conseiller indistinctement et impartialement à l'un et à
l'autre.

Mais en attendant, je conseille aussi à l'un et
à l'autre, pour son instruction, de lire et d'étudier attentivement le passé de la Belgique dans
le livre sincère et consciencieux jusqu'à la super-
stition, lumineux jusqu'à la clarté absolue, atta-
chant jusqu'à passionner, de M. Wilmotte. C'est
un monument à la gloire de notre généreuse,
ardente, intelligente, laborieuse, honnête et
infiniment chère Gaule belgique.

ÉMILE FAGUET.

AVANT-PROPOS

Ce livre est une étude d'histoire politique,
écrite par un libéral, qui parle des choses qu'il
aime, puisqu'il s'agit de sa patrie et des plus
graves intérêts de celle-ci.

Une telle étude n'exclut pas la discussion.
Discuter est peut-être même la façon la moins
déloyale de parler des événements et des
hommes d'hier et d'aujourd'hui. L'historien,
qui promet d'être totalement impartial à leur
propos, promet plus qu'il ne peut tenir, et
j'avoue que mon ambition a été de tenir ce que
je promets ici, c'est-à-dire de donner une appréciation, libre et respectueuse à la fois, des doctrines et des personnes.

On critiquera la division de mon livre. Pourtant elle m'était imposée. Car elle ne repose

pas seulement sur une chronologie suffisamment rigoureuse ; elle correspond aussi à des tendances morales et politiques, qui ont été successivement dominantes en Belgique.

On voudra bien observer, au surplus, que les cent cinquante premières pages, intitulées *Le passé libéral*, ont une portée plus générale, les cent cinquante suivantes, une portée plus restreinte. On peint, dans celles-là, des personnes et on y analyse des opinions, dont on trouve, dans la France de 1815 à 1848, l'équivalent à peu près complet. Au contraire, les faits et les idées étudiés dans le *Présent catholique* sont plus particulièrement belges. On ne les observe, vers la même date, ni à Paris, ni à Berlin, ni à Londres, bien que l'échec du libéralisme, les conflits de races, l'élan industriel et l'expansion coloniale ne soient pas des phénomènes étrangers à la France, à l'Allemagne ou à l'Angleterre de ce temps.

Les principes généraux, qui ont guidé les innovateurs belges, sont bien ceux qui ont guidé leurs voisins. Mais l'application en a été essentiellement différente, parce qu'essentiellement différents étaient les intérêts en cause ici et là.

Dois-je me justifier d'avoir, à ces trois cents pages, ajouté un dernier chapitre, dont l'intitulé a tout l'air d'annoncer autre chose que son contenu ? Car c'est le passé et le présent du socialisme belge que je me suis attaché à faire connaître, plutôt que je n'ai vaticiné sur son avenir.

Mais il m'a paru que cet avenir, dans un parti d'*a-priori* constant, de foi souvent aveugle et de discipline militaire, était, sinon « dans la main de Dieu », du moins dans la main de puissances, dont la puissance populaire n'est pas, malgré les apparences, la plus fortement active. Ces puissances sont, en somme, celles que j'ai étudiées dans les chapitres précédents, la race, la religion, les élites individuelles, sans lesquelles il n'y a ni révolution possible, ni évolution féconde. Le lecteur, aiguillé d'ailleurs par mon éminent préfacier, n'aura donc pas trop de peine à dégager lui-même la redoutable inconnue qui trouble, en ce moment, tant de consciences en Belgique.

M. W.

I

LE PASSÉ LIBÉRAL

LE PASSÉ LIBÉRAL

La Belgique a offert, depuis 1870, le spectacle
curieux d'une évolution politique et sociale, dont
la rapidité a déjoué toutes les prévisions. En trente
ans, elle a passé du régime oligarchique au régime
démocratique; elle a connu le gouvernement libéral tempéré, à la mode de 1830, le gouvernement
catholique instable, la stagnation d'un cabinet conservateur, voué à l'immobilisme, puis une ère de
réformes progressives, et, grâce à l'émoi causé par
ces réformes, une longue réaction; enfin, en 1893,
sous la pression du socialisme, elle a fait l'appren-
tissage d'un suffrage universel mitigé et inscrit
dans son code une série de lois ouvrières, qui
n'ont eu d'autre effet que d'aviver les antagonismes
sociaux. Le cinquième du Parlement belge appartient maintenant au collectivisme : si les doubles
et les triples votes étaient demain retirés à la bour-

geoisie — et ils le seront peut-être, — on peut conjecturer que ce cinquième deviendrait une grosse moitié. Le Sénat étant ploutocratique de recrutement et conservateur par essence, un nouveau système électoral, pareil à celui de la France, créera fatalement un antagonisme de plus au sein de cette petite nation, et il serait téméraire de pronostiquer qui l'emporterait, en fin de compte, du capital industriel ou du travail manuel, de ceux qui possèdent ou de ceux qui veulent posséder.

Ainsi s'expliquent les dix-huit ans de pouvoir, aujourd'hui accomplis, du parti clérical. Celui-ci constitue par ses effectifs ruraux, par le clergé, par les appuis qu'il trouve dans la bourgeoisie des villes, une sauvegarde suffisante contre le parti révolutionnaire. Tous ceux qui détiennent quelque bien ont une secrète et légitime inclination pour le conservatisme. Chez une nation catholique, ce conservatisme, lorsqu'il repose en même temps sur une foi restée vive, peut défier l'effort des années. La dernière heure de la domination cléricale n'a donc point sonné. On a persuadé à beaucoup d'électeurs, surtout à ceux que leur fortune ou leur instruction a privilégiés, en leur assurant un double ou un triple vote, que la chute du ministère conservateur serait le signal de leur ruine; on ne leur a permis l'option qu'entre la réaction et la révolution, et ils ont choisi la réaction. Celle-ci, au surplus, se montre sage et tempérée. Si elle fait trois pas en arrière, elle se hâte après d'en faire deux en avant; c'est toujours un pas de gagné, et le second mouvement enlève le souvenir du premier. On croit n'avoir pas bougé. C'est à peine si les plus clairvoyants constatent qu'il y a quelques fonctionnaires catholiques nouveaux, quelques miliciens illettrés de plus, quelques instituteurs de moins, quelques aumôniers dans les collèges, qui n'y étaient pas la veille.

Pendant ce temps, le socialisme gagne du terrain aux dépens des libéraux. Le rôle de ceux-ci, il faut le confesser, est suprêmement ingrat. Enserrés entre les deux partis extrêmes, qui se disputent les foules, ils n'ont qu'un tout petit périmètre pour se mouvoir. La haute bourgeoisie leur a échappé quasi complètement; elle vote pour Dieu. La petite bourgeoisie se souvient de ses récentes origines, et c'est ce qui la divise. Elle est libérale quand, issue du peuple des villes, elle n'a pas des intérêts économiques opposés; issue du peuple des campagnes, elle est restée catholique comme lui. Dans les villes même, le socialisme cherche à l'attirer à lui; elle n'a pas, en effet, pour ses deniers fraîchement amassés, les appréhensions invétérées des possédants de vieille date;

la vigueur de ses muscles et le contact journalier
avec les tâcherons la solidarisent avec les revendications brutales de ceux-ci ; elle peine comme eux
et elle est tentée d'accepter leur idéal ; son ignorance fait le reste. Quant à la bourgeoisie moyenne,
celle des professions libérales, elle est acquise au
tiers parti belge par tradition et par goût. C'est là,
et aussi chez les notables des campagnes, qu'on
trouve la sincérité des convictions libérales. Sont
encore libéraux la plupart des industriels, en
haine du protectionnisme qui les ruinerait, et du
socialisme qui les exproprierait sans pitié ; le sont,
enfin, de-ci de-là, les ouvriers d'élite qui, émancipés intellectuellement et devenus antireligieux,
réprouvent et redoutent les excès du socialisme,
parce qu'ils identifient cette doctrine avec les
pauvres diables, illettrés et vantards, dont on a
fait des députés, des conseillers provinciaux et
des conseillers communaux, quoi qu'ils soient
moins intelligents et moins laborieux qu'eux-
mêmes.

L'ouvrier d'élite est l'exception ; les professions
libérales ont un effectif à peu près invariable ; les
campagnes tendent à se dépeupler, et elles comp-
tent chaque jour moins de fortunes moyennes ; la
société anonyme se substitue rapidement à l'industriel, qui exploite seul ses propres inventions ou

celles d'autrui. Le recrutement des libéraux est donc de plus en plus lent et difficile.

Pour comble d'infortune, ce tiers parti, que son passé, si honorable, ne recommande ni aux apeurés ni aux exaltés, a perdu successivement ses chefs les plus illustres : Rogier, qui avait été l'un des fondateurs de la monarchie et qui assista au baptême du libéralisme en 1846, avec l'autorité et l'expérience d'un premier homme d'État; Frère-Orban, qui pendant cinquante ans avait conduit son parti au triomphe ou l'avait sauvé, du moins, du déshonneur et de la déroute, et dont le nom était vénéré en Belgique et respecté à l'étranger; Bara, qui, s'il n'avait pas les qualités de grand politique de ses aînés, ne leur cédait en rien comme popularité effective et personnifiait mieux qu'eux, peut-être, les aspirations moyennes de ses compatriotes. Rogier avait disparu dès 1885, Frère-Orban mourut le 2 janvier 1896, et le 26 juin 1900, l'apoplexie foudroyait Jules Bara. Ces trois hommes furent, chacun à sa façon, de grands hommes, et la politique libérale se personnifie en eux. Leur histoire est l'histoire d'un parti.

CHARLES ROGIER

En France, la révolution de 1830 fut un jeu de dupes. Le peuple, qui avait fait 1789 pour aboutir au despotisme impérial, à la reconstitution d'une église et d'une noblesse, éleva des barricades, quarante ans après, pour donner le gouvernement à une classe qu'il détestait plus encore que les prêtres et les nobles. Dès le 13 mars 1831, la réaction antidémocratique s'annonce [1]. Les émeutes succèdent aux émeutes; de Paris l'insurrection s'étend aux provinces; on l'écrase militairement; on bâillonne la presse; on emprisonne les républicains; les lois d'exception se multiplient; attroupements,

[1] « Le gouvernement de juillet était donc condamné, comme tout autre à l'issue d'une révolution, à n'être pas un gouvernement de discussion. Mais ce qui est à son grand honneur, il voulait l'être, et de là précisément naissait la difficulté, et de là naissait la nécessité pour lui, tout en étant un régime de discussion, d'être un régime très hérissé, très ferme et très résistant. » ÉMILE FAGUET, *Politiques et moralistes*, 1, p. 355.

affiches, chansons et cris séditieux, toutes les manifestations de la volonté révolutionnaire sont interdites et punies sévèrement; de 1835 à 1846 il y a six tentatives de régicide; la censure est impitoyable et s'applique aux journaux, aux pièces de théâtre et jusqu'à la personne des citoyens.

Voilà le régime, qui devait aboutir à 1848. Il n'y en eut jamais de plus fécond en hommes d'État. Mais ces hommes d'État étaient presque tous des théoriciens. La politique les avait pris à la philosophie (M. Royer-Collard, M. de Rémusat), ou à l'histoire (M. Guizot), ou à d'autres tâches, moins répugnantes, et surtout moins complexes que celle qui consiste à manier des hommes. Seuls M. Molé, qui y laissa la vie, et M. Thiers, qui devait retourner un jour aux études historiques, déployèrent, par intervalles, de la vigueur et de la sagesse; quand M. Guizot reprit la barre, il ne sut que couvrir les feux et stagner; c'est à lui que Lamartine faisait allusion, en 1842, lorsqu'il disait : « Pour faire cette politique, une borne suffirait. »

En Belgique, avant, comme après 1830, la situation est bien différente. Ceux-là qui, en 1830, y prirent la tête du gouvernement étaient, pour la plupart, des jeunes gens enthousiastes et inexpérimentés; ils durent se faire la main sur les barricades et au milieu du tohu-bohu d'une révolution.

Cette révolution fut pour eux-mêmes une surprise, une joyeuse surprise, dont ils n'avaient, certes, ni escompté les profits, ni calculé les risques ; de là leur belle et imprévoyante vaillance, qui, chez quelques-uns, se tourna bientôt en un assagissement précoce et en des vertus fécondes. Pour tout dire, ils débutèrent dans la carrière politique par où avait fini un Guizot, l'homme le plus illustre du libéralisme français de ce temps-là ; 1848, à Paris, signifie l'effondrement d'une doctrine politique, qui, en Belgique, devait, au contraire, tirer d'une révolution aussi foudroyante qu'inespérée une occasion unique de se manifester et de porter tous ses fruits.

Aussi bien la Belgique était-elle peut-être pour des expériences libérales un terrain plus favorable que la France ne le fut, même après 1789 et le régime napoléonien. En passant de l'extrême licence à l'absolu despotisme, la vieille terre monarchique paraissait osciller sur sa base, sans parvenir à retrouver l'équilibre dont elle avait si grand besoin. En Belgique le libéralisme n'était nullement une nouveauté. Comme théorie générale, on le trouve en germe dans des ordonnances de Joseph II et dans plus d'une décision politique du roi Guillaume Ier. Comme pratique quotidienne, il était aussi vieux que les franchises locales et que les

us et coutumes des provinces méridionales des
Pays-Bas. Mirabeau avait pu dire aux Liégeois, en
1789, qu'ils n'avaient rien à envier aux Français,
qui venaient de démolir la Bastille; les privilèges
urbains, en Flandre, en Brabant et en Hainaut,
remontaient, pour la plupart, aux siècles de la
féodalité. La liberté n'était pas qu'un vain mot;
l'égalité civile était un fait et, quant à l'égalité politique, ne la voit-on pas proclamée à Liége dès le
xive siècle, et critiquée avec une vive amertume
par un aristocrate désenchanté, Jacques d'Hemricourt, dès ce temps-là? La puissance et la richesse
du clergé étaient sans doute très grandes et parfois
oppressives; mais elles ne semblent pas avoir déterminé un mouvement protestataire bien sérieux
aux environs de 1789. Encore moins un mouvement révolutionnaire : car si l'on se mutina, ce fut
la croix à la main, et si l'on fit des conjurations
préalables, ce fut dans les églises; la philosophie
voltairienne de Joseph II et le protestantisme de
Guillaume Ier déplurent à la foule pieuse autant
qu'à ses conducteurs spirituels, et quand éclata
l'insurrection, en 1830, le clergé s'y associa de
plein cœur.

Que nous voilà loin de Paris! Les révolutionnaires de 1830 s'en rendaient un compte très net;
tout leur art consista donc à faire accepter un

régime, dans lequel ils s'appliquèrent à conserver ce qu'il fallut bien du passé, tout en y mêlant, à des doses de plus en plus accentuées, les innovations politiques et sociales du libéralisme français. Il ne fallut pas songer à une adaptation immédiate et complète, mais, au plus, à une accommodation lente et fort approximative. Cette accommodation ne pouvait, au surplus, se faire qu'à la condition expresse du fusionnement progressif des Wallons et des Néerlandais. Aux uns et aux autres, différents de race et d'idiome, souvent opposés d'intérêts, il s'agissait maintenant de donner une même orientation morale et politique ; plus que cela, de leur donner une même conscience.

Et donc tout l'effort des libéraux devra tendre vers ce but : constituer, par-dessus les différences locales si tenaces, et en dépit d'elles, une homogénéité intellectuelle et matérielle. Et quel meilleur instrument auront-ils à portée de main que le système de gouvernement qui, avec des intermèdes réactionnaires, avait triomphé en France après Waterloo ? Ainsi s'expliquent déjà les sympathies françaises d'un Rogier ; ainsi s'explique le goût de la centralisation qui sera si affirmé chez lui, mais que Frère-Orban accentuera encore ; ainsi s'explique l'attitude historique des catholiques belges, défenseurs constants, non de la liberté, comme ils le disent et comme ils le croient peut-être, mais des libertés traditionnelles, qui avaient, dans la Constitution belge, née d'un compromis passager, reçu une sanction inévitable, mais dont chaque effort législatif devait éloigner la nation, sous peine de n'être pas ; car ces libertés constitutionnelles avaient, dans une fédération improvisée de petits États catholiques et traditionnalistes, une autre valeur d'acception et une autre portée qu'en une grande monarchie, où la décentralisation était inconnue.

Elles étaient, si on veut les prendre à la lettre, la négation la plus audacieuse de l'État faiblement constitué, dont les gouvernants allaient devoir vivifier et développer l'organisme. Et il arrivera, fatalement, que chacune de ces libertés sera peu à peu contenue, resserrée, délimitée, rognée par des mains expertes et soigneuses, qui sauront, comme celles d'un habile jardinier, émonder partout où il faudra, pour donner de l'unité et de l'harmonie à l'ensemble. C'est, au fond, ce qu'en termes heureux, quoique un peu détournés, exprimait Charles Rogier en 1841, lorsqu'il disait : « Nous avons pensé, mes amis et moi, que plus on avait donné de libertés au pays, *plus il fallait donner de force au pouvoir*, non pour restreindre ces libertés, *mais pour en modérer et en régulariser l'usage*, et pour

mieux en assurer au peuple les avantages pratiques. » C'est aussi la tactique que Frère-Orban
poussera aux dernières limites, comme on le verra
dans la suite de ces études, et c'est le résumé de la
politique libérale en Belgique jusqu'en 1884. A
certains égards, cette politique, conforme d'ailleurs à celle du véritable État moderne, aura l'air
de vouloir nous ramener au système de gouvernement des sociétés antiques. Dans celles-ci comme
dans celui-là, elle consiste, en effet, dans l'immolation des libertés particulières devant le principe
supérieur de la liberté commune; elle pousse cette
immolation jusqu'à des contraintes, qui eussent
effarouché un contemporain de Voltaire, sinon un
émule de J.-J. Rousseau (service obligatoire,
instruction obligatoire, législation d'atelier, etc.),
et elle le fait dans un intérêt supérieur, dont elle a
la notion très précise.

Sans avoir eu la volonté ni peut-être le courage
d'aller jusqu'à ces extrêmes, pourtant logiques,
Rogier et Frère-Orban n'ont pas craint d'opérer
de larges emprises sur le domaine des libertés
dont ils avaient juré le respect théorique. Les lois
de 1842 et de 1850 sur l'instruction primaire
et moyenne seront déjà des limitations très fortes
du droit absolu d'enseigner; un embryon de
législation industrielle et hygiénique se consti-

tuera; l'autonomie des provinces et des communes
sera sacrifiée. Ni les bourses d'études, d'origine
cléricale, ni les fondations d'églises, ni le champ
des morts, avec ses vieilles démarcations de sectes,
n'échapperont au contrôle d'un État résolument
niveleur. On ne se bornera pas à retirer le plus
possible des prérogatives et des ressources propres
des pouvoirs locaux; on les surveillera dans leurs
moindres actes; on leur imposera, en la personne
du bourgmestre et même des échevins, des tuteurs
responsables devant la puissance gouvernementale.
De grands centres urbains prospéreront avec l'aide
de cette puissance, qui sera sévère pour les petites
villes et les bourgades; l'influence électorale des
dernières sera neutralisée progressivement et,
grâce aux chemins de fer, l'action centralisatrice se
manifestera jusque dans le moindre hameau, les
idées nouvelles y pénétreront et les fils de la terre
seront sollicités d'aller chercher une vie plus
douce, et des idées plus larges, loin de leur triste
foyer. Des classes nouvelles de fonctionnaires se
constitueront; ils formeront comme une aristocratie nouvelle, dont les élus seront, dans la
Chambre d'abord, puis au dehors. les plus fermes
soutiens du pouvoir central. Et, un beau jour, c'en
sera fait de la vieille fédération des provinces bel-
giques; à leur place, grâce à la politique étatiste,

c'est-à-dire à la politique libérale, s'élèvera une nationalité, consciente d'elle-même, mûre pour les plus nobles épanouissements de la pensée et de l'art.

*
* *

J'ai nommé plusieurs fois Charles Rogier, et c'est bien lui qu'il convient d'étudier tout d'abord. Contemporain des événements de 1830, acteur et dans un rôle de premier plan, il est peut-être le seul des hommes de ce temps-là qui ait vécu le beau rêve du premier jour, le seul dont la carrière ait eu tout le déroulement enviable.

Né à Saint-Quentin, d'un père belge et d'une mère cambrésienne, et fixé de bonne heure dans sa patrie, il avait néanmoins conservé de ses premiers ans, avec un souvenir profond, une admiration passionnée pour la France. Son père succomba dans la retraite de Russie; son frère fut fonctionnaire de l'empire, et lui-même reçut une éducation pareille à celle des jeunes Parisiens de 1820. Ses préférences littéraires furent vouées sans restriction à la France; il avait lu, lorsqu'il débuta dans la politique par le journalisme, les classiques du xviie et du xviiie siècle, les philosophes et les moralistes surtout, et il s'exerçait à penser et à écrire d'après des maîtres tels que Voltaire,

J.-J. Rousseau, Diderot, Rivarol et Beaumarchais.
Enfin, il rimait, sans génie, mais avec le goût
mesuré et la froide correction d'un petit poète de
la Révolution ; il semble qu'il ait ignoré Chateaubriand et les premiers essais de Victor Hugo et de
Lamartine ; ses lectures, comme ses écrits, étaient
dirigées par cette raison raisonnante, qui fut pour
les hommes de sa génération, du moins en Belgique, un phare lumineux.

Ce fils de la Révolution, Français aux trois
quarts, devait être républicain de conviction ou de
sentiment, de sentiment surtout, s'il faut en croire
ce qu'il écrivait aux environs de 1830 : « On est bien
« royaliste chez nous, en théorie, par réflexion,
« par crainte ; mais la royauté n'est pas dans les
« mœurs. » Et faisant un retour sur lui-même, il
ajoutait : « Si je parle (*à la Constituante*) pour la
« forme républicaine, c'est qu'à mon avis elle vaut
« qu'on la défende pour elle-même..., c'est que, soit
« ressouvenir domestique, soit préjugé d'enfance,
« je sens au fond du cœur, et mes amis le savent,
« quelque chose qui me crie : République ! (¹) »

(¹) J'emprunte cet extrait et plusieurs autres, ainsi
que des faits nombreux et circonstanciés, aux quatre
volumes si riches en renseignements de toute sorte,
que M. Discailles a consacrés à Charles Rogier (Bruxelles, 1893-1895).

Donc, il est républicain, mais il se ralliera à la royauté; il est Français de vives sympathies, mais il n'en sera pas moins bon patriote pour cela. Qu'était-ce, d'ailleurs, en 1830, qu'être Belge? Et n'a-t-on pas déjà dit quel grand et laborieux œuvre ce fut de constituer, ou de reconstituer une nationalité!

Un ami de Rogier, M. Hennequin, lui écrit encore de Liége, en janvier 1831 : « Sauf quelques « esprits généreux, qui comprennent l'honneur « national, toute la jeunesse est française ». Et quand il faudra élire un roi et que le nom du duc de Nemours sera lancé, comme on arbore un étendard, Charles Rogier prononcera un discours, dont la péroraison renferme ces mots : « Il me « reste un aveu à faire. J'ai hésité quelque temps « à prendre la parole dans cette circonstance. Des « souvenirs d'enfance me rattachent à la France, et « j'avais des scrupules à parler ici d'un prince « français. Mais j'ai vu de vieux et purs Belges « défendre le même prince et mes scrupules alors « ont été levés... »

Le refus de Louis-Philippe et l'élection de Léopold de Saxe-Cobourg imposèrent aux gallophiles d'autres devoirs. Rogier fut des premiers à s'incliner devant le fait accompli. Qu'il ait gardé d'intimes prédilections pour la France républi-

caine, c'est ce qu'il est permis de déduire de plus
d'un acte de sa carrière, de plus d'une parole qu'il
prononça dans la suite. Mais il avait été un instrument trop actif et trop ferme du nouveau régime,
dans sa patrie, pour hésiter à refouler au plus profond de lui-même un sentiment qui ne pouvait que
lui fermer la carrière politique. Dès ce moment, il
est bien résolu à être l'un des soutiens de la jeune
royauté, le roi fût-il Allemand.

*
* *

Voilà donc Rogier, comme d'autres républicains
de la veille, comme l'abbé de Haerne notamment,
rallié à l'institution monarchique ; le voilà résigné
à n'être plus que le fidèle sujet d'un prince allemand. Puisque, selon le mot de de M. Bonald, il
faut toujours dans un État « une certaine quantité
de monarchie » mieux valait, après tout, soustraire
celui qui personnifiait cette quantité, et avec lui la
nation, aux périls et aux incertitudes de l'élection
qu'appelle chaque vacance en cas de non-hérédité,
et mieux valait peut-être aussi un prince indépendant, sans attaches dynastiques bien nettes, qu'un
fils de roi, dont le trône risquait fort d'être ébranlé
de toutes les secousses et de tous les assauts
qu'aurait à subir le trône paternel. Rogier vota

donc pour la monarchie héréditaire et, après le
refus de Louis-Philippe, pour Léopold de Saxe-
Cobourg.

Au surplus, la situation, en France et en Belgique, n'était pas la même, et ni les partis ni les
mœurs politiques ne s'équivalaient. Nous verrons
bientôt ce qu'étaient les libéraux belges et pourquoi ils n'eurent jamais, auprès de Léopold Ier, le
crédit qu'obtinrent, presque à la continue, les doc-
trinaires français auprès de Louis-Philippe.

Mais parlons maintenant de la Révolution elle-
même, et des hommes qui en furent les fauteurs et
les conducteurs; demandons-nous de quel œil on
allait les considérer à Paris, et, avec eux, le mouvement populaire qui les porta au pouvoir.

Des correspondances et des mémoires du temps,
il ressort à l'évidence qu'on crut tout d'abord à
une échauffourée sans conséquence (on y crut bien
en Belgique et parmi les plus intéressés à la réussite), et que l'on fut porté à en attribuer l'origine à
des menées cléricales. On savait que le clergé, surtout en Flandre, faisait depuis longtemps une
guerre ouverte aux fonctionnaires hollandais, et on
n'avait pas oublié la révolution brabançonne, qui
fut une révolution plus religieuse que politique,
du moins à ses débuts; on n'ignorait pas certains
actes d'intolérance du gouvernement : Mgr de Bro-

glie pendu en effigie, la propagande réformiste ouvertement favorisée par les fonctionnaires du nouveau régime; il n'en fallait pas plus pour expliquer une effervescence dont on ne pouvait, à distance, mesurer les suites politiques.

De là les défiances, et même les antipathies, auxquelles se heurta le nouvel État chez les gouvernants et aussi chez les « avancés ». Dans une lettre que j'emprunte au livre de M. Discailles, Firmin Rogier, chargé d'affaires des Constituants belges à Paris, raconte à son frère Charles qu'il a déjeuné chez le duc de Choiseul : « ... On croyait, dit-il, que nous étions dominés par le parti prêtre, que la révolution s'était faite au profit des jésuites. » Dans une autre lettre du même on lit : « J'ai, hier, passé la soirée chez le duc Decazes. J'y suis resté près de trois heures. J'ai beaucoup entretenu l'ex-favori et ministre de Louis XVIII de la Belgique, de notre révolution et surtout de notre commerce. Il se trouvait là beaucoup de pairs et de députés... Comme tant d'autres, ils s'imaginaient tous que nous étions dominés par le parti prêtre et que notre mouvement révolutionnaire n'avait été *que de l'eau bénite en ébullition.* J'étais bien aise de les désabuser. » (II, 77.)

Qu'il y eut une part de vérité dans ces assertions à peu près unanimes, nous ne pouvons en douter,

si nous lisons les correspondances du temps. Gendebien, un des fondateurs du nouvel État, écrit à
Rogier : « ... On me dit que de Mérode est ou veut
« se mettre à la tête du *parti prêtre*. Je ne puis
« croire ni au parti prêtre ni à son chef; mais
« évitons même les apparences d'une pareille
« réalité. » Et ce n'était pas qu'une apparence,
car le nom de Félix de Mérode fut prononcé pour
la présidence de la république d'abord projetée,
et ce nom était tout un programme : grand seigneur catholique, celui qui le portait eût pu
malaisément, qu'il le voulût ou non, éviter les
outrances d'une politique réactionnaire, fatale au
nouvel État. On le comprit bien, à Bruxelles
comme à Paris, et on fit sagement en élisant un
roi, et un roi de souche étrangère.

Néanmoins, il resta de ces premières préventions plus qu'il ne fallait pour rendre le gouvernement français, issu des « trois glorieuses », très
réservé à l'égard du Congrès national belge et de
ses délégués au cabinet fraîchement constitué. Et
tout l'art de Rogier, secondé par son frère, ministre à Paris, consista à rallier peu à peu les sympathies, encore fluctuantes et éparses, qu'éveillait
la jeune nationalité, dont les plénipotentiaires de
1815 n'avaient voulu à aucun prix et que Metter-
nich continuait, notamment, à traiter fort dure-

ment, après avoir tout fait pour en empêcher la constitution. Rogier réussit à vaincre toutes les résistances, grâce à l'ascendant du nouveau roi et aussi à la collaboration active et influente de plusieurs de ses collègues, qui, improvisés hommes d'État, ministres ou diplomates, montrèrent, entre 1830 et 1839, une singulière souplesse et une admirable ténacité à faire triompher la plus difficile des causes.

*
* *

En 1831, d'ailleurs, Léopold Ier avait épousé la fille du roi des Français. Ce fut peut-être l'acte le plus sagement diplomatique de toute cette campagne, destinée à consolider la nouvelle monarchie; mais ce fut aussi, pour celle-ci, le signal d'une orientation, dont Rogier connut les inconvénients autant que les joies. Français de sympathie, de naissance même, comme on l'a dit, il ne pouvait lui déplaire que le nouveau roi, s'il n'était Français lui-même, cherchât des appuis du côté de Paris. Aussi, lorsque, en qualité de gouverneur d'Anvers, il reçut Léopold Ier et la jeune reine, il put, sans recourir à l'aimable rhétorique usitée en ces occasions, parler de l'« alliance fraternelle » entre la Belgique et la France, et vanter celle-ci comme le « rempart inexpugnable de la civilisation ».

Mais un an après il était ministre, et il s'apercevait vite, dans son nouvel emploi, des conséquences qu'allait entraîner une alliance dont il avait célébré, avec une sincérité quelque peu romantique, les bénéfices moraux. Il constatait tout de suite des analogies trop certaines entre la politique personnelle de Léopold Ier et celle du roi des Français. Celui-ci avait juré de respecter la charte, mais il s'était réservé certaines prérogatives du passé et, avec Guizot, il estimait pouvoir gouverner au besoin contre la majorité des Français. Il est de lui, ce mot, si net dans sa trivialité bourgeoise, digne de la personne même du souverain : « Ils « ont beau faire, ils ne m'empêcheront pas de « mener mon fiacre. »

Léopold Ier n'eut certes jamais pensé de façon aussi triviale, il n'eut jamais dit cela. Mais il avait un haut sentiment de son rôle ; il était le troisième pouvoir national, et il entendait le rester dans toute la latitude constitutionnelle. De plus, il avait été soldat, et, comme tel, nourri de théories absolutistes, féru d'une discipline qui n'était pas du tout celle du régime parlementaire.

Conscient de ses hautes prérogatives, il l'était aussi de ses responsabilités. Ce n'était pas d'enthousiasme qu'il avait consenti à devenir le premier citoyen de Belgique ; lui qui avait déjà refusé une couronne, il avait dû se demander très sérieusement s'il n'en refuserait pas une seconde. Ce qui l'avait séduit, selon toutes vraisemblances, c'était les difficultés mêmes de sa tâche. Il entrait, pour ainsi dire tout botté, dans un camp, dont les anciens maîtres, expulsés de la veille, menaçaient les abords ; il entendait sonner le boute-selle plus haut que les cloches appelant les bénédictions sur sa tête, et il ne fallait pas, surtout au début, qu'on la lui rompît trop, cette tête, en lui narrant par le menu les querelles byzantines d'un Parlement. Même pour ses ministres, il ne cessa d'avoir l'accès difficile et comme jaloux, et, tout au long de sa carrière, nous entendons Rogier se plaindre des occasions trop rares que lui fournit le roi de l'entretenir, d'échanger avec lui des vues sur l'administration du pays, sur certaines opportunités, sur certains choix ; il se fera tirer l'oreille, bien des fois, avant de répondre à une suggestion ou une sollicitation du cabinet, avant de formuler un avis, de signer une nomination, d'accorder une grâce.

*
* *

Charles Rogier a été l'organisateur de la révolution, après en avoir été un des principaux fauteurs. Il était merveilleusement doué pour

accomplir ces mille petites besognes que suppose
une administration, attentif à toutes choses et à
chacune, précis d'œil et impeccable de mémoire.
Mais, en plus et au-dessus de ces facultés inférieures, il avait la faculté de voir grand, d'embras-
ser les ensembles.

Quand il débuta, il n'y avait ni soldats
régulièrement enrégimentés, équipés, exercés et
aguerris, ni munitions, ni canons, ni rien qui
valût. Sans doute, il ne fut pas seul à s'atteler à
cette tâche formidable de création et d'outillage
d'un État tout neuf. Mais nul ne le surpassait à
l'œuvre, ni ne l'égalait. Il fut successivement ministre de l'intérieur, ministre des travaux publics,
de l'instruction publique et des beaux-arts,
ministre intérimaire de la guerre, ministre des
affaires étrangères de 1832 à 1868 ; mais il avait
été tout cela pêle-mêle en 1830, et sans titres bien
réguliers, comme aussi sans les cadres et les ressources afférents à de si hautes attributions. Quand
Léopold Ier fut élu, il s'occupait de ravitailler
Anvers. Besogne d'ingénieur militaire dira-t-on.
Et avant cela, il avait commandé une légion de
volontaires et il avait fait le coup de feu, lui qui
professait paisiblement a Liége et qui rimait des
odes et des madrigaux là veille. Besogne de soldat,
cette fois ; mais en même temps il cherchait à

ramener la prospérité dans la ville et la campagne,
à restituer au port d'Anvers sa physionomie mouve-
mentée, à inspirer confiance au commerce, et quand
il s'agira, en 1862, de libérer l'Escaut, en rachetant
les péages exigés par la Hollande, on le retrouvera
à l'œuvre comme en 1830, sorte de ministre du
commerce, doublé d'un diplomate et d'un juriste.

Voilà l'homme qui reçut précisément Léopold Ier,
à Anvers, en 1831, et que le roi appela, dès l'année
suivante, à Bruxelles. Était-ce sympathie immédiate, ou estime fondée sur l'expérience des
hommes, comme aussi sur la notoriété des événements, auxquels Rogier avait pris part, et de la part
qu'il y avait prise?

Je croirai plutôt à l'estime qu'à la sympathie, et
en essayant de caractériser les deux personnages
dont la vie commune — très distante et tout officielle, d'ailleurs, — sera si longue, j'ai laissé
deviner pourquoi je crois cela. Le premier contact
a dû être un peu froid entre le prince allemand,
tout frais instauré roi constitutionnel, et le républicain gallophile qu'était Rogier, la veille encore.
Dès le premier jour, Léopold Ier put mesurer la
distance qui séparait un patriote belge d'un cour-
tisan. Mais le souverain avait cela de commun avec
le sujet qu'il était sincèrement dévoué à sa nouvelle patrie et que, pour faire de celle-ci une réalité

et une force, il avait besoin du concours de toutes les volontés intelligentes. Aucune n'était plus propre à seconder son désir que celle de Rogier.

Rogier devient donc ministre de l'intérieur en 1832, et, dès l'année suivante, on voit se dessiner l'opposition de tendances entre le roi et lui. Le cabinet s'était mis d'accord sur le plan d'une réorganisation de l'enseignement supérieur; il avait proclamé ses intentions, et il n'attendait que le *visa* royal pour saisir les Chambres d'un projet de loi. Le *visa* fut refusé. En 1834, nouveau conflit : le ministre de la guerre est ouvertement soutenu par Léopold Ier contre le sentiment de ses collègues qui cherchaient à le débarquer, et ce sont eux qui démissionnent, sans que le *troisième pouvoir* s'en émeuve autrement. La politique personnelle triomphe une fois de plus. Mais, bientôt elle devra céder devant des résistances collectives, qui se dresseront comme un mur. C'est qu'un parti est né, ou plutôt qu'il s'est reconstitué, sous la pression des événements, de nécessités intérieures et d'antagonismes d'idées, dont on avait perdu la notion dans la tourmente révolutionnaire.

** * **

Depuis plus de soixante ans, libéraux et catholiques belges s'accusent réciproquement d'avoir trahi le pacte fondamental, la foi jurée au début de l'union réalisée sur les barricades. Ils semblent ne comprendre, ni les uns ni les autres, que ces sortes de serments ne lient que temporairement, qu'ils deviennent bientôt inutiles ou embarrassants pour des consciences individuelles.

Est-ce que tout ne séparait pas les alliés d'un jour, la religion, les intérêts, l'idéal politique?

Les libéraux étaient beaucoup moins pratiquants qu'on ne l'a répété. Charles Rogier ne cessa, par exemple, d'être un libre-penseur (¹). A vingt ans, il écrivait au sujet du clergé ces paroles caractéristiques : « Pour moi, je crois « qu'un prêtre honnête homme serait bon à « quelque chose. Pour cela, il faudrait une réforme « complète; il faudrait changer leur esprit, dimi- « nuer leur nombre, borner leur puissance aux « choses spirituelles, en ne leur laissant que le « droit de condamner ce qui est mal aux yeux de « tous. »

Avec de telles doctrines, on ne vote pas la

(¹) Charles Rogier écrit au député Mauguin, à Paris, le 25 janvier 1831, pour le rassurer sur le caractère libéral du mouvement. « ... Qu'il vous suffise de « remarquer que cette soi-disant révolution de sacris- « tie a aujourd'hui à la tête de son gouvernement *tous* « *jeunes hommes libéraux n'allant pas à l'église...* »

liberté absolue de religion combinée avec un budget des cultes. Ou, si on la vote, on doit s'attendre à de prochaines déconvenues. On a déjà vu les appréhensions qu'éveillait, en 1830, le « parti prêtre » ou la simple apparence d'un tel parti, non seulement à Paris, mais en Belgique même. Rogier et ses amis libéraux ne tarderont pas à trouver ce parti sur leur chemin. A la veille des élections à la première chambre constituée régulièrement, on le voit s'agiter, s'organiser et partir en guerre avec une belle ardeur.

Ne croirait-on pas écrites, vingt ou trente ans plus tard, ces lignes d'un journaliste de l'époque : « ... Mais le parti qui manœuvre avec le plus « d'habileté est sans contredit le parti prêtre. « D'abord ces messieurs se trouvent dans la position « la plus favorable : ils ont dans toutes les com- « munes une milice organisée : les curés, milice « infatigable... » (1). Et nous sommes en 1831 ! Que sera-ce donc un jour, lorsque la trêve jurée quelques mois plus tôt n'aura plus que l'intérêt d'un souvenir historique ?

Rogier ne fut pas élu à Liége parce qu'il plut aux cléricaux de l'écarter ; peu s'en fallut qu'il

---

(1) Lettre de Demarteau à Rogier, 28 août 1831, dans DISCAILLES, *op. cit.*, II, 176.

n'échouât également à Turnhout, c'est-à-dire dans une humble bourgade de Campine, où il dut se résigner à poser sa candidature, et où l'antipathie, moins active heureusement, du petit clergé le poursuivit ouvertement : « On a eu soin, lui écrit-on de « là-bas, de faire accroire à quelques jeunes prêtres « que vous n'étiez rien moins que favorable au « clergé. Ils se sont placés dans toutes les rues et « ont distribué des billets préparés d'avance aux « paysans ignorants. »

Telle est la façon dont le clergé belge entendait l'union dès 1831 (¹). En 1833, il se lève comme un seul homme pour la défense des immunités ecclésiastiques en matière de milice, et ses représen-

(¹) C'est donc à tort que M. Paul Hymans (*Revue de Belgique*, 15 avril 1896, p. 317) parle de l'encyclique de Grégoire XVI (1832) et veut qu'elle ait contribué, par le contre-coup qu'elle eut en Belgique, à ébranler l'union patriotique des libéraux et des catholiques du pays. A ce qu'il avance là et à ce que répétait récemment, d'après lui, un député libéral à la Chambre belge, Frère-Orban s'était chargé de répondre à l'avance, lorsqu'il disait le 15 mai 1878 : « L'encyclique de Grégoire XVI date « de 1832. Pendant vingt ans, *qui en a entendu parler* « *dans le pays?* Si quelquefois, par hasard, on venait « à la mentionner, *vous étiez les premiers à vous* « *lever pour déclarer que cette encyclique était* « *placée parmi les reliques.* »

tants, à la Chambre, défendent déjà la thèse de l'État hors de l'école. En 1834, un appel est lancé par l'épiscopat en faveur d'un projet d'université catholique à Malines, et les étudiants de Gand, de Louvain et de Liége s'en émeuvent; à Gand on hue un monseigneur, à Louvain retentit le fameux cri de ralliement anticlérical : *A bas la calotte!* et la force armée doit intervenir. C'était déjà la lutte ouverte, douze ans avant le premier congrès libéral et sans provocation appréciable de la part d'un gouvernement, dont la tolérance, au contraire, aurait pu être taxée de faiblesse.

Voilà pour la religion. Les intérêts qui séparaient catholiques et libéraux n'étaient pas moins tranchés. Aux uns les villes, aux autres les campagnes. Les villes, et surtout les villes industrielles, se montrèrent d'abord défiantes vis-à-vis d'actes politiques, qui, comme toutes les innovations introduites en coup de vent, avaient eu de fâcheux contre-coups économiques, la stagnation des affaires, la difficulté des rapports commerciaux avec le nord des Pays-Bas et ses colonies, les troubles intérieurs, la rareté du numéraire et le renchérissement des vivres.

Il n'en fallait pas davantage pour que beaucoup d'industriels et de trafiquants, sans compter les anciens fonctionnaires, boudassent au nouveau régime, et c'étaient justement les libéraux chez lesquels se recrutaient plus abondamment les uns et les autres. L'*orangisme* fleurit longtemps à Gand et aussi à Liége, où il alternait avec les sympathies françaises, le sentiment national devant se nourrir du reste, c'est-à-dire subsister péniblement tout d'abord. A Anvers, nous savons par les lettres et les notes intimes de Rogier qu'il eut à vaincre, de ce côté-là, bien des méfiances et des résistances. Enfin, quand Léopold Ier entre en contact avec les populations belges, il se rend vite compte de tout le chemin qui resté à parcourir pour gagner leur bienveillance, se les attacher et étouffer en elles jusqu'aux derniers germes d'affection envers l'ancienne dynastie. La crainte de l'*orangisme* le poursuit longtemps, et lorsque M. Frère-Orban lui sera proposé comme ministre en 1847, c'est-à-dire à un moment où il semble que ces préoccupations eussent dû être effacées, il hésite à l'agréer, parce que le mariage du futur homme d'État l'a associé aux destinées d'une famille suspecte d'*orangisme*.

Voilà pour les intérêts, et quant à l'idéal politique, pour incertain qu'il fût encore en Belgique, chez les libéraux de 1830, il ne l'était pas assez pour leur permettre de faire longtemps bon ménage avec les catholiques.

En 1900, il n'y a pas qu'une nuance libérale dans

nos pays; mais, enfin, grâce à des congrès, à des discussions de théorie, à la constitution en parti, avec son cortège d'associations, de fédérations, etc., grâce aussi à des luttes électorales où l'on a à peu près débrouillé l'écheveau des opinions individuelles et constitué avec cela des opinions collectives, on arrive à s'entendre, dans les grands traits, sur le sens du mot *libéral*.

En 1830, en est-il déjà ainsi? Non, en Belgique comme en France, il y a autant de libéralismes que d'hommes supérieurs ou, du moins, pensant par eux-mêmes. Il y a, par exemple, à Paris, le libéralisme de Benjamin Constant, qui est une forme très relevée de l'égoïsme social; il y a le libéralisme de classe, celui de M. Guizot et de plusieurs de ses amis, pour qui la bourgeoisie devait être tout pour tous, sinon tout pour elle-même; il y a encore le libéralisme de théorie à la Royer-Collard et le libéralisme de sentiment à la façon de Lamartine. Et de même, en Belgique, Charles Rogier, Gendebien, Devaux, Lebeau, Van de Weyer étaient loin de s'accorder sur toutes les questions. Et voilà pourquoi ils savaient bien ce qu'ils ne voulaient pas, mais ils étaient plus embarrassés d'exprimer et de réaliser ce qu'ils voulaient.

De là l'opposition royale, fondée sur d'intimes sentiments, nourrie des préventions que l'on sait maintenant, et qui va se fortifier de la conviction qu'il manque au libéralisme l'unité de vues et de tendances.

Déjà on a vu, en 1834, Rogier sacrifié par la couronne; il le sera encore en 1841, encore en 1845, où le cabinet Van de Weyer n'est constitué que comme une échappatoire habile et ne sert qu'à prolonger l'équivoque entre les deux partis parlementaires du pays. Mais vienne le congrès libéral de 1846 et le divorce éclatera entre ces partis. Le roi va-t-il, enfin, tâter franchement, après toutes ces mixtures ministérielles, d'un ragoût libéral? Non, il formera un ministère d'essai, exclusivement catholique, et il faudra, pour abattre celui-ci, que les divisions de ses adversaires, déjà trop affirmées au lendemain du congrès, cessent ou du moins s'apaisent; il faudra l'évidence d'une opinion qui s'agite et parle; il faudra, enfin, les élections du 8 juin 1847; alors, le roi, en souverain constitutionnel qu'il est, s'inclinera et rendra à Rogier le portefeuille de ministre qu'il eût mieux valu pour tous que celui-ci gardât sans interruption. Ce ne sera pas trop de deux mois de négociations pour établir l'accord entre le souverain et la majorité libérale, de telle sorte que le sentiment général est traduit, avec la rude franchise militaire, dans ce passage d'une lettre du général Chazal à Charles Rogier, lettre datée du 15 juillet : « ... Je regrette que le roi ait encore différé la formation du cabinet libéral. Ces retards lui sont personnellement imputés par le public et lui font croire qu'il éprouve une répugnance invincible à confier le pouvoir aux hommes de notre opinion. »

A peine entré en fonctions, ce ministère libéral, le premier qui le fût d'étiquette et de desseins nets, rencontra d'autres résistances. Le roi se montrait peu disposé à ratifier le mouvement administratif par lequel on croyait opportun de débuter; tantôt, c'est une révocation qui ne paraît pas justifiée, tantôt une nomination où le roi flaire une satisfaction donnée à l'*orangisme* ou des attaches trop françaises; tantôt, il s'agit d'un député catholique que des services passés ou l'auréole de Constituant rendent sacré à Léopold Ier et qu'il reproche à Rogier et à ses collègues de vouloir éliminer du Parlement : « Vous *ne devez pas* vouloir exclure M. de Theux. » Il est vrai que nous sommes en 1847 et qu'à Paris, Louis-Philippe, exaspéré par la « campagne des banquets », court aux abîmes; toute la sagesse pondérée de son gendre ne pouvait le préserver absolument de certaines contagions de l'heure.

Est-ce tout? Hélas, non. Car c'est dans d'autres

domaines que l'initiative royale s'affirmera avec
plus d'énergie, et parfois avec plus de rudesse. Et
il n'est que juste de le reconnaître, elle y sera autrement compétente et féconde. Le roi est le chef
de l'armée ([1]), et par son nom, son prestige guer-
rier et le titre qu'il porte, il est, d'autre part, mieux
en état qu'un fils de la petite bourgeoisie, de défendre vis-à-vis des cours étrangères les intérêts
de la nation, qui se confondent, en dernière analyse, avec ceux de la dynastie. Allemand, ayant
exercé une grande action et laissé de beaux souvenirs en Angleterre, gendre, pour le surplus, du roi

([1]) La sollicitude du roi pour les choses militaires
tenait à des causes multiples. Il ne faut pas oublier que
Léopold de Saxe-Cobourg avait, à l'âge de 20 ans, démontré sa valeur personnelle et exercé ses talents d'officier sur les champs de bataille de France et d'Allemagne, qu'il fut à Bautzen, à Kulm, à Leipzig et à
Arcis-sur-Aube un des plus redoutables adversaires de
Napoléon, distingué et loué par celui-ci. Qu'il eût la
vanité du panache, c'est ce qu'on ne peut croire :
« Je suis parfaitement impartial, écrit-il en 1850 à
Rogier; ... je n'ai jamais fait de l'armée, comme cela se
voit dans beaucoup d'autres pays, un amusement personnel, malgré le vif intérêt que les choses militaires
m'inspirent; mais je vois en elle, comme M. Thiers me
disait il y a peu de mois, l'indépendance de la Belgique... » (DISCAILLES, *op. cit.*, III, 359.)

des Français, Léopold Ier sera le grand diplomate belge de cette période, comme son fils, à partir de 1880 environ, devait l'être à son tour, lorsqu'il réussissait à imposer aux puissances étrangères sa politique expansionniste.

Rogier sut s'effacer, devant un maître comme celui-là, dans les grandes questions de politique internationale, où les intérêts belges étaient engagés, et ce n'est qu'en 1861 qu'il accepta le portefeuille des affaires étrangères. En revanche, il montra une rare clairvoyance en reconnaissant, malgré les protestations de la droite, le royaume à peine naissant d'Italie, en dégageant le cabinet de la triste expédition du Mexique, en utilisant, enfin, la guerre austro-prussienne pour essayer, une fois de plus, de convaincre les plus récalcitrants de la nécessité d'une réorganisation militaire de son pays.

Cette réorganisation est encore à l'ordre du jour en 1902, et elle l'est parce qu'on en a fait une question de parti, et non une question de patriotisme. Dès 1837, et sous la pression des événements, Rogier montre de quelle chimère se leurrent ceux qui — il en est encore en Belgique — se fondent sur les traités internationaux pour refuser les crédits nécessaires à la constitution d'une armée permanente, répondant aux exigences de la

science moderne : « ... Je crois, conclut-il dans
« un discours prononcé le 28 février, que pour
« longtemps encore une armée fortement organi-
« sée est un des premiers besoins du pays. »

Voulant caractériser ses sentiments pour l'institution militaire, il dira encore, en 1845 : J'aime
« l'armée, et ce n'est pas un sentiment né d'hier;
« j'ai figuré dans ses rangs pour une cause et à une
« époque qui tiendront toujours la première place
« dans mes souvenirs. J'aime l'armée non pas seu-
« lement parce que je la sais disposée à défendre
« l'ordre constitutionnel, sans lequel il n'y a pas
« de véritable liberté, mais aussi parce que, je n'hé-
« site pas à le dire, *l'armée est le plus grand levier*
« *de la civilisation du pays.* Dans les classes infé-
« rieures, qui forment la base des armées, se dé-
« veloppe le sentiment de l'honneur et du devoir.
« Si les sentiments généreux, si le dévouement, si
« le point d'honneur venaient à faiblir dans le
« pays, ce qu'à Dieu ne plaise, ils trouveraient un
« refuge dans l'armée. » Ne vous semble-t-il pas
que ce langage, qui a 57 ans, ne porte pas une ride,
et que les nationalistes français, MM. Brunetière et
Faguet en tête, n'ont rien dit récemment de plus
démonstratif en faveur de leur thèse?

En 1847, à des amis politiques qui voulaient
soulager le budget de la guerre d'une partie de

son poids, Rogier opposera un *non possumus* formel; il le renouvellera un peu plus tard, en déclarant que l'armée est « le ressort le plus indispensable » de la vie nationale, et, en 1850, le cabinet présidé par lui rééditera une déclaration en ce sens; il dira « qu'il faut au pays une armée « fortement organisée et suffisante pour faire face « à toutes les éventualités ».

Mais si c'était là le credo ministériel, ce n'était pas toujours le *credo* libéral. Déjà depuis longtemps la réduction des dépenses militaires était inscrite dans le programme de mainte élection; les catholiques étaient unanimes, ou peu s'en faut, à la réclamer, et à gauche, des *leaders* tels que M. Delfosse n'hésitaient pas à marquer au gouvernement leur désapprobation. Rogier tint bon, et, en 1857, quand il rentra au ministère, ce fut avec un programme nettement militariste, dont le morceau de résistance — c'est bien le mot — était l'annonce du projet de loi sur la grande enceinte fortifiée d'Anvers. L'année suivante, le projet fut déposé, et quoique en désaccord avec la couronne sur la meilleure façon de l'introduire ([1]), Rogier

---

([1]) On lit dans le tome IV du livre de M. Discailles un petit billet de M. Frère-Orban, qui nous révèle comme un grain de dissidence entre les deux ministres. Frère-Orban accepte le projet, mais il trouve le

tint vaillamment parole. Il n'était, pas plus que
Frère-Orban, de ceux qu'intimident les contradictions, de ceux qui biaisent devant les petits calculs
électoraux et les habiletés sournoises de leurs
adversaires.

Les adversaires, cette fois, étaient un peu partout, à droite surtout, mais aussi à gauche, où
déjà s'affirmait à la tribune la doctrine du désar-
mement, qui devait plus tard faire fortune. Plus
tard, on entendra des députés influents ne pas se
contenter d'une réduction du budget de la guerre,
réclamer l'application en Belgique du système de
la nation armée, c'est-à-dire entendre bouleverser
toute l'économie du régime militaire de la nation.
L'un d'eux, M. Le Hardy de Beaulieu, n'ira-t-il
pas jusqu'à prononcer, dans la séance du 21 décembre 1866, cette parole étonnante : « Le temps
« des armées permanentes est fini. Elles ont reçu
« leur coup de grâce sur le champ de bataille de
« Sadowa, et elles ne s'en relèveront pas. » Et la

roi « peu *coulant* » et il déplore qu'il tienne « à faire
un gros bruit de millions ». Déjà s'accuse là la diffé-
rence d'humeur et de politique des deux hommes,
Frère-Orban étant, lui, plus préoccupé d'adresse parlementaire que féru de militarisme. Il avait, d'ailleurs,
vu net ; car la Chambre, après la section centrale, repoussa le projet de loi et mit le ministère en minorité.

droite, d'applaudir, la droite qui sera majorité **de**
1870 à 1878, qui l'est redevenue depuis 1884
jusqu'à ce jour, et qui n'a cessé, sous la pression
des événements, d'accroître les dépenses militaires.

Rogier aura donc à vaincre une double opposition. Une partie de la gauche lui reprochera son
autoritarisme et sa faiblesse, son autoritarisme
devant l'opinion des censitaires, qui, déjà dispensés
du service par la loi du remplacement, trouvaient,
dans leur égoïsme de classe dominante, trop oné-
reux de payer une part des frais d'une servitude,
dont le poids ne retombait pas même sur eux; sa
faiblesse, insinuera-t-on, à l'égard des volontés
monarchiques, dont l'effort se dépensait, avec une
ingéniosité jalouse, dans l'étude des questions
militaires.

*
* *

D'autres causes de dissidences intestines entre
libéraux de nuances différentes devaient, à la longue
d'une domination qui s'éternisait, lui préparer des
lendemains plus néfastes. Déjà, en 1846, les amis
politiques de Rogier s'étaient, une fois réunis en
congrès pour rédiger la charte du parti et en arrêter l'organisation, divisés avec un fâcheux éclat, et
nous avons dit que dès ce moment la défiance en
éveil de Léopold Ier avait jugé défavorablement une

opinion, d'où la discipline semblait bannie comme
une abnégation superflue. Dans la suite, les libéraux ne cesseront de tirailler les uns contre les
autres, particulièrement à Bruxelles, où il y eut
bientôt scission, au sein du groupe, pour des raisons de personnes plus encore que de principes.

L'histoire de ces désaccords serait longue et
fastidieuse; elle n'offre guère d'intérêt dans une
étude générale. Mais il est impossible de s'en
abstraire totalement, et il faut noter simplement,
à titre documentaire, ce qui s'en rapporte,
avec quelque certitude, à la carrière même de
Charles Rogier. A celui-ci, en effet, certains libéraux ne se borneront pas à reprocher ce qu'ils
appelleront son militarisme; ils réclameront de
lui des engagements, sinon des actes, sur d'autres
questions qui, inscrites à l'ordre du jour en
France, leur semblaient, par une singulière inver-
sion de jugement, devoir l'être aussi en Belgique.

Parmi ces questions, celle du régime électoral
fut longtemps la moins irritante, et il est de bonne
méthode de la réserver pour l'étude consacrée
à Frère-Orban. Ce sera, en effet, avec celui-ci
que sera livré le grand combat, que le corps-à-
corps de la jeune gauche, indirectement secondé
par la droite, avec le ministre tout puissant
aboutira à un projet de revision constitutionnelle,

dont le libéralisme ne tirera ni gloire ni profit.
Au surplus, l'attitude de Rogier fut, sur ce terrain,
moins nette et moins tranchée que celle de Frère-
Orban ; il montra plus de condescendance, plus de
générosité politique, peut-être aussi plus de diplomatie ; il se refusa à dire : jamais, lorsque le mot
de suffrage universel fut prononcé. Il y avait chez
lui un fond de démocratie, que des alliances de
famille (il mourut célibataire) et des fréquentations
de monde n'avaient pas entamé, et qui, on le verra
bientôt, remontait vite à la surface, lorsque la
misère du peuple se faisait pressante et jetait haut
son cri discordant.

*
* *

En revanche, le constituant de 1830 éprouvera
plus de scrupules que son collaborateur et successeur à la direction des affaires, devant les exigences
de certains libéraux, demandant une revision
radicale des lois scolaires et rêvant de restrictions
formelles à la liberté stipendiée d'un clergé politique.

La loi de 1842 et la loi de 1850 avaient-elles été,
comme on l'a souvent écrit, de simples consécrations du fait accompli dans le domaine moral ?
Avaient-elles, tout en organisant l'enseignement,
consacré le pouvoir du prêtre catholique dans

l'école? Question importante, question historique, encore actuelle en Belgique, même après les lois votées en 1879, en 1884 et en 1895, puisque c'est, en quelque façon, la question de l'indépendance du pouvoir civil qui se dissimule derrière celle-là.

En 1842, une loi fut donc promulguée, qui constituait pour l'enseignement du premier degré un *modus vivendi* accepté, sans enthousiasme, par les libéraux et par les catholiques eux-mêmes, mais tout de même accepté par les deux partis. Les libéraux se résignaient dans l'appréhension d'un état pire; les catholiques n'étaient pas aussi ravis qu'ils auraient dû l'être à l'apparence. Car ils avaient leurs écoles propres en grand nombre, et qui n'étaient pas toutes, ni partout adoptées, ou patronnées, ou subsidiées par l'État; c'était leur en-cas pour l'avenir, et ils y tenaient comme à la chair de leur chair. Or, une loi qui, sans être strictement confessionnelle, ouvrait toutes grandes les portes des écoles publiques au clergé, ne pouvait avoir de plus sûr effet que de dépeupler les établissements cléricaux au profit de ceux qui, offrant les mêmes garanties religieuses aux croyants, l'emportaient assurément par la supériorité des méthodes et des maîtres. On avait, en quelque façon, contraint les catholiques à se faire la concurrence à eux-mêmes et c'était, ce fut jusqu'au bout, le secret des invincibles sympathies de beaucoup de libéraux pour une loi qui déplut toujours à d'autres.

En 1850, il s'agit de l'enseignement secondaire, et la concurrence devient plus âpre, donc plus irritante. Les opposants de droite ont un intérêt trop manifeste à entraver le développement de l'enseignement public. Ils ne s'en cachent qu'à demi, et ils invoquent sans relâche, en les interprétant à leur guise, il est vrai, les lois constitutionnelles, pour justifier l'acharnement qu'ils déploient. A leur sens, c'est trop de dix athénées (ou lycées) ; la liberté des communes, dont certains établissements scolaires vont être érigés en établissements d'État, est menacée dans ce qu'elle a d'essentiel. Il est jusqu'à des libéraux qui épousent ces raisonnements ; d'autres ne font que plaider les circonstances atténuantes et semblent atterrés par l'audace du cabinet, dont Rogier est le chef. Puis il y a la liberté religieuse, qui n'est plus sauvegardée, dit-on, si on ne laisse plus au clergé l'intégrité de ses prérogatives. En somme, tout allait bien, et tout ira mal. Un ancien congressiste de 1830, qui alors vota pour la république, Mgr de Haerne, va jusqu'à déclarer « conforme aux idées socialistes » la disposition du projet de loi relative à l'enseignement religieux, et l'on voit, au moment du vote, des libéraux timides, ou des ralliés du libéralisme, comme M. Osy, d'Anvers, se retrancher derrière d'étonnantes arguties pour repousser soit la loi tout entière, soit telle ou telle de ses dispositions.

Pour les catholiques, il semble que la tactique usitée se soit résumée en ces termes : « Maintenir la suprématie de l'enseignement confessionnel. » C'était le dire implicitement que de déclarer, comme l'un d'entre eux : « Le grand danger, c'est « que les professeurs contrarient, directement ou « indirectement, dans leur classe, l'instruction « religieuse donnée par les ministres des cultes, » c'est-à-dire par ces ministres *invités* (c'est le terme légal) à venir, à l'athénée, aux jours et heures qui leur agréaient. Mais, si le professeur n'est plus indépendant du mot d'ordre de ces ministres, c'est qu'il doit partager leur foi, et que devient la liberté constitutionnelle des cultes, dont le corollaire est la liberté de n'en professer aucun? D'autres catholiques n'y vont pas par quatre chemins. M. de Theux dira « que la droite veut bien organiser l'enseigne- « ment moyen, mais à la condition de ne pas « établir (*sic*) une concurrence non nécessaire à « l'enseignement libre ».

Voilà du moins qui est net. Et, quant aux fran-chises communales, il eût fallu tout d'abord les définir. Avant 1815, sous les gouvernements espagnols et autrichiens, on sait trop bien ce qu'elles étaient devenues, et qu'elles étaient subordonnées à un contrôle jaloux et tatillon, les réduisant à de simples apparences dans les périodes troublées. Mais il ne faut pas oublier que ces gouvernements avaient abandonné au clergé la culture exclusive des âmes, et qu'il s'était, de partie à demi avec les autorités séculières, créé un peu partout un enseignement exclusivement catholique, catholique jusqu'aux moelles, dans lequel, après une courte tentative de réaction sous le philosophe Joseph II, et après une autre non moins vaine sous le protestant Guillaume Ier, on s'était résigné à ne plus chercher la moindre garantie de neutralité en faveur des fils des autres confessions.

Le projet de loi de 1850, sans qu'il y parût trop, était, à cet égard, toute une révolution, et il intéressait d'autant plus les représentants de la bourgeoisie, dont les fils peuplaient les collèges, que c'était celle-ci qui gouvernait seule. À une conception locale et familiale de l'enseignement on allait, rompant avec une vieille tradition, substituer une puissante machine, actionnée par un moteur unique, et dont les rouages compliqués supposaient une organisation bureaucratique et la constitution d'un corps d'État, celui des préfets et des professeurs, étrangers à la ville où ils enseignaient et soustraits à toutes les dépendances de clocher. En même temps, l'unité de programmes allait avoir pour effet de passer le même rouleau sur toutes les mentalités sans tenir compte des particularités individuelles, des variétés natives de l'esprit provincial, avec ses joliesses et ses mesquineries, également chères à la médiocrité bourgeoise et, en général, à tous les conservatismes.

Comment donc s'expliquer l'hostilité de tant de libéraux qui trouvaient l'émancipation, consacrée par cette loi, insuffisante et inopérante à la fois?

En fait, ils n'avaient tort qu'à demi, car si l'émancipation *pouvait* être notable, elle ne *devait* pas nécessairement l'être, et elle ne fut telle qu'en apparence. Dès 1854, nous voyons, par la convention d'Anvers, un cabinet de gauche restituer au prêtre tous ses pouvoirs dans les collèges, et un ministre ira jusqu'à prévenir l'hostilité du clergé de la capitale contre l'athénée de celle-ci, en cherchant à déplacer le seul membre du corps enseignant, dont les écrits pussent offusquer la théocratie. Et si ces indications ne suffisent pas à notre édification, on en demandera de plus assurées aux catholiques eux-mêmes, qui, revenus au pouvoir, déclarent à leurs amis qu'on peut s'arranger de la loi de 1850 et compter sur une application con-

forme à leurs principes philosophiques. « L'ensei-
« gnement littéraire, dira M. Deschamps, en jan-
« vier 1856, *peut être en harmonie* avec le cours de
« religion professé dans l'établissement; *jamais il*
« *ne peut y être contraire.* » Voilà qui lève tous les
doutes; voilà qui nous éclaire aussi sur la légitimité d'une opposition libérale.

*
* *

Cette opposition ne désarmera guère que sur le
seul terrain, où Charles Rogier marcha de compagnie avec les esprits radicaux de son parti. Il le fit,
il est vrai, dans des conditions et à une date où il
n'y avait nulle compromission à déborder les frontières du vieux libéralisme et à se montrer interventionniste quand même. Toutefois, les catholiques, que l'antipathie rendait attentifs et
clairvoyants, ne s'y laissèrent pas prendre et l'ac-
cusation de socialisme, que déjà en 1850 Mgr de
Haerne, on l'a vu tantôt, élevait contre ses initiatives scolaires, ne lui fut pas non plus ménagée en
matière sociale. Elle fut répétée si souvent que si
l'on voulait éplucher les discours des droitiers en
1848-1849 et jusqu'aux environs de 1851, on les
trouverait remplis, et comme redondants, d'échos
des événements parisiens. Partout ils voient la

menace du socialisme, du communisme ou des thèses anarchistes.

Ils n'ignoraient pas que Rogier avait eu sa crise fourriériste, sur laquelle son biographe, M. Discailles, nous a fourni d'intéressantes (1) indications; ils savaient qu'en 1830 il s'était improvisé le chef d'une légion d'ouvriers, auxquels, dans la cour du Palais des princes-évêques, à Liége, il promettait la liberté et la gloire, sinon la fortune; qu'un peu plus tard il s'était fait, dans l'organisation militaire, le défenseur des officiers pauvres, dont on ne voulait plus, parce qu'il en était de peu instruits et de mal policés; que lors des troubles du Hainaut, qui furent comme un premier essai

(1) La plus intéressante est assurément ce fragment d'une lettre écrite tout à la fin de la carrière de Rogier et où, s'adressant à Michel Chevalier, avec lequel il entretint un long commerce épistolaire, il dit ceci : « Il « paraît qu'il est devenu de bon ton de se moquer du « Saint-Simonisme. Je voudrais bien savoir où les « réformateurs d'aujourd'hui ont été chercher leurs « idées et ce qu'ils ont inventé depuis. Pour moi, j'en « veux à la révolution de 1830 tout autant qu'à celle de « 1848 d'avoir arrêté dans leur développement paci- « fique, et retardé pour longtemps peut-être dans leur « application, ces prin ipes révélés à et par Saint- « Simon et Fourrier, et que des extravagants et des « drôles ont si tristement gâtés et compromis. »

de la tentative de révolution sociale de 1886, il avait manifesté plus de pitié que de colère et qu'il avait eu d'indulgentes paroles pour « tous ces braves gens valant mieux que cent mille coups de fusil »; qu'il avait plus d'une fois, du haut de la tribune nationale, exprimé le vœu ardent que le peuple fut appelé à profiter, lui aussi, de la révolution; enfin, qu'il avait organisé l'enseignement populaire et créé l'enseignement professionnel avec une singulière ténacité et malgré les oppositions de droite et de gauche, ne concédant qu'aux scrupules religieux, et intraitable sur tout le reste.

Il n'en fallait pas davantage pour rompre les digues à toute une éloquence indignée de certains parlementaires qui n'avaient, en somme, rien appris des événements. Mais, comme l'a dit un jour Ampère, en parlant de ce réactionnaire de génie que fut Chateaubriand : « Toute cette éloquence semble bien pauvre à côté de la réponse de quelques ouvriers, auxquels M. de Bonstetten demandait comment ils vivaient : — Nous n'avons tout au plus que du pain à manger et quelques herbes crues arrachées dans les champs. — Et quand vous êtes malades? — Nous mourons. »

Ils mouraient ou ils couraient risque de mourir de faim, ces ouvriers flamands que la crise industrielle devait atteindre si cruellement, aux environs de 1847, et c'est pour eux que Rogier fera décréter de grands travaux publics ; c'est pour eux, c'est pour les usiniers de Liége et les mineurs du Hainaut surtout qu'il proposera, dès cette année-là, l'intervention de l'État dans un système d'assurances qui n'excluait pas la liberté. Le 29 juin 1849, il dépose le projet de loi instituant une caisse générale d'assurances sur la vie et, à l'occasion de ce dépôt et des discussions parlementaires auxquelles donna lieu son initiative, si nouvelle en Europe, il va pouvoir formuler sa doctrine : « Voici quel doit être, dans les États modernes, le rôle du gouvernement : il doit se mettre en rapport avec les diverses classes de la société et particulièrement avec les classes déshéritées, avec les classes souffrantes, pour tâcher de leur apporter plus de bien-être, de moralité et d'allégement à leurs maux. »

Après avoir défendu ce rôle de tuteur qu'il entendait assigner à l'État, après avoir montré que sans l'intervention de celui-ci, toute une série d'institutions bienfaisantes ne seraient pas capables de généraliser les services pour lesquels elles avaient été fondées, il s'élève avec énergie contre l'expectative à laquelle ses contradicteurs entendaient condamner le pouvoir : « Vous croyez, ajoute-t-il, que nous sommes ici pour prononcer de beaux discours, pour faire ou pour entendre des dissertations académiques... Je crois que le pays, que les classes inférieures surtout, ont assez de beaux discours, de beaux sentiments, de belles dissertations, qu'il leur faut des actes tangibles et visibles, de la bienfaisance réelle en chair et en os, et non pas ces belles paroles dont on les a longtemps bercées et qui, en définitive, n'ont concouru qu'à accroître leur mécontentement et leurs prétentions. » Un an plus tard, le ministre déposait un projet de loi relatif aux sociétés de secours mutuels et, dans la séance du 18 février 1851, il annonçait une autre proposition « qui aurait pour but de pourvoir aux besoins accidentels des ouvriers ».

Était-ce là du socialisme, comme on le répétait sans cesse à droite (¹) ? Non, de l'Étatisme, tout au

____

(¹) On le répétait tant et si bien qu'un jour M. Lebeau, l'un des fondateurs de la monarchie belge, impatienté de l'abus qu'on faisait de ce terme, alors comme maintenant, crut devoir admonester certains catholiques : « Je dirai à nos honorables collègues qu'il faut craindre d'abuser de ces accusations de socialisme et de communisme. Si vous les prodiguez ainsi à tout propos et chaque fois qu'on essaie, après de longues et prudentes études, d'introduire dans notre législation une innovation qui n'en est pas une pour d'autres peuples de l'Europe, vous émoussez d'avance l'arme dont vous vous servez avec tant de légèreté... » Et Frère-Orban,

plus. Rien qui rappelle ici le rôle providentiel dont rêve, pour le pouvoir central, la chimérique imagination des marxistes. « ... Le rôle du gouvernement est d'éclairer, de stimuler, d'encourager, de récompenser enfin les efforts de ceux qui travaillent... Il doit mettre en train les choses, indiquer les moyens à employer. C'est assez. »

Poursuivant son exposé, Rogier dira que, depuis longtemps, il a « professé cette doctrine d'une large intervention de l'État dans les travaux publics »; mais il ajoutera qu'un correctif ou, si l'on veut, une limitation, est nécessaire. « ... Il faut une division en matière administrative, comme en toute autre matière » (1849). Le libéralisme historique, même tendu à l'extrême, — et il l'était ici — n'est, ne peut être jamais l'abolition ou la négation de l'effort individuel ; mais, dans la mesure de son intervention tutélaire, il variera

deux jours plus tard, de s'écrier avec un haussement d'épaules : « Je ne prends plus au sérieux cette expression de socialiste; on nous l'a adressée trop souvent dans cette discussion. » Quant à Rogier, plus osé peutêtre dans son langage, il reprendra le mot pour compte et il dira : « Si c'est être socialiste que de prendre des mesures propres à assurer du travail aux classes laborieuses, à augmenter leur bien-être, à leur créer des ressources nouvelles, tout homme sensé doit se déclarer socialiste. »

suivant les hommes, les lieux et les circonstances.

Et ainsi s'explique l'attitude de Charles Rogier, que lors de la construction des premiers chemins de fer belges, il voulut assurer la primauté, autant que la priorité d'action gouvernementale ; ainsi se découvrent les raisons qui, déjà en 1835, le déterminèrent à revendiquer pour l'État la propriété et le droit d'exploitation des mines de houille non encore concédées. On conçoit d'autant mieux l'émoi provoqué par cette dernière initiative qu'il s'agissait d'une des sources les plus larges de la prospérité nationale et qu'aujourd'hui encore, même à gauche, une telle doctrine compte peu de partisans. Rogier n'avait cure de ces obstacles, et son biographe nous a révélé la minute d'une lettre écrite, à cette date, par lui à Michel Chevalier, le grand économiste français ; en voici le passage essentiel :

Donner à l'industrie des moyens de transport économiques, c'est sans aucun doute un grand avantage qu'on lui fait ; mais ne serait-ce rien que lui donner des moyens de production à bon compte, ou du moins des garanties contre l'éventualité de prix excessifs dans les moyens de production ? Une partie de ma proposition, si je ne me trompe, va à ce but : et je ne considérerai ce but comme complètement atteint que lorsque le gouvernement, se faisant banquier, assurera aussi à bon compte l'argent. *Routes, charbon et peut-être fer et argent fournis à bon*

compte par le gouvernement à l'industrie générale, voilà ce
que, le progrès aidant, il faudrait parvenir successivement
à établir comme base de la constitution des intérêts matériels, qui ont sans doute autant de droits d'être garantis et
protégés que les intérêts politiques.

N'est-ce pas d'une belle clairvoyance et aussi
d'une belle audace? Et la clairvoyance devient
presque de la divination heureuse, lorsque dans un
passage ultérieur de cette lettre, Rogier prévoit la
naissance « de puissantes associations matérielle-
ment plus puissantes que l'État lui-même », associations dont l'œuvre d'accaparement économique
serait un danger public. Dès 1835, les *trusts* de la
fin du xixe siècle sont désignés et définis par un
politique, qui n'a pas oublié les leçons de l'histoire,
et qui sent que les lois agraires du passé n'étaient
que le prodrome anodin des réactions étatistes de
notre temps, provoquées par la coalition redoutable des intérêts particuliers de l'industrie.

Mais ces constatations ont une autre portée.
Elles nous prouvent que chez Rogier, et vraisembla-
blement chez d'autres libéraux du temps, le goût
des solutions démocratiques ne fut pas le résultat
d'une mode passagère, ou d'une pression opérée
par les événements sur les hommes. Il y en eut
tant, de ces convertis de 1848-49, dont le zèle
devait tiédir, une fois le péril écarté! Pour Rogier,

les réformes sociales sont et seront toujours une préoccupation aussi essentielle que les réformes politiques. Sans doute l'indépendance du pouvoir civil ne l'a jamais trouvé sceptique ou tiède; mais il a dépensé beaucoup moins d'éloquence que Frère-Orban à la proclamer et à la défendre. Des besognes plus concrètes le sollicitaient; c'est à elles qu'il voua sa vie, et le jour où il déposa, comme on dit vulgairement, le tablier, il put se rendre cette rare et suprême justice qu'il n'avait jamais failli à sa noble mission de conducteur de peuples.

A Michel Chevalier, qui lui avait exprimé son admiration étonnée au sujet d'une retraite toute volontaire, du moins à l'apparence (¹), il pouvait donc écrire ceci : «... Il ne suffit pas de faire une
« belle entrée dans un ministère, il faut prendre
« garde à ne pas manquer sa sortie, et je pense
« que la mienne est faite dans des conditions con-
« venables... La droiture et le bon sens ont été le
« secret principal de mon succès, et, par-dessus
« tout, j'ai eu de la chance. » (Lettre du 22 janvier 1868.) De la chance, c'est-à-dire une détermination tout individuelle, est-ce le mot? Il eût été plus exact de dire qu'il était venu à son heure. La

(¹) Il est très certain que des divergences de vues entre Frère-Orban et lui n'ont pas été étrangères à sa résolution. On y reviendra ailleurs.

chance, pour un homme politique, c'est la com
plicité des faits, c'est, si l'on veut, l'opportunisme
d'une providence qui daigne sourire, comme la
bonne fée, à ceux qui lui plaisent. Eh bien, Rogier
fut touché de la baguette par une bonne fée, mais
il sut, et c'est science rare, ne pas contrarier, par
frivolité ou par entêtement, l'orientation que lui
indiquait son génie; il suivit la courbe longue, et
parfois capricieuse, sans dévier un seul instant.

Charles Rogier mourut le 27 mai 1885. Le libéralisme, en tant que pouvoir censitaire, l'avait précédé dans la tombe; car il y avait près d'un an que
la majorité électorale avait échu à ses adversaires.
Ceux-ci, pendant cinquante-quatre ans, avaient
laissé faire; ils avaient été ou impuissants comme
gouvernement ou relégués dans l'opposition;
maintenant ils allaient se mettre à l'œuvre pour la
première fois, avec une énergie active; ils allaient
recourir aux méthodes de la démocratie, que la
main défaillante de Rogier n'avait pu expérimenter,
et que la main encore ferme de Frère-Orban avait
repoussées. Pourquoi il en fut ainsi, c'est ce que
l'analyse de la personnalité et de la carrière de cet
autre politique nous permettra peut-être d'établir.

WALTHÈRE FRÈRE-ORBAN

De tous les hommes d'État belges, Frère-Orban est le seul dont la notoriété ait victorieusement franchi les frontières d'un petit royaume. Certes, dans ce royaume, Rogier est plus représentatif peut-être de l'âme nationale, et, comme on l'a vu, sa gloire n'a pas connu d'éclipse, encore moins, d'éclaboussure. Mais cette gloire n'a rayonné que sur un étroit espace. Celle de Frère-Orban connut les contestations systématiques, les oppositions criantes et jusqu'aux malédictions des foules; mais elle participa de l'universalité, et malgré qu'il ait manqué à ce ministre une revanche patriotique à prendre, comme à Stein, une libération nationale à accomplir, comme à Cavour, il ne lui a pas manqué cette onction qui sacre grand homme.

*
* *

Il y aurait chez Frère-Orban plusieurs aspects à considérer et à peindre, et les moins intéressants ne sont peut-être pas les plus dédaignés, sinon les plus ignorés. Si l'homme intime n'expliquerait pas tout l'homme public, il en aiderait, sans doute, la compréhension. Malheureusement, on n'a jusqu'ici publié ni mémoires, ni correspondance de l'ancien ministre libéral; ses amis, et il en eut quelques-uns, n'ont pas cru pouvoir, ou devoir, trahir l'incognito de sa vie privée; son fils, qui fut pour sa mémoire, après l'avoir été pour sa personne, un gardien sévère, intègre et muet, est mort en emportant le secret de bien des choses; ses papiers dorment entre les mains pieuses d'un futur biographe (1), dont l'experte discrétion ne dira, je le crains, qu'une part de ce qu'on voudrait connaître.

Frère-Orban lui-même n'a cessé, enfin, de se retrancher, durant une carrière de quarante-sept années, dans l'invariable rigueur d'une attitude où il entrait moins d'affectation que de conscience d'un rôle et d'une élévation très réels. Ce fut un olympien, qui n'eut pas de faiblesses, pas de con-

(1) M. Paul Hymans, qui connut le ministre dans sa vieillesse, gagna sa confiance très dignement et fut désigné par la famille pour raconter sa vie; dans la *Revue de Belgique* il nous a donné une esquisse de la politique de Frère-Orban, qui est à peu près la seule qui compte (mars-avril 1896).

cessions, pas d'heures molles ou désemparées : le faux-col de 1847, avec la lourde cravate du temps, lui serra toujours la gorge et y étouffa, jusqu'au bout, les cris d'un cœur qui, comme tous les cœurs, battit quelquefois éperdument.

Au début de sa carrière ministérielle, il eut de rares échappées, ou plutôt de rares élans vers la misère sociale qui fut alors très cruelle en Belgique; il mit, en plein Sénat, quelque orgueil à proclamer la modestie de ses origines; il parla avec un amer dédain de la banque et de ses salons dorés; mais cela ne dura guère, et quoi qu'il éprouvât peut-être, dans la suite, il ne garda de cette période que l'âpreté d'un verbe impérieux; toujours il parla haut, mais pour formuler des syllogismes, aligner des chiffres, ou écraser ses contradicteurs; jamais plus il ne chercha, ni ne retrouva l'émotion.

*
* *

Il faudra donc bien n'étudier en Frère-Orban qu'un pur esprit, et un esprit politique. Encore devrai-je renoncer à en faire le tour; quelques-unes des vives lueurs, qui en jaillirent, constitueront des clartés suffisantes pour me permettre de ne pas trop tâtonner sur la longue route, qui va de 1847 à 1894. En 1894, la tâche de l'homme

d'État est finie; la revision constitutionnelle, *dont*
il avait été l'adversaire et qu'il avait retardée tant
qu'il avait pu, est un fait accompli ; *tout est consommé*, et dans un écrit, d'ailleurs inégal et qu'on
a, un peu ambitieusement, appelé son *testament
politique*, il exprimera moins ses opinions et ses
sentiments que ses rancunes ; mais virtuellement,
il n'est plus rien, il n'est plus que l'ombre mal-
heureuse et gigantesque d'un régime aboli.

*
* *

Quand, en 1847, il fut associé au gouvernement,
il venait de s'asseoir sur les bancs de la Chambre.
Sa réputation naissante s'était faite dans les clubs
politiques et au barreau de Liége. Parti du plus
infime échelon, arrivé, à la force du poignet, jusqu'au degré où il pouvait prétendre à tout, il avait
déjà, semble-t-il, la plupart des grandes qualités
et des grands défauts qui l'ont rendu également
célèbre. Son mariage l'appariait aux gens de naissance ploutocratique; mais il tenait, on l'a dit, à
s'en distinguer, sinon à s'en détacher, par une
tenue indépendante, le sacrifice de certaines conventions parlementaires et le refus de certaines
concessions sociales, dont le monde est prodigue
envers les siens, qu'ils siègent à droite ou à

gauche. Lui, très ferme sur les principes, très
tranchant, très sûr de son opinion, il n'entendit
goutte de cette oreille, et, où qu'il fût, il voulut
s'affirmer, être le premier par la vertu du talent,
et qu'on le reconnût. Qu'arriva-t-il tout d'abord?
C'est qu'il devint suspect à toutes les puissances,
en présence desquelles son haut mérite, ses nouvelles relations et sa légitime ambition le placèrent
à Bruxelles.

Le roi n'en voulait point comme ministre, et il
fallut que le chef du cabinet libéral, Charles
Rogier, insistât énergiquement pour faire accepter
ce collaborateur, dont il avait, si j'ose dire, du
premier attouchement, deviné la précieuse étoffe.
Une fois nanti du portefeuille, il se montra moins
tolérant que Rogier lui-même et vint affirmer, non
sans rudesse, les droits du pouvoir civil que le
discours du trône ne mentionnait même pas. Il y
eut, à droite, de la surprise et chez certains membres de l'effarement. M. de Theux, qui personnifiait, dans le sens conservateur, la tradition
de 1830, ne put s'empêcher de dire qu'il ne con-
venait pas à un nouveau venu de substituer sa
voix à la voix dirigeante du chef du cabinet et que,
ministre des travaux publics, Frère-Orban aurait
dû se renfermer dans ses attributions.

Rogier répliqua aimablement et avec à-propos;

mais à relire cette discussion, vieille d'un demi-
siècle, on voit déjà se dessiner l'opposition des
deux natures d'homme d'État, tous les deux
maîtres de leur pensée et de leur parole, tous les
deux également pénétrés de la justice de leur rôle,
mais si dissemblables quant aux voies et moyens;
Rogier, avec le sourire et la main tendue, un ton
enjoué et une rondeur qui était partout dans son
talent; Frère-Orban, enfermé et comme engoncé
dans sa redingote et se donnant les airs (plus
encore qu'il ne l'était) d'un intraitable, pour lequel
le pacte de 1830 n'avait été qu'une trêve patriotique
entre des adversaires éternellement divisés.

Au Sénat ce fut bien pis, et non seulement les
catholiques de haut bord, le prince de Ligne en
tête, mais plusieurs libéraux de l'aristocratique
assemblée, goûtèrent peu l'attitude décidée et le
ton net du nouveau ministre. Il y eut conflit, et,
dans ce conflit, des échanges de propos aigres et
quelquefois très véhéments. Frère-Orban ne biaisa
point; battu sur la question des droits de succession en ligne directe, où le Sénat vit une atteinte
profonde à la propriété et à la famille, il prit sa
revanche avec éclat, et, plus d'une fois, il dut, dans
le cabinet, où il fut successivement chargé des travaux publics et des finances, sonner le boute-selle
et commander la charge. Rogier s'en accommodait,

mais l'opinion s'en alarmait un peu, comme le prouvent les journaux du temps et comme les papiers du chef du cabinet d'alors l'ont révélé à son biographe. Firmin Rogier, chargé d'affaires à Paris, écrivant à son frère le 5 août 1852, le presse de conclure le traité de commerce avec la France, traité dont Frère-Orban ne voulait à aucun prix, et il ajoute ces lignes significatives : « ... J'entends « dire de toute part, et cela est bien propre à « agacer, qu'un de tes collègues a pris sur toi une « grande influence, qu'il finit toujours par t'en- « traîner dans son opinion... Je sais bien qu'il ne « t'attire que jusqu'où tu veux aller et que tous ces « bruits sont peut-être répandus à dessein. Cepen- « dant, mon cher ami, si une occasion opportune « se présentait de prouver que ces rumeurs sont « sans fondement, je te donnerais volontiers le « conseil de la saisir (¹). »

L'occasion parut bonne, puisque le traité fut conclu malgré Frère-Orban et qu'il entraîna le départ de celui-ci. Mais la séparation fut de courte durée; quelques semaines après, Rogier et les autres membres du cabinet devaient céder la place à des libéraux plus incolores et de meilleure composition. La ténacité de Frère-Orban l'avait mieux

____

(¹) Discailles, *Charles Rogier*, III, 426.

servi que la modération dont s'étaient inspirés ses collègues, et l'opinion vit de la prévoyance dans son attitude et grandit d'autant son rôle et l'autorité du personnage.

*
* *

Qu'il y ait eu, d'ailleurs, entre Rogier et lui, à cette date et dans la suite de leur vie politique commune, plus d'une source de dissentiment, c'est ce qui se devinerait si les documents ne parlaient à suffisance. Ces documents sont tous officiels, il est vrai, et nous n'avons que de prudents extraits de la correspondance de Rogier pour les éclairer et les contrôler à la fois ; mais c'est plus qu'il n'en faut. Déjà on a entendu la note critique exprimée par Firmin Rogier et l'avertissement qu'il donne à son frère. Voici l'extrait d'une lettre de Michel Chevalier (1857), qui n'est pas moins significatif :

Je vous dirai, *entre nous*, qu'ayant trouvé ce matin que le *Journal des Débats* ne prenait pas votre rentrée comme il le fallait, je suis allé m'en entretenir avec M. de Sacy, dont les bonnes dispositions pour la Belgique n'étaient pas douteuses, et qui est libéral par goût et par tradition. J'ai su de lui qu'il avait reçu la visite de quelqu'un du côté droit du Parlement belge, qui lui a dit toutes sortes de choses sur vous et vos collègues. Cette visite est d'hier ou d'avanthier. Ce monsieur vous prend, à ce qu'il paraît, pour des brûleurs de maisons. *M. Frère-Orban, en particulier, lui*

inspire un grand effroi. M. de Sacy avait été fort ému de
tout ce que celui-ci lui avait éjaculé. Il craignait que
l'anarchie ne fût à la veille de se déchaîner sur la Belgique.
Je n'ai eu qu'à rappeler à M. de Sacy que vous aviez été
ministre plusieurs fois et qu'on ne vous avait jamais
reproché de tendance à la démagogie, que vous en étiez
aux antipodes, que M. Frère-Orban était, lui aussi, un fort
honnête homme, ennemi de l'anarchie, que s'il avait l'idée
de faire des économies sur l'armée, il ne s'ensuivrait pas
que par lui et par vous la force armée dût être désor-
ganisée, et la porte ainsi ouverte à l'anarchie. L'alarmiste
dont il s'agit avait énoncé ce grief de la désorganisation de
l'armée contre M. Frère-Orban.

Ainsi donc, les accusations portées ouvertement
au Parlement belge n'étaient pas la seule arme de
l'opposition. Celle-ci ne craignait pas, au mépris
de tout patriotisme, d'ameuter la presse étrangère
contre le gouvernement belge, issu régulièrement
du revirement politique de 1857 et qui, jusqu'en
1870, devait rester le gouvernement du pays. Mais
c'est surtout contre Frère-Orban qu'était déchaînée
la guerre de parti. On a vu qu'en 1847 il avait eu
contre lui toutes les puissances avec lesquelles son
talent devait compter. Dix ans plus tard, ces ani-
mosités collectives avaient gardé leur virulence, et,
sans épargner complètement Rogier, elles réser-
vaient pourtant à son collaborateur les traits les
plus acérés.

Aussi bien, Frère-Orban ne cherchait, par aucun ménagement, à capter la bienveillance de ses adversaires. Et, comme il savait où était chez eux le défaut de la cuirasse, c'est là qu'à son tour il frappait de toute sa rudesse. La question d'enseignement fut virtuellement ouverte par lui dès son entrée au cabinet de 1847. En 1850, nous le voyons accentuer jusqu'à l'intransigeançe les dispositions, relatives à la neutralité scolaire, dans le projet de revision de la loi de 1842, qui ne fut, d'ailleurs, jamais déposé. Rogier ayant assez bonnement concédé que l'enseignement religieux ne pouvait être confié à des laïcs « que pour autant que le clergé puisse le surveiller », Frère-Orban écrit en marge : « Il est impossible d'admettre l'incompétence du « laïc pour faire réciter les prières et le caté-« chisme. Chaque père de famille a le droit de « faire donner ou de donner lui-même l'enseigne-« ment religieux à ses enfants. »

Plus loin, le projet disait que « le gouverne-« ment prend les dispositions nécessaires, afin que « *l'enseignement religieux puisse être, selon l'occur-*« *rence, donné, dirigé ou surveillé par les ministres*« *du culte* ». Frère-Orban propose une rédaction « moins impérative »; il suffirait, d'après lui, de libeller que les ministres du culte « seront invités à donner » cet enseignement. L'article 32, relatif à

l'enseignement normal, lui permet d'accuser davantage la tranquillité, où le laisse ce chapitre des
prescriptions essentielles pour les catholiques; il
propose la rédaction suivante, qui est grosse de
sous-entendus et d'un aimable détachement :
« L'enseignement de la religion sera, *autant que
possible*, confié dans les écoles normales à un
ministre des cultes. » Sans adopter toutes ces modifications, nous savons que Rogier en tint compte;
mais il n'y a pas à se méprendre sur les divergences
doctrinales qui dictaient leur attitude aux deux
hommes d'État.

Ces divergences s'accuseront plus tard, lorsque
le projet de révision de la loi d'instruction primaire reviendra à la surface parlementaire. En
1859, Rogier sera vainement pressé de donner à
ce projet l'autorité de son nom et de son initiative. En 1864, Frère-Orban, interpellé à son tour,
déclare encore qu'il est adversaire de la loi en
vigueur, d'une loi « qui n'est pas en harmonie
avec les principes constitutionnels » et il promet
de s'associer « aux efforts qui seront faits » pour
substituer un régime plus conforme aux intérêts
libéraux. En 1868 éclate, enfin, au grand jour le
différend qui devait entraîner le départ de Rogier.

Celui-ci entendait que les écoles d'adultes, inconnues ou négligées en 1842, fussent soumises au régime de la loi votée à cette date; Frère-Orban voulait mettre à profit le silence de cette loi pour leur appliquer le système de la neutralité scolaire. Il y eut conflit, et la ténacité du nouveau ministre fut plus forte que le prestige de l'ancien, qui emporta dans la retraite sa conception unioniste de l'instruction populaire.

Au surplus, l'opposition des deux tendances s'était, dès le 7 décembre 1866, révélée très nettement dans un débat auquel prit part M. Dumortier, l'un des chefs de la droite. Interpellé par ce dernier, Frère-Orban n'avait rien dissimulé de sa pensée; il avait cité en modèle les écoles *neutres* de Hollande et les écoles *mixtes* d'Irlande et des États-Unis, et, non sans quelque chose de comminatoire dans le ton, il avait dit: «On pourrait, en Belgique, « avoir des écoles érigées suivant le même système, « sans que le principe religieux fût en rien compro- « mis. Qu'est-ce qui s'oppose, en effet, à ce que « l'enseignement religieux soit donné ailleurs que « dans l'école, ou même qu'il soit donné dans « l'école, mais seulement à ceux qui le veulent « recevoir? » (c'est déjà, avec quelque aggravation, le principe de la loi libérale de 1879). Et il avait paru fort bien admettre qu'il y eût même « des écoles « absolument laïques, dans lesquelles on ne s'occu- « perait aucunement de l'enseignement religieux».

C'était aller loin, surtout en Belgique, si loin que, de nouveau maître du pouvoir, douze ans après, et fort d'une opinion qui le soutenait et le portait à des mesures radicales, il n'osa donner pleine satisfaction à la jeune gauche et s'en tint à sa première formule, c'est-à-dire à l'enseignement religieux réduit au droit commun et à l'égalité confessionnelle.

Vers cette même date, bien tardive il est vrai (car d'autres questions passionnaient déjà le public), il paraissait, enfin, se rallier à l'obligation scolaire, dont d'autres libéraux étaient depuis longtemps les défenseurs. Mais il faut ajouter, tout de suite, à la décharge de Frère-Orban, qu'il était fondé dans sa tiédeur et dans sa circonspection un peu rétive (¹). Il savait, en effet, avec quelles lenteurs

(¹) Voici ce qu'il disait encore, en 1881, dans la séance de la Chambre où il s'expliqua sur ce point : « Je ne « suis pas de ceux qui aiment beaucoup l'obligatoire. « La schlague n'a pas mes sympathies. Je n'admettrai « jamais que contraindre un père de famille par des « pénalités à remplir un devoir moral, puisse consti- « tuer une mesure libérale. Cela peut être une triste « nécessité, une nécessité douloureuse à laquelle il « faudrait se soumettre, *à laquelle je me soumettrais* « *à la rigueur moi-même;* mais, je le répète, ce n'est « certes pas une mesure libérale. » C'est, en somme, à peu près ce que pensait Rogier lui-même, lorsque, le

temporisantes devait évoluer, en Belgique, l'opinion censitaire, avec quels ménagements lui-même
devait procéder dans l'œuvre de consolidation étatiste, dont son parti avait assumé la lourde tâche.

On le vit bien, après 1879, quand le principe
de la neutralité fut, enfin, proclamé dans l'école.
Le clergé et la droite organisèrent la résistance à la
ville comme au village, jetant leur influence morale
et sociale et leurs millions dans la balance, et la
faisant tellement pencher du côté catholique que
les écoles publiques se dépeuplèrent par centaines,
que les maîtres eux-mêmes, surtout dans les campagnes, passèrent à l'ennemi en grand nombre,
qu'il fallut; enfin, une pression officielle sans pré-
cédent pour assurer le respect de la loi, sinon
pour en assurer l'efficacité.

Comment songer à faire triompher le principe
de l'instruction obligatoire dans de telles cir-

20 janvier 1859, il déclarait se rallier au principe de
l'obligation scolaire, tout en ajoutant qu' « avant de
« recourir à la prison et à l'amende pour forcer les
« parents d'envoyer leurs enfants à l'école, il fallait
« épuiser tous les autres moyens ». Mais il s'était
écoulé vingt-deux ans depuis lors, et les idées avaient
marché avec les hommes; or, le manque d'enthousiasme, malgré le chemin parcouru, est plus sensible
chez Frère-Orban que chez son aîné, et ainsi l'opposition des deux conceptions reste évidente.

constances et en présence de tels antagonismes?
Encore eût-il valu la peine de tenter l'innovation,
si la gauche avait été unanime. Mais elle ne l'était
pas. L'obligation scolaire à la prussienne y compta
jusqu'au bout des adversaires déterminés, parmi
lesquels des hommes aussi considérables qu'un
président de la Chambre, M. Verhaeghen, fondateur de l'Université maçonnique de Bruxelles. On
était loin de s'entendre, de ce côté, sur le sens du
mot liberté, et ces malentendus entraînèrent plus
d'une brouille et plus d'un divorce. Ce fut bien pis
dans le domaine social, où de gros intérêts individuels vinrent encore aggraver la résistance de
certains libéraux, appartenant au monde industriel
et qui étaient pourvus de mandats ou nantis
d'influences politiques, dont le poids fut le plus
lourd.

*
* *

Divisés, et de plus en plus avec le temps, sur la
question de l'instruction populaire, Rogier et
Frère-Orban ne l'étaient-ils pas sur celle de l'instruction supérieure et moyenne? La loi de 1850, qui
créa dix athénées et réorganisa l'enseignement du
second degré, semble avoir été rédigée et défendue
de commun accord. Mais, lorsqu'il s'agit — et on
s'y reprit à plusieurs fois — de donner de nou-

velles sanctions et des cadres élargis à l'enseignement supérieur, le ministre de 1832 et le ministre
de 1847 ne marchèrent pas la main dans la main.
L'un ne cessa, jusqu'au dernier souffle, de revendiquer pour l'État, non seulement un contrôle
final, mais aussi une intervention de tous les
instants dans la confection des futurs avocats,
médecins, etc. L'autre, dès 1837 et peut-être plus
tôt, se fit l'ardent champion d'une doctrine qui
devait triompher en 1876, grâce à l'appui des
catholiques, alors maîtres du pouvoir.

Cette doctrine est celle de la liberté des carrières
libérales. Elle constitue une application hardie
aux études universitaires des idées de 1830, prises
au pied de la lettre constitutionnelle. Le pacte
national proclamait la liberté d'enseignement; en
fait elle n'existait pas, car des monopoles s'étaient
emparés d'un bien qui aurait dû rester accessible à
tous : « On affirme la liberté d'enseignement, et,
« par voie de conséquence, la liberté des études;
« on nie ces libertés en faisant par la loi un pro-
« gramme de l'enseignement et en organisant une
« série d'épreuves officielles pour constater que les
« prescriptions de la loi ont été régulièrement
« observées. »

Ainsi s'exprime Frère-Orban, et, pour entendre
un langage aussi surprenant, il n'est pas inutile de

relire un discours de Charles Rogier, prononcé le 11 avril 1850, et dans lequel se trouve cette déclaration plus surprenante encore : « S'il y avait à « choisir entre l'enseignement libre et l'enseigne- « ment de l'État, nous n'hésiterions pas à nous « prononcer pour l'enseignement libre, parce que « nous avons toute confiance dans la liberté. »

De la part de Rogier, c'était là un mouvement oratoire, et rien de plus. Mais Frère-Orban mit une ténacité, souvent agressive, à se montrer conséquent jusqu'au bout, et, peu satisfait de répéter toujours une vaine parade, à laquelle le condamnait l'opposition de ses amis dans l'exercice du pouvoir, il ne craignit pas, réduit lui-même à combattre sur tous les autres points le cabinet catholique, de lui donner l'appui de son autorité sur celui-là. Comme il devait arriver, ses adversaires commencèrent par lui faire froide mine. Que pouvait bien signifier une attitude, si favorable, du plus redoutable des orateurs et des politiques libéraux ? On flairait quelque piège; on ne pouvait croire que le cadeau somptueux fait à la « liberté », c'est-à-dire à l'université de Louvain et aux établissements de jésuites, émancipés du même coup de la tutelle gouvernementale, ne fût pas comme un nouveau cheval de Troie, recélant la peste dans ses flancs. Pourtant, à l'approcher, à le tâter, le projet Frère-Orban n'offrit rien d'inquiétant, et bientôt le ralliement fut sonné, dans la presse et les groupes de la droite, autour de cette merveille.

A gauche il arriva ce qui devait arriver. D'abord incertains parce qu'ils n'avaient pas d'opinion mûre, beaucoup de libéraux en vinrent peu à peu à la défiance ou à l'hostilité, et le grand homme de la veille, fort malmené par les journaux de sa nuance, resta presque seul devant un ennemi qui lui tendait les bras. Rien ne l'arrêta, rien ne le dégoûta, et jamais peut-être la rare énergie de ce caractère si mâle, si despotique, ne se manifesta aussi ouvertement. Trois discours, qu'on peut qualifier d'historiques, lui permirent, tout en le dégageant dès compromissions fâcheuses, de préciser et d'exprimer sa pensée entière, de répondre à toutes les objections et de rallier quelques-uns de ses amis. Dix-neuf libéraux votèrent, avec la majorité catholique, la loi de 1876, qui accordait à toute université, offrant certaines garanties, le droit de délivrer des diplômes dans les quatre facultés académiques. Complétée et modifiée dans le détail en 1890, cette loi a gardé jusqu'aujourd'hui toute sa validité.

A l'apparence, elle constitue un retour à la liberté, une sorte d'abandon des théories étatistes, dont on verra bientôt que Frère-Orban fut l'incar-

nation vivante au pouvoir. En fait, elle n'avait pas
cette portée, et peut-être les quelques effets négatifs,
qui en découlèrent, sont-ils largement compensés
par la forte impulsion qu'elle donna aux études
scientifiques, dans un pays où le goût des spéculations désintéressées ne fut jamais dominant.

Jusqu'en 1876, on n'avait fait que tâtonner.
Le rôle de l'État dans l'organisation de l'instruction supérieure n'avait jamais été défini avec précision. Deux universités, celles de Liége et de
Gand, inégales d'importance, relevaient directement du pouvoir, qui réglait leur programme et y
rétribuait des fonctionnaires désignés par lui. Une
troisième université, la plus ancienne en date, était
celle de Louvain. Elle recourait aux caisses diocé-
saines et à des dévouements et des dons individuels
pour assurer sa chétive subsistance. Enfin, plus
tard, les loges maçonniques voulurent avoir leur
établissement de haute instruction, et l'université
de Bruxelles fut fondée; des générosités communales et provinciales aidèrent à son maintien,
autant que les largesses de ses créateurs.

Les rapports de Louvain, plus tard ceux de
Bruxelles, avec l'administration centrale furent
malaisés à établir. En 1835, on adopta, comme
modus vivendi, le système d'un jury central, dans
lequel l'enseignement de l'État et l'enseignement

libre étaient également représentés ; tous les élèves défilaient devant ce jury, et leur unique préoccupation fut bientôt de ne pas lui déplaire, de ne retenir des leçons savantes de leurs maîtres que ce qui cadrait utilement avec la doctrine, l'humeur et jusqu'aux manies des interrogateurs patentés. Dès 1838, les abus étaient flagrants ; en 1842, un projet de réforme fut ébauché, qui aboutit, deux ans plus tard, à l'adoption d'un remède pire que le mal. En 1849, nouvel essai, plus malheureux encore si c'est possible : le jury central fait place aux jurys combinés, dans lesquels, pareils aux êtres fantastiques « qui hurlent d'être accouplés » dans la poésie de Victor Hugo, des professeurs, incarnant des doctrines antithétiques, étaient groupés deux par deux et remplissaient la fonction de tourmenteurs et de tourmentés à la fois.

De là des conflits, dont l'élève était souvent le témoin, toujours la victime ; de là une complète déconsidération du régime des examens d'État. Ceux-ci, en outre, se trouvaient aggravés par une nouvelle disposition des matières et leur nombre plus considérable ; il fallut enrayer, et l'on connut alors l'étonnante distinction entre *cours à interrogation* et *cours à certificats*. Certaines disciplines furent discréditées, déshéritées, et on n'exigea plus que la présence corporelle du candidat aux conférences dont ces disciplines faisaient l'objet; les autres eurent seules la gloire, désormais enviée, d'être sanctionnées par les terreurs et les hasards du tapis vert.

On comprend maintenant que Frère-Orban, en se faisant l'avocat de la liberté des universités, avait, sinon la tâche facile, du moins la partie belle; on comprend aussi que sa solution, pour simpliste et grosse d'incertitudes qu'elle fût, devait séduire une portion du libéralisme. Celui-ci avait, en somme, son université à Bruxelles, comme les catholiques possédaient la leur à Louvain; les intérêts étaient connexes, et toute tentative de centralisation devait se heurter à une double opposition. Ensuite, la reconnaissance des droits de l'État était inscrite dans l'article de la loi, confiant à une commission d'entérinement la revision des diplômes, délivrés par les universités, et leur donnant seulement après ce contrôle une valeur légale; nul ne pouvait prévoir alors que cette commission deviendrait, à la longue, un mécanisme aveugle et inopérant.

Enfin, dans la pensée de Frère-Orban, la liberté des universités n'impliquait nullement, pour leurs élèves diplômés, le droit de briguer les fonctions publiques. L'étatiste prenait sa revanche sur ce dernier terrain : « Tu peux être avocat, médecin, ingénieur, apothicaire, disait-il, mais tu ne seras pour cela ni magistrat, ni notaire, ni médecin des hôpitaux ou des hospices, ni ingénieur du corps des mines ou des ponts et chaussées. L'État se réservera le droit d'élire les siens. » C'est ce qu'il ne se lassera de répéter, devant le silence, embarrassé ou diplomatique, de la majorité catholique : « Le libre exercice des professions ne doit « pas être confondu avec l'admissibilité aux fonc- « tions publiques. » Et encore : « Le législateur « mettra les conditions qu'il voudra pour l'admis- « sion aux fonctions. Pour l'exercice de la profes- « sion, le titre est indiscutable et définitif; pour « l'accès à la fonction, il peut être discuté; il peut « être reconnu insuffisant ; la loi peut exiger « d'autres conditions. » Et dans des termes encore plus rigoureux et gros de menaces : « A supposer « que le régime de la liberté répugne trop encore, « *le devoir de l'État, rétabli dans ses droits, sera* « *d'investir ses écoles du soin de former ceux qui se* « *préparent à la magistrature, au notariat, aux* « *fonctions de médecin et de pharmacien des admi-* « *nistrations civiles et militaires, aux services des* « *hospices, des hôpitaux,* et ce, en vertu d'un droit « incontesté, incontestable, inaliénable, qui lui a « été reconnu dans cette discussion même et qui « a été défendu par le gouvernement. »

6

Droit, devoir, les grands mots, dira-t-on! Non pas, car de 1878 à 1884, les libéraux, maîtres du pouvoir, montrèrent une implacable logique dans les choix qu'ils firent, accordant une préférence exclusive, pour la magistrature et l'administration, aux docteurs en droit et aux ingénieurs formés dans les écoles publiques, réservant aux normaliens qui portaient la firme de l'Etat les emplois de collèges et d'écoles moyennes, bref, réduisant la faveur, octroyée en 1876 aux établissements libres, au minimum imposé par la Constitution du pays. Et ainsi se trouva, à la grande colère de la minorité catholique, vérifiée la prédiction qu'en termes explicites avait formulée Frère-Orban. Mais ce que celui-ci ne pouvait prévoir en 1876, c'est que, huit ans plus tard, son parti serait réduit en poudre, qu'il allait être exclu, pour un temps indéfini, de l'exercice du pouvoir et que ces nobles prérogatives, qu'un idéalisme généreux lui avait fait assigner aux établissements non officiels, allaient peu à peu constituer des privilèges et comme des fiefs, aux dépens des universités de l'État, dont la fréquentation serait une tare, ou peu s'en faut, pour les ambitions pressées.

Et, pourtant, dans ces mêmes universités d'État, ouvertes à toutes les confessions, il y avait déjà auparavant et il y eut encore, à partir de

1884, une bonne moitié d'étudiants catholiques,
retenus à Liége ou à Gand par des raisons de rési-
dence ou d'autres intérêts; à Bruxelles même, la
maison de la libre-pensée accueillit bientôt, bon
gré mal gré, une minorité d'Éliacins, qui se grou-
pèrent et devinrent une menace pour le toit qui
les abritait; ajoutez qu'à Bruxelles encore et à
Namur les grands collèges congréganistes s'étaient
annexé de véritables facultés des lettres et des
sciences et avaient obtenu qu'on ressuscitât les
jurys combinés en faveur de leurs nourrissons. Et
ainsi advint-il que la quasi totalité des futurs avocats, médecins, pharmaciens et professeurs, en
Belgique, furent des fils soumis de l'Église dès 1890
environ. L'armée antilibérale trouva parmi eux
les officiers de réserve dont elle avait besoin, et
l'œuvre, noblement édifiée par un grand ministre,
n'eut pour ultime conséquence que d'achever la
défaite de ses amis.

L'événement lui a donné plus cruellement tort
en fait d'instruction primaire. L'école belge est
redevenue une école catholique. Comme il manquait une confession rivale assez forte pour enta-
mer la lutte avec Rome, le socialisme a épousé la
« libre pensée », et il a essayé d'instaurer un simu-
lacre de religion, avec un cérémonial de parodie,
des chants, des cortèges et jusqu'aux prêtres apos-

tats, dont la révolution n'avait pas craint d'utiliser les services. A défaut d'un prince de Talleyrand, officiant à la Fédération, le 14 juillet 1790, on a assermenté pour ces besognes l'ex-abbé Charbonnel ou tout autre défroqué, qui est venu commenter le *Manuel du confesseur* dans les clubs révolutionnaires du pays noir ; la propagande antireligieuse et la propagande politique ont marché de pair.

Qu'eût-il dit, s'il avait survécu, ce ministre de combat, qui était aussi un respectueux et même un croyant ? Ses colères contre Rome ne furent jamais des colères contre Dieu. Il garda toujours quelque chose de la foi de sa jeunesse et il y ajouta l'espèce de respect humain, qui faisait dire à Rivarol que « l'impiété est la plus grande des indiscrétions ».

Propos délicieux, que Frère-Orban eût repris pour compte à l'occurrence ; car ou je m'abuse fort, ou son spiritualisme ne ressembla jamais au très vague déisme de Charles Rogier, et tout le séparait, à cet égard, du robuste indifférentisme moral de Jules Bara, son plus habile et plus cher collaborateur des trente dernières années. Il respectait la libre pensée du savant, mais il la reléguait volontiers dans le recueillement des laboratoires et le silence des cabinets d'étude ; il eût considéré « comme un malheur public que, faisant descendre le positivisme des hautes spéculations philosophiques, l'on établît sur cette base l'instruction du peuple, ce qui n'aurait d'autre résultat que d'enlever aux malheureux leur dernière espérance (12 avril 1888) » (1).

* * *

Sur le terrain électoral, son œuvre fut moins heureuse encore, malgré des intentions pures et une grande hauteur de raisonnement. Logicien à la Guizot, il se laissa gouverner par une doctrine plutôt qu'il ne s'inspira des faits observés. Il avait, certes, l'oreille au guet, et jusqu'à la fin de sa carrière, nous le voyons attentif aux manifestations de l'opinion publique ; c'est lui qui a dit un jour : gouverner, c'est prévoir. Mais sa prévoyance était d'une essence particulière ; elle consistait à tenter de régler le futur selon les convenances d'une politique sienne, politique pleine de grandeur sans doute, mais qui péchait par sa grandeur même.

(1) Quand j'ai parlé plus haut de la tiédeur et du détachement de Frère-Orban au sujet des stipulations religieuses dans les lois d'instruction, on a naturellement compris que ces réticences ne touchaient nullement au fond des choses, mais qu'elles se justifiaient par la crainte d'une nouvelle intrusion du pouvoir spirituel dans un domaine, où il entendait maintenir intégralement les prérogatives du pouvoir civil.

Guizot a consigné dans ses *Mémoires pour servir à l'histoire de mon temps*, un aveu mémorable : « Ma
« faute fut de ne pas tenir assez de compte du sen-
« timent, qui dominait dans mon camp politique,
« et de ne consulter que mon propre sentiment et
« l'ambition de mon esprit plutôt que le soin de
« ma situation. »

Comme cela s'applique merveilleusement à Frère-Orban ! Mais loin que celui-ci se soit exprimé avec cette rude franchise, on n'imagine même pas qu'il ait pu penser de la sorte, tant il fut profondément convaincu, jusqu'au bord de la tombe, de la justesse de ses vues, et que la faute, si faute il y eut, était aux autres hommes et à la force des événements.

Quand il débuta dans la carrière ministérielle, le cens, et un cens élevé, donnait seul l'électorat. Une classe faisait la loi aux autres, et nul ne songeait, parmi les libéraux marquants de l'époque, à s'en étonner : « *C'est la bourgeoisie, dont nous nous*
« *déclarons les représentants*, sans toutefois négli-
« ger les intérêts du peuple, au sein duquel la
« bourgeoisie se recrute incessamment. » Ainsi s'exprime l'Association libérale et constitutionnelle de Bruxelles, dans son manifeste de novembre 1846. Presque un demi-siècle plus tard, après avoir été ministre pendant vingt-six ans et

député pendant quarante-cinq, Frère-Orban parlait en ces termes : « J'ai osé dire que ce serait
« l'éternel honneur de la bourgeoisie devant l'his-
« toire que toutes les conquêtes qu'elle a faites,
« toutes les réformes qu'elle a accomplies, l'ont
« été dans l'intérêt de tous et non réservées à son
« profit. » Et il ajoutait ce corollaire à une consta-
tation si flatteuse : « Le suffrage des ignorants ne
peut résoudre les problèmes. » C'était en avril
1892 qu'il formulait ces axiomes; un an après, on
donnait le droit de vote à tous ces « manouvriers »
dont il avait dit qu'on achèterait les voix avec quelques tonneaux d'alcool. Et non seulement il était
l'adversaire déterminé de l'octroi à tous, lettrés et
illettrés, pauvres et riches, du droit de vote; mais
l'histoire nous le montre antipathique à un élargissement du corps électoral censitaire. En 1848,
il s'écriait qu'en abaissant le cens à 20 florins
(42 francs) on aurait « des serviteurs et non pas
des électeurs indépendants » (1). Au contraire,

(1) « Je tiens de lui-même qu'en 1848, il combattit au
sein du conseil des ministres la proposition d'abaisser
immédiatement au minimum constitutionnel le cens
électoral pour les élections législatives. Il avait conservé sur ce point l'opinion qu'il avait défendue au
congrès libéral de 1846. Mais il s'inclina devant l'avis
de ses collègues, pour ne point diviser le ministère et la

Rogier acceptait cette innovation. Il allait plus loin, en 1865, quand il inscrivait dans une note, résumant son programme de gouvernement, ces mots significatifs : abaissement du cens électoral avec la réserve : lire et écrire. En 1870, enfin, il disait en pleine Chambre : « Le mot de *suffrage* « *universel* lui-même ne m'épouvante pas outre « mesure. Je pense que le temps viendra où le suf- « frage universel dominera dans tous les pays. » Ainsi raisonnait ce vieux politique, plus préoccupé de guider que de forcer l'opinion.

Frère-Orban n'était pas, il ne fut jamais de cet avis. Son attitude ne manque ni de noblesse ni de logique, répétons-le; mais elle est faite pour convaincre qu'en politique il faut préférer les faits aux principes, les principes fussent-ils fondés et les faits regrettables. Il est regrettable, en effet, que l'agitation revisionniste ait été prématurément fomentée par quelques hommes, qui se disaient républicains en 1870 et dont l'un au moins, M. Paul Janson, l'est resté ouvertement; que cette agitation ait précédé et étouffé celle qui eût conduit à des

majorité en des circonstances où les institutions et l'indépendance même de la Belgique pouvaient être en péril. » Discours de Charles Graux, ancien ministre du dernier cabinet Frère-Orban, prononcé lors de l'inauguration de la statue de ce dernier (juillet 1900).

réformes intellectuelles et sociales, dont la Belgique a un besoin plus pressant. Dans un pays où le service militaire est encore une loi d'injustice, pesant sur la classe ouvrière et la petite bourgeoisie; où il y a 30 p. c. d'illettrés en 1900; où ni l'assurance des travailleurs industriels n'est obligatoire, ni l'impôt sur le revenu, proportionnel et encore moins progressif, le suffrage universel n'est, depuis neuf années, ne sera qu'un rouage inopérant, qui accroîtra le malaise politique, au lieu de ramener la paix dans le sein de la nation.

Il est vrai qu'on pourra m'objecter que ce rouage est imparfait, puisqu'on a préféré au système du vote unique celui du double ou du triple vote, accordés soit à la fortune, soit à l'intelligence patentée sur la foi d'un diplôme d'examen universitaire, ou d'un brevet d'instituteur, ou d'un certificat d'études secondaires. Mais rien ne démontre qu'une simplification dans le sens égalitaire aurait des effets plus heureux. Car rien ne démontre qu'elle aidera à constituer une majorité gouvernementale, décidée à sacrifier les privilèges de classe, à voter l'instruction obligatoire, le service militaire de tous et des lois ouvrières, plus radicales que celles dont le régime actuel a doté le pays.

Il reste que les faits sont les faits, et qu'il est puéril de s'insurger contre l'évidence. Celle-ci a

donné tort aux idées de Frère-Orban, qui étaient
des idées pures, et le plus clair résultat de ce
désaveu historique, c'est d'avoir enlevé d'un seul
coup les sympathies du peuple au parti, qui a pris
toutes les initiatives démocratiques, de 1830 à
1884 ; c'est aussi d'avoir brisé la boussole de ce
parti, quelque peu désuni dès l'origine, tout à fait
désemparé depuis 1893, c'est-à-dire depuis le jour
où une fraction des siens s'unit à la droite, pour
arrêter les termes dans lesquels se signerait le
pacte revisionniste.

Les constituants belges de 1830 avaient voulu
entourer la charte constitutionnelle de toutes les
garanties imaginables. Mais ils n'avaient pu deviner que deux partis d'opposition se reconstitue-
raient bientôt, et qu'alternativement ils occupe-
raient le pouvoir. Jusqu'en 1847, on vécut, en
effet, dans l'équivoque d'une trêve patriotique, qui
donnait l'illusion d'une paix perpétuelle. En
créant un appareil compliqué de formalités légales
pour qu'il y eût revision de la charte, et en ne permettant cette revision qu'à la majorité des deux
tiers des votes, on condamnait de façon quasi
certaine les réformateurs, catholiques ou libéraux,
à s'adresser à leurs adversaires et à composer avec
eux. C'était la cote mal-taillée obligatoire.

En 1893, il y eut une autre aggravation. La revi-

sion constitutionnelle était réclamée par des libéraux; ce furent les catholiques qui la firent; il en
résulta une cote plus mal taillée. Les hommes qui
avaient gouverné le pays jusqu'en 1884, Frère-
Orban en tête, se virent écartés, sinon des délibé-
rations, du moins de l'entente finale, à laquelle
radicaux et catholiques furent seuls à participer.
Triste aboutissement d'une politique qui avait, par
une série de lois électorales, et notamment par
celle de 1883, préparé pourtant le pays au bénéfice
des interventions démocratiques!

Ce n'est pas que Frère-Orban ne fût, à la fin,
résigné à la revision constitutionnelle; mais quand
il s'y rallia, il était trop tard pour son parti. Le
cens avait, malgré tout, à ses yeux le prestige d'une
chose vieille et longtemps respectée; ils avaient,
lui et ce régime, vécu ensemble, et l'on ne change
pas, à 70 ans, de tactique politique sans amertume
et sans embarras. Voici ce qu'il déclarait, en 1882,
et ce qu'il pensa jusqu'au bout : « ... Si impar-
« faits que soient nos institutions et notre régime
« électoral (et je reconnaîtrai dans toute leur
« étendue les imperfections qu'on pourra signaler),
« ces institutions nous ont donné, pendant cin-
« quante ans, la situation la plus prospère, la plus
« libre qu'il y ait dans l'histoire. Sous l'égide
« d'une Constitution, née du régime censitaire,

« qui nous dota de libertés inconnues ailleurs sur
« tout le continent et dont fort peu de peuples
« jouissent encore à l'heure présente, la Belgique
« a accompli les progrès les plus merveilleux dans
« toutes les sphères de l'activité humaine. »

Il avait raison, à l'apparence ; les statistiques de
l'industrie et du commerce accusaient un progrès
continu ; le rendement était supérieur, et les frais
d'exploitation inférieurs à ceux des pays voisins
dans les mines et les usines. Mais tout cela n'était
que la surface brillante et dure ; car la misère des
petits n'avait pas de relâche ; l'imprévoyance le dis-
putait à l'incertitude du lendemain dans leur chétive existence de cogne-ferme, et, à bout de patience
ou de force, les houilleurs de Liège et du Hainaut,
les tisserands de la Lys et de la Vesdre, les carriers
de la Meuse et de l'Amblève, les ouvriers du fer et
ceux de la mine acceptaient, comme un nouvel évangile, la doctrine qui leur était prêchée par d'anciens
compagnons de tâche et par des fils de la bourgeoisie, doctrine qui se résumait ainsi : tu n'es rien, tu
seras tout. A la conception d'une classe censitaire,
exerçant l'autorité et concentrant en elle tous les
pouvoirs, ils allaient opposer la conception d'un
État où tous les citoyens, quels qu'ils fussent,
auraient des droits et des devoirs égaux.

Cet État, Frère-Orban n'en voulait point. La

suprématie du nombre lui était odieuse. Il l'avait dédaignée et refoulée jadis, lorsqu'il avait maintenu, contre le pétitionnement formidable du pays, la sécularisation des cimetières, et il l'avait assurément bravée encore, en 1879, lorsqu'il avait défendu la neutralité scolaire, dont la majorité des pères de famille, restée catholique ou fanatisée par le clergé, redoutait les conséquences pour leurs enfants. Il lui plaisait, pour une troisième fois, de dire au flot majoritaire qui grondait au seuil du Parlement : Tu n'iras pas plus loin.

Mais les temps étaient changés. Un parti nouveau était né qui avait son drapeau, ses effectifs, sa presse ; le libéralisme était déchiré ; le pouvoir était aux mains de ses adversaires ; il restait au plus à l'ancien ministre une poignée de fidèles, qui le couvraient de leur dévouement ; leur résistance fut considérée comme de l'aveuglement, et la revision constitutionnelle se fit sans leur concours.

Au surplus, quelle solution eussent-ils apportée ? Encore aujourd'hui ils s'enferment dans la négation ou, quand ils s'efforcent d'en sortir, c'est pour accoucher de formules contradictoires ; ils sont comme les satellites désorbités d'un astre éteint. Leur chef lui-même ne fut éloquent et vraiment heureux, lors des débats revisionnistes, que dans la critique des systèmes de ses adversaires. Il n'en épargna aucun, et même ses amis, moins châtouilleux que lui sur la composition du futur corps électoral, trouvèrent sa censure impitoyable. Il en est qui se seraient contentés du *savoir lire et écrire*, à l'italienne; il leur conta, en pleine Chambre, l'anecdote véridique de ce soldat qui, possédant ce minimum de culture, fut prié par un officier de rédiger quelques lignes. Le pauvre diable, après avoir sué sang et eau, écrivit de sa plus belle encre : « En ce temps-là, Jésus dit à ses disciples : « Quand on n'a pas de pipe, on n'a pas besoin de « tabac. » Et pendant qu'on s'esclaffait, l'orateur regardait tranquillement les membres de la gauche qui étaient les auteurs de la proposition; non, à Waterloo, Napoléon n'a pas traité plus durement les derniers mameloucks, témoins atterrés de la défaite (¹).

(¹) Le *savoir lire et écrire* ne lui paraissait donc pas plus à cette date (1895) que précédemment une garantie suffisante de capacité; en 1881, il l'appelait ironiquement « une barrière de carton » dont se contentait alors la gauche radicale; déjà, en 1867, il disait ceci : « Savoir « seulement lire et écrire n'est pas évidemment une « preuve de capacité. Il est beaucoup d'individus qui, « ne sachant ni lire ni écrire, sont de beaucoup supé- « rieurs, intellectuellement, à ceux qui possèdent ces « éléments d'instruction. » C'était la sagesse même, et c'est le pourquoi de l'échec d'une formule basée sur un critère aussi insuffisant.

Son système à lui, qu'il finit par opposer au *savoir lire et écrire* de quelques libéraux, au S. U. de la gauche radicale et à la conception bâtarde de la droite (mélange de l'occupation anglaise avec des résidus du censitarisme belge), consistait dans une accession progressive à l'électorat de tous les citoyens, qui offraient les garanties d'instruction suffisante : « Ce que je propose, disait-il le « 24 mars 1893, c'est simplement une barrière « qui empêchera les plus ignorants de passer. » Le fond de sa pensée, c'était d'assurer aux villes une prépondérance, qui avait toujours été dans les desseins et dans la tactique du libéralisme; il allait jusqu'à proposer de leur laisser une représentation compacte et distincte, tandis que les campagnes auraient, sur la base du scrutin d'arrondissement, un régime approprié à leur particularisme et à la myopie de leurs intérêts. Le cens disparaissait de lui-même, ses éléments venant se fondre dans la masse plus étendue des nouveaux électeurs qui, quatre-vingt-dix-neuf fois sur cent, réunissaient les conditions de fortune et celles de capacité patentée.

L'architecture du projet avait sa grandeur, et c'est pourquoi il déplut à tous. On le trouva d'une artificialité excessive, et puis, défaut suprême, il excluait un grand nombre de citoyens des urnes;

on préféra les y appeler tous, mais en réservant à certains des droits doubles ou triples de ceux qu'on octroyait à la masse; la gauche radicale prit le change là-dessus; elle sembla ne pas voir que donner les doubles et les triples votes à une portion du corps électoral, c'était retirer de la main gauche à l'autre portion ce que lui tendait la droite; il y eut là un jeu de dupes dont Frère-Orban eut la gloire de ne pas vouloir être, gloire quasi posthume et qui, aux yeux de l'historien, le venge des derniers affronts de sa carrière.

*
* *

S'il ne fut pas des compromissions obligatoires, par lesquelles fut scellé l'acte de revision constitutionnelle, il ne voulut pas davantage pactiser avec les réformateurs, radicaux ou catholiques, dont la politique sociale consista désormais à adopter une série de mesures, restrictives de la liberté industrielle.

« Toute réglementation du travail est une forme « de la servitude, et pas autre chose. Si cette régle- « mentation est absolue, c'est l'esclavage. Si elle « est partielle, c'est le servage. » Ainsi résumait-il sa doctrine, en 1869, en réponse à une interpellation de libéraux, qui réclamaient une loi sur le travail des femmes et des enfants dans les usines. Ainsi pensa-t-il jusqu'au dernier jour, invariable et immuable dans son scepticisme devant les efforts législatifs de ses adversaires, qui croyaient conjurer le péril socialiste en accumulant lois et règlements.

Pour lui, comme pour les théoriciens à la Turgot et à la Jean-Baptiste Say, le remède était dans la liberté. En restituant à l'ouvrier tous les droits proclamés en 1789, mais dont le régime napoléonien avait restreint ou discipliné l'exercice, on devait aboutir à une entente, peu à peu complète et définitive, entre employeurs et employés, les uns et les autres conscients de leurs intérêts solidaires, qui dictaient leurs devoirs réciproques.

C'est là une conception très élevée (et non, comme on l'a dit, purement matérialiste) des rapports nouveaux engendrés par la naissance et le développement de la grande industrie. Dans un pays où l'instruction populaire aurait atteint son plus haut degré, où la population aurait été, de longue date, familiarisée avec l'usage des libertés modernes et où le régime parlementaire aurait porté tous ses fruits, il n'était pas inadmissible qu'on franchît, avec ce seul lest d'une liberté intelligente, la passe redoutable où la plupart des nations européennes sont engagées en ce moment.

En Belgique, il allait différemment. Le nombre formidable des illettrés, l'excessive concentration industrielle, le côte-à-côte, qui en résulte, de la trop grande fortune et de la trop grande misère, l'hétérogénéité de la race, si peu pénétrée dans sa moelle de cette haute conscience nationale de l'Anglais ou du Français, tout y favorisait d'autres notions, rudimentaires, proches de l'instinct physique, brutales et promptes comme le sang du peuple, et dont la pénétration devait avoir de si terribles effets.

C'est ici que la perspicacité de l'homme d'État se trouva en complet défaut. Il crut, de bonne foi, ses compatriotes plus éclairés et meilleurs qu'ils ne l'étaient; il eut en l'instruction largement répandue une confiance excessive; enfin, il demanda trop à la liberté, en la supposant capable de résoudre le problème social.

Les ouvriers étaient, avant qu'il fut ministre, tenus à diverses obligations qui les mettaient juridiquement en état d'infériorité vis-à-vis du patron. Frère-Orban leur donna le droit de coalition, fit admettre leur témoignage au même titre que celui de l'employeur; il supprima l'obligation du livret d'atelier. Mais ce n'était pas assez, il fallait aider à dégrever le budget de ces braves gens, sans entendre fixer un minimum de salaire, et c'est pourquoi il fit tomber les barrières qui s'opposaient au libre commerce des grains, c'est pourquoi il abolit l'échelle mobile qui profitait à quelques-uns aux dépens de tous. Il faudra aussi, devant l'anarchie sociale grandissant avec le développement industriel, coopérer au groupement des ouvriers. Va-t-il créer ou organiser des syndicats professionnels? Non; mais il fera des lois sur les sociétés coopératives et mutuellistes, et s'il ne veut pas de l'assurance obligatoire contre la vieillesse, il collaborera à la création de ces caisses de retraite, dont on eut si peur, à droite, à cette époque-là, et que la droite actuelle a remplacées par l'organisme autrement révolutionnaire d'un système généralisé de pensions ouvrières. Enfin, la situation matérielle de l'ouvrier étant, quoi qu'on ait dit, améliorée, il est bien des logis où l'on tâchera, au bout de la semaine ou de la quinzaine, de mettre de côté quelques sous, peut-être un écu : la caisse d'épargne s'ouvrira à ces économies et en assurera la fructification.

Est-ce tout? Pas encore. Les conflits entre patrons et ouvriers vont se multipliant. Frère-Orban sera l'adversaire d'une intervention des pouvoirs qui, non sollicitée de part et d'autre, lui semblera contraire à la liberté. Mais rien ne s'oppose à ce qu'il crée des conseils de l'industrie et du travail, sortes de chambres mixtes, où se débattront au mieux les intérêts en désaccord ; et pour que cette institution, complément ingénieux des conseils de prud'hommes institués dès 1842, mais réorganisés par lui plus tard, ne soit pas instable et temporaire, il signera un projet de loi, lui donnant de fortes assises, en définissant les attributions et en réglant la composition, il fera voter ce projet d'enthousiasme par une majorité catholique, en 1886, comme en 1876, il avait emporté d'assaut le vote de ses idées sur l'enseignement supérieur.

C'est fort bien, et le libéralisme économique ne pouvait s'aventurer au delà. A bien examiner, il s'était déjà aventuré loin ; il était assurément sorti des bornes où l'aurait enfermé un Jean-Baptiste Say ou un Bastiat, il s'était fait interventionniste, sans être despotique, ou pour mieux dire, Frère-Orban n'avait de despotique que sa façon d'entendre la fonction de l'État dans l'ordre civil, comme on l'exposera bientôt. Dans l'ordre économique il se contente de soutenir que l'État « doit... procurer tous « les moyens, tous les instruments qui, en garan- « tissant la libre action individuelle, portent à sa « plus grande puissance le travail de l'homme ». Il est vrai que la formule est vague, et que de ces *instruments procurés* par le pouvoir pourraient s'accommoder des esprits moins libéraux que le sien. Mais, dans la pensée de Frère-Orban, sinon dans ses mots, il ne pouvait y avoir d'équivoque.

Dans le même discours, prononcé en 1886 et où j'ai noté cette formule, je trouve une fort belle apologie de la liberté du travail : « Considérez ceci,
« messieurs : sur un même point d'un territoire,
« voici une agglomération de 100,000, de 500,000,
« de 2 millions, de 5 millions d'hommes ; cela
« existe dans notre Europe ; il faut fournir à tous
« le logement, la nourriture, le vêtement, les mille
« choses nécessaires à la vie, les plus futiles
« comme les plus indispensables, de première
« nécessité ou de luxe, réclamées par la fantaisie,
« le caprice ou la mode d'un jour ; tout est là,
« rien n'y manque ; au jour et à l'heure dite, cha-
« cun aura son pain, son lait, son café, son sucre,
« l'aliment ou la boisson qu'il préfère, et ainsi
« pour tous les besoins de la journée. Les plus
« humbles seront servis comme les plus riches ; ils
« obtiendront tout ce qui leur est nécessaire dans
« les meilleures conditions. » Et l'hyme se ter-
mine ainsi : « Qui fait tout cela ? C'est la liberté ! »

Oui et non, faut-il ajouter en sourdine. Oui, si l'on regarde à la surface, si l'on voit, comme en un cinématographe géant, cette foule se mou-voir, aller, venir, courir à ses besognes ou à ses plaisirs. Non, si l'on scrute les mobiles qui l'entraînent, si l'on remonte aux sources multiples où elle puise son énergie, ainsi que le sentiment de son rôle social, si l'on suppute les hérédités qui l'enchaînent, les lois qui la protègent dans cette physiologie savante que constitue le fonctionnement de tous les services d'une grande cité.

Partout on retrouvera l'État dans ce fonctionnement, on découvrira qu'il n'est pas un détail échappant à son initiative, à sa tutelle ou à son contrôle, et que c'est parce qu'il l'a voulu ainsi que les rues s'alignent au cordeau, que, dans ces rues, la propriété des immeubles se définit et se maintient, que la transmission, ou la location en échappent aux incertitudes et aux désordres des transactions libres ; que c'est lui qui assure le crédit et la paix, et, partant, aussi la vie. On pensera que le chemin de fer, qui transporte les vivres, que la poste et le télégraphe, qui transmettent les ordres de vente et d'achat, et qui souvent les exécutent, que les agents de la Banque Nationale qui font des opérations financières pour le commerçant et l'industriel, que la police, qui assure la sécurité nocturne, que le balayage et l'éclairage, qui rendent la circulation possible, que tout cela et bien d'autres choses sont l'œuvre de la collectivité, sans laquelle l'individu isolé,

livré à lui-même, à ses forces et ses ressources,
serait resté ou redevenu le « goril féroce et lubri-
que » dont Taine parle quelque part avec une
nausée de grand seigneur.

***

Moins que tout autre, Frère-Orban pouvait,
d'ailleurs, condamner l'instinct social, lui qui,
pendant toute sa vie, en avait proclamé la force et
défendu les créations. Et non seulement il les
avait défendues, il les avait multipliées à l'envi.

Succédant, lors de son avènement ministériel, à des gouvernements incolores et purement
végétatifs, il s'était imposé à tâche de fonder, par
le développement intellectuel et matériel d'une
classe, de sa classe à lui, une nouvelle aristocratie,
qu'il rêvait généreuse et progressive. Pour cela,
rien ne lui avait coûté. La Belgique étant destinée
à un grand rôle industriel, il avait, de moitié avec
Charles Rogier, attaché tout son intérêt de législateur à favoriser les progrès de nos usines. De là le
réseau de chemins de fer dont ils couvrirent le pays
comme d'une cuirasse ; de là les mesures qui firent
fléchir leur antiprotectionnisme au profit de certaines fabrications naissantes, qui avaient besoin
de l'État-tuteur pour accomplir leur difficile croissance.

De là, surtout aux environs de 1848, toute une série de mesures hardies, destinées à donner du pain aux ouvriers, fût-ce en contradiction avec l'intolérant laissez-faire que les deux ministres acceptaient théoriquement comme un dogme; de là leur souci jaloux du crédit public, que la création d'une Banque Nationale ne contribuera pas peu à affermir et à développer; de là, enfin, chez un admirateur respectueux du principe de la propriété individuelle, cet aveu étonnant que la propriété est « un droit dérivant de l'état social » et non de l'état naturel; que sa forme, son étendue et ses limites sont essentiellement du domaine de la collectivité, aveu qui est en un frappant et juste accord avec l'esprit fluctuant de nos formes de possession modernes, symbolisées par les valeurs mobilières, par les actes hypothécaires, par le papier-monnaie, c'est-à-dire par des titres fugitifs, inscrits sur la feuille volante, qu'emporte un coup de vent.

Mais ce ne sera pas encore là toute la conception étatiste du ministre libéral. Il saura l'étendre à d'autres domaines. Il centralisera toujours.

Déjà Rogier avait révoqué, dès 1834, les dispositions admises, quatre ans plus tôt, en faveur de l'autonomie communale. Il avait retiré au conseil le droit d'élire le bourgmestre; il avait restitué au roi le soin de choisir et de révoquer le secré-

taire communal, qui, devenu agent du pouvoir,
devait « préférer les ordres de l'autorité centrale »
à ceux de ses chefs locaux. Ce n'était pas assez. On
reporta au chef-lieu d'arrondissement le vote pour
le Sénat et la Chambre, afin de dépayser et, en
quelque sorte, de « déraciner » les électeurs, de
créer, si possible, parmi eux, un courant d'idées
moins conservatrices, de les rendre moins esclaves
et moins férus du clocher. Puis, pour achever la
déroute du particularisme, on laissa se constituer ou subsister de vastes circonscriptions électorales, dont une ville devint le centre, et qui éliront
un jour dix, douze et jusqu'à dix-huit députés.

La même politique triomphera dans l'ordre
fiscal. Plus d'octroi, c'est-à-dire plus de ressources
indépendantes pour les villes, dont le vasselage
vis-à-vis de l'État, dispensateur souverain des
deniers, sera définitivement consacré (¹). Il n'est
pas jusqu'aux centimes additionnels des provinces
et des communes, que cet État ne se chargera de
toucher lui-même, et son contrôle, grâce aux
caisses d'épargne et de retraite, s'étendra jusqu'aux

(¹) C'est ce que dit, à la Chambre, le 1ᵉʳ juin 1860, un
orateur catholique reprochant au ministre « une cen-
« tralisation anormale de l'impôt, contrairement tout
« à la fois à l'esprit de nos institutions et aux vrais
« intérêts des contribuables ».

petits sous, enfouis jadis dans le bas de laine du paysan et de l'ouvrier, et qu'en échange de sa garantie, il enfermera maintenant dans ses coffres-forts (¹).

L'État, toujours l'État. La vie morale des citoyens n'échappera pas plus à ses investigations que leur vie physique. Quand Frère-Orban propose de déférer le serment successoral, il scrute la conscience des héritiers, il se fait ouvrir, comme on dit à droite, les livres du commerçant; sa police devient une sorte de censure, contre laquelle s'insurge le Sénat. Quand il intervient dans le temporel des cultes, qu'il établit la surveillance de l'État sur les fabriques d'église, qu'il supprime le caractère confessionnel des cimetières, en s'armant du décret de prairial trop longtemps violé, qu'il met la main sur les bourses d'études, la droite n'aura, en défendant le régime aboli par lui, d'autres flétris-sures que les mots de « centralisation », de « spo-liation », de « despotisme » et de « socialisme », tous mots synonymes pour elle, et qui, à bien

(¹) Voyez à ce sujet HYMANS, *Histoire parlementaire de Belgique*, t. I, p. 83; dans la séance du 3 juin 1862, M. Tack « critique le projet de caisse d'épargne qui « met entre les mains du gouvernement un levier trop « puissant et un pouvoir dangereux..., tout est centra-« lisé entre les mains de l'État ».

compter, n'étaient que l'exagération d'une vérité transitoire.

Est-ce tout? Eh que non! La liberté de la charité elle-même va subir la contrainte. Au risque de froisser certaines délicatesses des âmes tendres, la même main impitoyable va s'immiscer entre le donateur et le donataire anonymes. Frère-Orban n'hésitera pas, serviteur fidèle et incorruptible du dieu État, à contresigner cette déclaration de son collègue de la justice, Jules Bara, contestant que la liberté de la charité soit une liberté essentielle, et ajoutant ceci : « Ce système de liberté mène au « dépouillement des familles, au dépouillement « des pauvres même; de plus, il donne *lieu aux* « *plus graves abus dans l'administration, il mul-* « *tiplie les frais, il enlève toute surveillance sur* « *la gestion du patrimoine des indigents* (¹). »

C'est l'esprit de la révolution qui se réveille, qui se ranime, qui se reprend dans toute sa vigueur jacobine, et qui, quelque peu embourgeoisé, parfois habillé de grandeur et de courtoisie, ne doit pas nous faire illusion sur ses véritables ten-

(¹) Voyez, aux *Annales parlementaires* belges, toute la discussion de la loi de 1857; déjà le 15 novembre 1855, un libéral, M. de Renesse, dira que « la liberté de la charité a besoin d'un contrôle ». Mais le contrôle du travail industriel n'intéresse encore personne.

dances. En relisant les mémorables débats auxquels donna lieu la loi dite *des couvents*, on comprend l'apologie de 1789, que, nouveau ministre, Frère-Orban imposait un jour à une chambre étonnée, et que les colères de la droite ne l'empêchèrent ni d'achever, ni de maintenir.

Étatisme, peut-être même socialisme d'État, dans l'acception purement intellectuelle du terme, la politique de Frère-Orban n'est plus du tout dans ce domaine de la conscience ce qu'elle nous a apparu dans celui des réalités économiques (¹). Et pourtant, la propriété morale est autrement respectable, autrement inviolable que celle des biens séculiers. Mais le libéralisme eût été une complète abdication, et comme une négation, s'il avait étendu au domaine spirituel sa théorie du « laissez-faire » et du « laissez-passer ». Il eût été le stupide « État-gendarme » et rien autre. Pas un instant, Frère-Orban ne songea au respect d'une logique, qui, s'il l'avait envisagée dans les formes

(¹) Pourtant, le 12 mars 1857, il dira, à propos d'une concession de chemin de fer, que, « dans un temps « donné, certains monopoles aux mains de l'État pour- « ront remplacer une grande partie des impôts. Le « temps viendra où les chemins de fer, aliénés tempo- « rairement, retourneront dans les mains de l'État ». HYMANS, *Histoire parlementaire de Belgique*, t. III, 383.

naturelles du raisonnement, impliquait le moins
par le plus. Il vécut fort tranquillement dans la contradiction la plus flagrante, il accentua et aggrava
cette contradiction jusqu'à la fin de sa carrière
ministérielle, dont le couronnement fut bien cette
loi centralisatrice d'enseignement qu'on appelle la
loi belge de 1879, et qui, si elle avait survécu,
devait mettre une bonne fois l'État en possession de
l'école primaire, avec son personnel, son programme, ses finances et toutes les garanties de son
contrôle sur elle.

*
* *

Voilà Frère-Orban dans les plus hautes incar-
nations de la politique libérale : l'enseignement à
tous les degrés, l'organisation du vote et les questions sociales. Le reste n'est que contingence, et
ce qui est vrai de l'attitude des libéraux belges,
délibérant sur le régime militaire, par exemple,
n'est plus vrai des libéraux français ou anglais.

Les libéraux français se sont ralliés de bonne
heure à la thèse d'une armée nationale, générale et
forte; ils ont enté l'idée de patrie là où leurs
coreligionnaires anglais, abrités dans leur forte-
resse insulaire, où leurs coreligionnaires belges,
entêtés dans leurs préjugés, ne mettaient qu'un
souci tempéré et intermittent. Et quand je dis les

libéraux belges, je dis la majorité d'entre eux; **car** Rogier, on l'a vu, fut sincèrement militariste, **et** sans l'être au pied de la même lettre, Frère-Orban ne se désintéressa jamais du problème militaire.

Pour mieux dire, il ne le considéra que comme un important corollaire d'un autre problème, celui de la neutralité ferme et durable de la Belgique. Dès le premier jour, il fut convaincu jusqu'à l'évidence que cette neutralité devait avoir l'arme au bras. En 1848, quand Rogier montra une si généreuse activité à multiplier les armements nationaux, il le seconda de la souplesse ingénieuse de son génie inventif. Plus tard il l'aida à fortifier Anvers contre tout le monde, contre l'apeurement bourgeois, la coalition financière et les hostilités locales, éveillées dans cette ville qu'il sacrifia électoralement à l'accomplissement de son devoir. Enfin, après Sadowa, comme M. P. Hymans l'a dit en des pages très vivantes de son étude, il sauva peut-être son pays de l'annexion étrangère, **en** opposant de solides entraves aux rêves de compensation territoriale, que l'agrandissement subit de la Prusse avait fait germer dans le cerveau fumeux de Napoléon III.

*
* *

Il y aurait encore lieu d'étudier la politique

fiscale de Frère-Orban, ses vues sur le monométallisme, et de sonder à bien d'autres endroits où se découvriraient des traces certaines de son activité créatrice. Mais il serait, je présume, plus difficile de distinguer, parmi ces traces, ce qui est son empreinte particulière et ce qui est l'empreinte collective d'un groupe d'administrateurs, dont Rogier fut avec lui le chef reconnu, mais où émergent honorablement les figures de J. Bara, de M. Tesch, de M. Orts, de M. Graux et de bien d'autres libéraux. A vouloir, comme l'a fait très bravement M. Discailles en l'honneur de Rogier, se livrer à une répartition des mérites, on risque fort qu'elle ne corresponde pas toujours à la répartition des efforts : la couverture n'est pas assez large pour la tirer sur tous ces grands morts.

En revanche, on se retrouve très à l'aise, en pleine indépendance et en pleine sécurité de jugement, lorsqu'il s'agit de caractériser l'éloquence de Frère-Orban. M. Graux a très bien dit ce qu'elle était : « ample, nourrie de raison et de bon sens, incisive et pressante dans l'argumentation, lumineuse et ferme dans l'exposé, s'élevant aux sommets d'un vol hautain, sous le souffle de l'inspiration. L'ironie était puissante. La flamme s'allumait vite, au choc de la contradiction. Elle jaillissait en apostrophes, s'épanouissait en longues périodes.

La pensée fuyait l'expression banale et se conden-
sait en formules concises et fortes, qui semblaient
tracées au burin ([1]) ».

C'est bien cela, et on se sent pris, encore
aujourd'hui, d'un mouvement admiratif en relisant certains discours écrits la veille d'une bataille
ou entre deux assauts parlementaires, et dans lesquels l'improvisation forcée s'insinue parfois, se
découpe d'un trait parfaitement distinct sur les parties plus méditées, plus fortement axiomatiques.
Mais il nous manque à jamais l'accent chaud et la
netteté claquante de cet organe, qui vibrait si
richement dans un hémicycle parlementaire; il
nous manque l'expression de cette physionomie,
sur laquelle, le masque venant à s'animer, se peignaient le tour d'esprit de l'homme, son impé-
rieuse assurance, son mépris de la contradiction
et son désir de vaincre plus encore que de convaincre. Quelle que fût la cause qu'il défendait, il
savait, avec l'espèce de magnétisme dégagé de sa
personnalité puissante, de son regard et même de
son geste sobre et ferme, il savait, comme on l'a
dit de M. Guizot, remplir la Chambre d'une atmosphère artificielle et empêcher l'air froid, venu du
dehors, de fouetter les visages.

([1]) **Discours prononcé en juillet 1900.**

C'était, en un mot, l'orateur avec ses enthousiasmes, ses colères et ses défaillances, et peut-être doit-on expliquer ainsi qu'il n'ait jamais, lui si châtié dans sa forme, connu le moindre souci du style, de ce qui constitue l'écrivain. On pourrait lui appliquer ce que Sainte-Beuve a dit d'un des meilleurs esprits de la révolution, qu'il « avait de cette paresse des orateurs qui ne retrouvent pas, dans la solitude du cabinet, tout le degré de chaleur nécessaire à la production active ».

Et c'est pourquoi la politique devait le garder jusqu'au dernier jour. Je me suis pourtant laissé dire que, vers la fin, ce « doctrinaire », que de loin on proclamait hautain et morose, eut des grâces séductrices, et qu'il sut captiver, par son accueil et ses confidences, des jeunes hommes pensant comme lui et fiers de cette ouverture et de cette demi-intimité. Néanmoins, le goût de la politique persistait, et il devait en nourrir les conversations qu'il eut avec eux; mais ce goût s'était tempéré, il était devenu serein à l'approche d'une fin à laquelle, dans ses derniers discours, il fit plus d'une allusion émouvante.

Peut-être faut-il regretter que la vie parlementaire l'ait retenu si jalousement et si tard, qu'il ne se soit pas plus tôt détaché de ce néant qu'est la politique constitutionnelle, où un homme n'a plus dans la main la merveilleuse aisance de tous les ressorts des grands ministres du passé. Que d'années usées à des luttes vaines contre la médiocrité jalouse d'autrui, médiocrité sincère ou non, mais stérile le plus souvent, et d'autant plus stérile qu'elle trouvait en lui le roc qu'on peut ronger, mais qu'on ne brise point!

JULES BARA

Jules Bara, ancien ministre de la justice, est une des figures les plus curieuses du libéralisme belge; à bien considérer les choses, c'en est peut-être la figure la plus curieuse.

On sait déjà que le régime parlementaire, en Belgique, est issu, comme en France, d'une révolution. Bruxelles a eu ses trois glorieuses; mais le mouvement populaire, sur lequel la bourgeoisie étaya son indignation, fut un mouvement nationaliste et non une réaction contre le trône et l'autel. Le roi Guillaume de Hollande avait ceci de commun avec Charles X qu'il entendait gouverner à sa guise et à la guise de ses favoris; mais il différait de lui en ce qu'il était étranger à la Belgique, adversaire déclaré de sa religion et de ses traditions communales. Luthérien, il déplaisait d'instinct au peuple flamand, resté catholique jusqu'à la bigoterie; Germain, il ne dissimulait pas aux Wallons, c'est-à-dire à l'autre moitié de ses sujets méridionaux, son dédain pour les idées et le langage de la France;

enfin sa partialité, également blessante pour tous,
se manifestait dans les choix de fonctionnaires :
toutes les faveurs allaient aux Hollandais ; les
Belges étaient administrés ; ils n'administraient
point.

Le lendemain de la victoire des idées sépara-
tistes, les plus avisés s'occupèrent de cueillir les
lauriers. C'étaient, pour la plupart, de jeunes
avocats venus du midi et de l'est de la Belgique, et
parmi lesquels on comptait plus d'un Français, ou
d'un Belge né et élevé en France. Le type le plus
achevé de ces révolutionnaires, bons patriotes
d'ailleurs, fut, on l'a vu, Charles Rogier. Sa carrière fut longue et fructueuse, et nul homme
d'État, de 1830 à 1860 environ, ne conquit et ne
justifia autant de popularité.

Rogier, on l'a dit, était né à Saint-Quentin, d'une
mère française, mais d'un père belge ; il passa en
France une partie de sa jeunesse ; plus tard il se
fixa à Liége, puis à Bruxelles ; enfin, il mourut
député de Tournai. Cette dernière ville, belge d'occasion, toute française d'esprit, était comme dési-
gnée pour une représentation à part. Elle l'eut
successivement (et de 1862 à 1885 simultanément)
dans la personne de Charles Rogier et dans celle de
Jules Bara.

A bien des égards, Charles Rogier fut le proto-

type éminent de celui qui devint, après, son collègue à la Chambre et au ministère. Grand admirateur de la France, de ses gloires et de ses institutions, il sut démêler tôt ce qui, dans le libéralisme
de 1830, pouvait s'adapter aux mœurs de sa patrie.
Bara n'agit pas autrement, mais il accentua la bonhomie et le ton de belle humeur qui désignaient
déjà Rogier à une sympathie plus pressante et
plus familière que ne le faisait Frère-Orban. Par
quoi il se distingua toutefois du premier et se
rattacha au second, c'est par l'inflexibilité et même
la vivacité agressive de son anticléricalisme.

Aux environs de 1830, on savait très bien à
Paris ce que devait être le pouvoir civil ; quelles en
étaient et les prérogatives essentielles et les limites;
il n'y a, pour s'éclairer là-dessus, qu'à relire certaines pages de Benjamin Constant et de Royer-
Collard. En Belgique, on était à la fois plus et moins
avancé lorsqu'on vota la Constitution nationale.
On y inscrivit bien toutes les libertés de 1789,
y compris la liberté de la presse et la liberté d'association ; mais quand il s'agit, par exemple, de dire
ce que serait l'enseignement public, on tâtonna
longtemps et on laissa à l'initiative privée une part
prépondérante, sous prétexte que l'État ne devait
que parer aux défaillances de cette initiative.

Les libéraux se préoccupèrent de bonne heure

des devoirs et des droits de l'État ; ils firent, à cet
égard, au congrès du parti, en 1846, des déclarations très précises ; mais ils n'essayèrent pas de
réaliser tout de suite leur idéal. L'essayaient-ils en
quelque point, ils se heurtaient à une opposition
violente, et de la part du clergé, et de la part des
catholiques qui, de même que leurs adversaires,
s'étaient constitués en un groupement distinct.
Rares furent, dès cette date, les hommes qui, restant fidèles à l'esprit de la Constitution, demeu-
rèrent bons catholiques, sans devenir des cléricaux en politique. Or, le clergé, qui n'avait jamais
cessé de se mêler aux luttes politiques se montra,
à partir du moment où eut lieu la scission entre
les deux partis historiques de la nation, plus
acharné et plus systématique dans son antilibéralisme ; il avait été, surtout en Flandre, le plus actif
agent de la révolution ; il se mit cette fois au service d'une cause plus mesquine, mais à ses yeux
non moins sacrée, puisqu'elle se confondait avec
celle de la religion.

Cela se passe donc vers 1850, et à cette date il y
avait encore à la Chambre belge beaucoup de libéraux catholiques et de catholiques libéraux. Dix
ans plus tard, on montrait du doigt les derniers
représentants de cette variété à peu près disparue.
Chacun des deux partis — désormais distincts —

— le catholique et le libéral — soutenait, comme il va de soi, avoir conservé la tradition pure et sincère de 1830. « Vous n'êtes plus les libéraux de 1850, disait un député catholique en s'adressant à la gauche le 8 mai 1863. Lisez le programme du congrès libéral. Je le tiens en main ; tout catholique pouvait l'accepter... En 1850, on se séparait des ministres qui voulaient aller trop loin ; *on disait : Nous ne vous suivrons pas. Aussi lorsque* M. Frère-Orban a voulu reviser la loi *d'instruction primaire*, il ne s'est trouvé que douze personnes sur les bancs de la gauche pour *appuyer une telle proposition. En 1850, j'aurais* pu me trouver moi-même dans vos rangs, car nous voulions à peu près la même chose. » Et ce député, fougueux, mais sincère, Tournaisien comme Jules Bara et à demi Français *comme lui, reprochait à* son concitoyen les intransigeances de sa jeunesse, le qualifiant de « doctrinaire carré » et de « centralisateur ».

*
* *

Il n'avait pas *tout à fait tort, du moins en* ce qui concerne la centralisation, et nous savons déjà pourquoi.

Nous avons vu, dans le domaine de l'enseignement, après 1842 et 1850, les catholiques essayant de tirer tout le parti possible d'une législation qui était encore à demi confessionnelle, bien qu'elle constituât pour leurs adversaires un commencement de réparation, et presque une sauvegarde.

En 1857, une nouvelle tentative d'empiétement sous le couvert de la liberté eut moins de succès. Les couvents étaient devenus aussi nombreux, en Belgique, que sous la monarchie autrichienne; leur fortune mobilière et immobilière avait décuplé depuis 1830; les donations avant ou après décès alimentaient cette fortune aux dépens de la prospérité publique. Les catholiques belges craignirent un retour offensif des idées de sécularisation qui, sous Joseph II et sous Guillaume de Hollande, avaient failli triompher chez eux. Ils proposèrent d'inscrire dans la loi, en les aggravant, des tolérances qui équivalaient au rétablissement de la mainmorte. Cette fois, il y eut comme une explosion de colère et de rires, de colère à la tribune, de rires dans la rue, et c'est en riant qu'on alla briser les vitres de quelques couvents et d'un ministère. Le ridicule du projet en dépassait, en effet, l'odieux, et ce fut sous le ridicule qu'il tomba.

En juin 1863, se réunit à Malines un congrès auquel assistèrent les évêques et tout le haut clergé. Montalembert y vint, y parla. Mais on peut dire qu'il n'y fut applaudi que pour lui-même. Car de ces assises, les premières où prêtres et laïques voisinèrent ouvertement et conspirèrent ensemble, il sortit une doctrine nettement opposée à celle du libéralisme. On y prépara des armes à la papauté, au futur auteur du *Syllabus* .

« ... C'est un programme politique qu'on vient faire à Malines, s'écrie Jules Bara (1864); ce sont des articles qu'on vient voter pour qu'ils servent de règle de conduite pour le parti catholique. » Et il continue son exposé, montrant l'association intime d'intérêts entre le clergé et les chefs de la droite, et les dangers que cette connexité nouvelle peut offrir pour les idées de progrès : « ... Je dis que, si vous triomphez, la liberté de conscience ne sera plus qu'un vain mot; car quand le prêtre est au pouvoir et quand le prêtre, convaincu de la vérité de tel ou tel dogme, doit gouverner, il lui est impossible de faire des distinctions; il lui est impossible de dire : ceci est l'erreur, je la tolérerai. Non, il obéit à sa conscience de prêtre, avant d'obéir à sa conscience de citoyen. »

Et reprenant à son tour, et dans un esprit qu'on imagine aisément, chacun des articles du programme discuté à Malines, il montre les catholiques préoccupés de s'isoler des libéraux, de se séparer d'eux pendant leur vie et jusqu'après leur mort, les catholiques revendiquant le droit de fonder librement, dût-on rétablir la mainmorte, le droit de retrancher à l'État sa prérogative scolaire, dût-on ramener la nation au régime intellectuel d'avant 1789, c'est-à-dire au néant. Comme on lui oppose la célèbre parole de Jules Simon, que l'État, en matière d'enseignement, doit préparer sa destitution (parole prononcée à Gand), il réplique, non sans à-propos, que le philosophe français a raisonné dans l'hypothèse d'une société parfaite, et il ajoute : « Je dis, moi, que l'État a le pouvoir absolu d'enseigner, parce que la société sera toujours imparfaite, parce qu'il y aura toujours des différences religieuses, parce qu'il faudra un enseignement pour les pauvres, parce que la concurrence est nécessaire pour élever le niveau de l'instruction. »

Il est non moins affirmatif et non moins intrépide, lorsqu'il combat une autre prétention, sans cesse renaissante, des catholiques belges. Un décret de prairial an XII avait réglé, semblait-il, de façon définitive le respect des opinions dans la mort. Plus de divisions factices et humiliantes dans les cimetières, plus de « trou des chiens » où fût enfouie la carcasse des libres-penseurs. Plus rien de ce xviiie siècle qui fait, à Saint-Eustache de pompeuses funérailles à un banquier protestant et qui jette à la voirie la dépouille d'une actrice ou d'un philosophe. Pourtant, ce sont, à chaque session, de nouveaux abus du pouvoir communal qu'on signale, et que, ministre, il ait à sévir, que réduit à l'opposition il ait à protester, Jules Bara défend la liberté posthume avec autant de constante vivacité que la liberté vivante.

Le congrès de Malines avait, en ces diverses matières, codifié les prétentions réactionnaires des catholiques; mais il n'avait fait que cela; il avait enregistré des décisions qui étaient déjà dans les consciences. Un mois avant sa réunion, le 8 mai 1863, M. Paul Devaux, l'historien belge et l'un des plus modérés parmi les constituants de 1830, reprochait précisément à la droite ses tendances ultramontaines : « Dans le parti catholique, disait-il, quels progrès la modération a-t-elle faits? Les hommes les plus modérés sont découragés et sans action; ce sont les plus violents qu'ils sont condamnés à suivre... Est-ce ainsi que les catholiques mériteront l'épithète de conservateurs qu'ils ambitionnent et à laquelle ils ont si peu de titres? » C'était une belle riposte à l'homme d'État catholique, dont on a lu le jugement sur l'évolution libérale; mais dans cette bouche, la réplique prenait plus d'autorité et comme un parfum de vérité historique.

Dix ans plus tard, on pouvait mieux mesurer du regard les étapes de la régression cléricale. La

droite n'associera plus désormais ses indignations
à la réprobation des doctrines absolutistes, formulée le 3 juin 1864 par un de ses membres; elle
ne repoussera plus le *Syllabus*. Elle n'aurait plus
admis non plus, en 1875, que son chef au Sénat,
M. d'Anethan, s'exprimât ainsi : « Le ministre des
cultes, qui, dans l'exercice de ses fonctions, s'occupe de questions religieuses, développe et explique
les principes religieux et moraux, use d'un droit et
remplit un devoir. Mais si, faisant une excursion
dans le domaine politique, il abuse de son ministère, s'il sort de son rôle pour attaquer directement le gouvernement, cette attaque peut être
érigée en délit et frappée d'une pénalité. » (26 février 1866.) En 1875, ce n'est plus une infime minorité, c'est « l'immense majorité des catholiques »
qui, par l'organe d'un *leader* de droite, proteste
contre la chute du pouvoir temporel de Pie IX.
Et à chaque session, le recul est marqué d'une
façon plus nette et fournit à Jules Bara, à qui il
faut revenir, des occasions plus brillantes de
déployer sa verve oratoire et d'affirmer son anticléricalisme.

Anticléricalisme, est-ce bien le mot? Oui, si l'on
y attache un sens usuel en France et qui n'implique
tout au plus, chez celui qu'on entend caractériser
ainsi, que le retranchement et la négation d'une foi

positive. Non certes, si, par une extension trop commune de l'épithète, on veut que l'anticlérical soit antireligieux. La génération à laquelle appartenait Jules Bara n'était pas irréligieuse; elle était tolérante, voilà tout. Parmi ses collaborateurs politiques, que de pratiquants! Si lui-même fut un libre-penseur avoué, il ne fut jamais un négateur bien terrible, et, le jour où il proclama l'immortalité de l'âme en plein Parlement, il ne crut ni faire une manifestation inopportune, ni apprendre sur lui-même quelque chose à quelqu'un.

Mais, respectueux des formes positives de la religion, il était, il resta jusqu'à sa mort l'adversaire résolu de l'ingérence cléricale dans le domaine politique. Sa thèse de docteur agrégé, à l'Université de Bruxelles, avait pour objet la séparation de l'Église et de l'État, et ce fut pour lui le thème de maints discours; ce fut le vœu de toute sa vie. Il n'aimait pas les prêtres, comme en général les hommes de 1789 avaient fait; c'est parce qu'il les avait vus à l'œuvre; ce n'était pas aux ministres d'une foi qu'il en voulait, c'était aux complices d'un intérêt séculier. Encore entendait-il que la justice, qui doit être pour tous, leur fût appliquée dans sa rigueur. Il repoussa, chaque année, les mesquines réductions de budget, dont des collègues trop zélés lui faisaient la proposition formelle. A l'un d'eux, qui voulait qu'on supprimât les bourses des séminaristes, pour bien affirmer que l'État tendait vers la séparation du spirituel et du temporel, il répond avec une sorte d'indigna- tion, qui part de son excellent cœur, mais aussi de sa conviction intime : « J'aimerais mieux enlever 10,000 francs à un évêque que 500 francs à de pauvres élèves qui ont le droit de compter sur la parole du gouvernement. » De fait, il n'enleva rien ni aux évêques, ni aux boursiers ; mais il n'accorda rien non plus au delà du nécessaire : « Quand nous avons, disait-il, assuré au clergé de quoi subvenir à ses besoins, nous ne lui devons plus rien. »

Les boursiers de séminaire n'étaient pas les plus intéressants, ni les plus nombreux. La générosité des fondateurs s'était largement épandue sur les établissements où l'on préparait aux carrières libé- rales ou à des professions plus modestes. Des mil- liers d'enfants recevaient, grâce à cette générosité, une instruction gratuite. Encore fallait-il savoir quels seraient les bénéficiaires, puisqu'il y avait plus d'appelés que d'élus lorsqu'il s'agissait de fondations communales ou provinciales sans attri- bution nominative. C'était le clergé qui en dispo- sait souverainement. Ses écoles, ses collèges, son université, à Louvain, étaient devenus les réser- voirs où s'engloutissait tout l'or légué pour l'in-

struction des fils de la bourgeoisie et d'une partie
de la classe ouvrière.

Il en fut ainsi jusqu'en 1869, date à laquelle les
libéraux exigèrent que la collation des bourses
d'études fût conférée à l'État, sauf stipulation expresse en faveur des communes ou des particuliers.

Il faut lire les discours de Jules Bara, rapporteur de la loi sur les bourses, pour comprendre
toute l'opportunité de celle-ci. En un certain sens,
c'était — on l'a assez dit et écrit alors — la main-
mise sur un bien privé, une usurpation de titre et
de pouvoir. Oui, mais si l'on songe à la pérennité
de ces largesses, à l'obscurité des motifs déterminants, à l'époque lointaine à laquelle elles remontaient, époque où il n'y avait pas d'enseignement
public, donc point de fondation possible en sa
faveur; si, de plus, on veut bien s'instruire des
abus de toute sorte auxquels donnait lieu la collation de ces bourses, on ne peut que ratifier le jugement des libéraux de 1863. En élargissant la fonction de l'État, ils renforcèrent celui-ci; mais ils
rendirent en même temps un sérieux service à la
liberté.

A un autre point de vue, la liberté était intéressée
dans cette réforme, où Jules Bara se montra « centralisateur » à bon escient. Il y découvrit — et ce

fut un beau trait de clairvoyance — une façon de
doter le futur enseignement public, celui qu'une
revision de la loi de 1842 permettrait plus tard
d'instaurer. Dès le premier jour de sa carrière politique, il avait détesté cette loi et il l'avait proclamée inconstitutionnelle; il disait, dès 1864, qu'il
en voterait l'abrogation « de grand cœur », tout
simplement parce que la liberté d'enseignement,
en Belgique, n'était, grâce à elle, et ne pouvait être
que la liberté de l'enseignement catholique (¹).
Mais il se résignait, il rongeait son frein, et du
discours prononcé par son concitoyen et cité plus
haut, il nous est déjà permis de tirer les raisons de
sa longue patience. En 1850, il n'y avait donc pas
plus de douze membres, à gauche, décidés à voter
une loi *libérale* sur l'enseignement public! En
1864, il n'y avait pas encore de majorité en sa
faveur, et ce ne fut qu'en 1879 que cette majorité
fut réunie. Encore, au Sénat, ne fut-ce qu'une

______

(¹) C'est ce que répétait Frère-Orban, à son tour, en
1868 (discours du 22 avril) : « En Belgique, quand on
parle de la liberté, des forces individuelles au point de
vue de l'enseignement, on dit une contre-vérité. En
matière d'enseignement, il n'y a réellement point de
place pour la liberté en Belgique; il y a deux grands
monopoles, celui de l'État et celui du clergé; voilà la
vérité. »

majorité d'une voix! N'est-ce pas dire que l'évolution du libéralisme a été, en somme, plus lente et plus mesurée que celle de ses adversaires?

*
* *

C'est Benjamin Constant qui l'a dit : « Il ne faut point de gouvernement hors de sa sphère; mais dans cette sphère, il ne saurait en exister trop. »

Maxime libérale en 1830, non moins libérale vers 1870 et plus libérale encore en 1900. Après le congrès catholique de Malines en 1863, le devoir pressant s'imposait à tous, en Belgique, de renforcer les pouvoirs de l'État. Jules Bara ne manque point à l'accomplissement de ce devoir. Après avoir aidé au vote de la loi sur les collations de bourses d'études, il saisit chaque occasion, qui s'offre ensuite, d'affirmer, de définir et de préciser les prérogatives constitutionnelles du pouvoir. En 1869, par exemple, il fait voter une loi qui défend à une compagnie de chemins de fer d'abandonner à une autre compagnie une concession quelconque sans l'autorisation gouvernementale. Protestations à droite, et c'est un ministre de droite qui, plus tard, devait être contraint logiquement de racheter tous les chemins de fer concédés!

9

En 1879, il défend le principe des enquêtes parlementaires et il ouvre ce qu'on appellera, non sans une emphase ecclésiastique, l'ère des persécutions. Vaine emphase, d'ailleurs : car l'enquête sur la situation des ouvriers et l'enquête scolaire révélèrent à l'opinion les pires plaies intellectuelles et sociales dont souffrait la Belgique. En 1891 et en 1892 enfin, il n'hésite pas à se séparer de ses amis, lorsque ceux-ci veulent s'ingérer dans l'exercice de la fonction gouvernementale. Un bourgmestre catholique avait interdit la vente de journaux sur la voie publique. Au nom de la liberté de la presse, le chef de la droite lui-même se plaint d'une violation constitutionnelle, et Jules Bara, dont les opinions étaient défendues par les journaux interdits, n'hésite pas à reconnaître que le fonctionnaire communal a agi dans la plénitude de son droit. En 1892, si nous le voyons adversaire de la procédure revisionniste, c'est parce que le cabinet entend laisser à une commission parlementaire le soin de rédiger un projet de loi électorale ; se dessaisir de son initiative, c'est, pour lui, porter atteinte aux privilèges du pouvoir, et ce sont ces mêmes privilèges qu'il défend, le 26 mai 1893, lorsque, tout en réprouvant l'expulsion de deux députés français, MM. Basly et Lamendin, il déclare qu'il ne votera pas l'ordre du jour de blâme déposé par ses amis de l'opposition « parce qu'il ne peut voir dans la mesure prise par le gouvernement qu'un simple acte de police ». En 1896, réfugié au Sénat après la tourmente électorale qui a livré l'arrondissement de Tournai aux catholiques, il reproche encore au cabinet de droite de ne pas mettre en pratique les principes du régime parlementaire, principes selon lesquels « les ministres du roi ne doivent pas être les serviteurs de la majorité ». Enfin, deux ans plus tard, le 22 mars 1898, il plaide une dernière fois en faveur du rôle de l'État en matière de bienfaisance : « On ne peut admettre, dit-il, que le patrimoine des pauvres soit géré sans l'intervention des pouvoirs publics. »

Telle fut l'unité de cette carrière politique et l'invariabilité des convictions de Jules Bara sur ce point, essentiel en régime parlementaire, des droits conférés au gouvernement. Au nom de ces mêmes droits il sera, pendant toute sa vie, le défenseur, à la fois intrépide et respectueux, de la loi. Nul, parmi ses amis, n'a prêché avec plus de persévérance qu'il fallait rendre à César ce qui appartient à César. Les réformes législatives les plus déplaisantes et les plus partiales de ses adversaires, il les accepta et les subit, une fois votées, en se réservant, dans son for intérieur, de les combattre et de les abattre le jour où le sort électoral serait favorable au libéralisme.

Et c'est ce qui lui permettra, à plus d'une reprise, notamment en 1863 et en 1879, de flétrir les insurrections de la droite, se refusant à appliquer les lois libérales et poussant les foules à l'émeute et au mépris de la légalité. Nos lois vous gênent? disait-il. Mais croyez-vous qu'il n'y ait pas dans la Constitution belge plus d'une entrave à la réalisation de notre idéal propre? « Mais toutes les lois sont gênantes! Est-ce que le service militaire imposé à tous les citoyens n'est pas gênant? Est-ce que le paiement de l'impôt n'est pas gênant? Est-ce que le règlement de police qui m'oblige à faire nettoyer mon trottoir n'est pas gênant? »

Il s'exprimait de la sorte, le 2 février 1867, en défendant à la tribune nationale l'abrogation de l'article 1781 du code civil, article d'iniquité, donnant valeur de loi à la parole du maître dans les constatations relatives au salaire des domestiques et des ouvriers. Ses adversaires, tant libéraux que catholiques, redoutaient les abus du régime d'égalité. Lui, répliquait, avec cette clairvoyance rare des véritables hommes d'État : « Ce sont les maîtres de cette époque (*celle où le code civil fut édicté*) qui ont fait la loi, et ils ont eu soin de n'écouter que leur intérêt personnel, sans se préoccuper de sauvegarder le principe de l'égalité.

Eh bien, je dis que nous sommes arrivés à une époque où le principe doit dominer dans toutes les lois, et qu'on ne doit pas accorder au maître seul le droit d'être cru en justice, parce que le maître serait exposé à passer pour un voleur. Cette législation injuste, odieuse, a fait son temps. »

* * *

Jules Bara était-il donc ou non un démocrate?

Si cela revient à dire qu'il aimait ou n'aimait pas le peuple, la réponse est aisée autant qu'affirmative. Les hommes de sa génération, en Belgique du moins, furent tous amis sincères des petits. C'est qu'eux-mêmes étaient peuple, comme a dit La Bruyère, et que s'il avait fallu opter, comme le grand moraliste, ils eussent opté pour la démocratie. Frère-Orban, dans un jour d'éloquence indignée, ne se targuait-il pas de n'avoir pas été bercé sur les genoux d'une duchesse? Bara, quoique de souche bourgeoise, n'était pas moins résolument acquis aux tendances égalitaires.

Nous venons de voir qu'il avait réussi à imposer au Parlement l'abrogation de l'article 1781 du code civil. De même, il fit déclarer facultatif le livret d'ouvrier qui était obligatoire. De même, il obtint de la majorité l'abolition de la contrainte

par corps, si oppressive pour les petits, et quand il
demanda des modifications à la loi sur la détention
préventive, il fit observer, avec une grande justesse,
que si l'on tenait le même compte au riche et au
pauvre des jours passés en prison, dans l'attente
d'une condamnation toujours incertaine, on créait
entre eux, grâce au régime de la pistole, une iné-
galité de plus : « La conséquence de votre amen-
dement, disait-il à ceux qui défendaient cette
thèse, c'est d'infliger pour un même délit une
peine plus sévère au pauvre qu'au riche. »

Il ne serait pas malaisé de multiplier des cita-
tions aussi fortement démonstratives, et d'en
déduire que Jules Bara eut toutes les délicatesses
d'un cœur démocratique.

Mais ne lui demandez pas davantage ; n'essayez
pas, dans ce pays de grande et moyenne industrie
qu'est la Belgique, d'insinuer à ce libéral, trop
conséquent peut-être, que la classe ouvrière a
besoin de protection, qu'elle est trop livrée à elle-
même, et que livrée à elle-même, elle l'est aussi
à ses passions et à ses vindictes. Sans doute, il
votera le droit de coalition pour les travailleurs de
la mine et de l'usine ; mais il ne votera rien qui
puisse encourager arbitrairement leurs résistances,
les lier dans leurs luttes contre le patronat. « Il
suffit, dira-t-il le 18 mai 1866, de quelques meneurs

(*le terme y est déjà!*) qui parviennent à discipliner un groupe d'ouvriers pour qu'ils perdent leur liberté. Or, ce que nous voulons, c'est que l'ouvrier soit libre vis-à-vis de ses camarades. »

Voilà le grand mot lâché; l'ouvrier sera libre, dût-il être désarmé. Et quelle que soit l'initiative qu'on lui opposera plus tard, sous son dernier ministère, et puis, après, sous les ministères catholiques, qui vont tripler l'arsenal des lois sociales avec l'ambition, nullement déçue, de maintenir leur puissance électorale, Jules Bara restera dans la logique négative de son attitude; il essuiera les attaques, il repoussera les assauts et il votera : non, encore : non, toujours non. Rappelez-vous la formule de Benjamin Constant, qui est encore celle de beaucoup de libéraux modérés en Belgique. Elle fut considérée par cet homme, qui avait le respect fétichiste de la liberté, comme une maxime d'honneur.

C'est au nom de la liberté qu'il montra, enfin, quelque tiédeur pour le militarisme de la gauche. Celle-ci, et c'est peut-être son plus glorieux souvenir en Belgique, n'a guère lésiné quand il s'agissait de rendre effective, et même redoutable, la neutralité proclamée en 1830. Elle sacrifia le pouvoir à l'accomplissement de cette obligation sacrée; le jour venu, son chef incontesté, Frère-

Orban, la conduisit noblement à l'immolation.
Jules Bara, lui, y mit plus de façon. Dès 1863, il
est antimilitariste, et il ne s'en cache point; s'il
vote le budget de la guerre, c'est simplement
« parce qu'en présence de l'état des choses, tant à
l'extérieur qu'à l'intérieur du pays, il serait impossible à aucun gouvernement, à quelque opinion
qu'il appartint, de présenter actuellement un
autre budget ». Ce n'est pas un vote approbatif,
c'est un « vote de circonstance » qu'il émet.

Intransigeance juvénile, dira-t-on. Peut-être;
car une fois ministre, Jules Bara ne renouvela
plus sa déclaration. Néanmoins il restait silen-
cieux, défiant, vaguement hostile chaque fois
qu'on abordait cette grosse question de l'organisation militaire, et, rallié finalement au service personnel, que la Belgique n'a pas encore inscrit
dans ses lois, il n'en fut pas pour cela un champion plus déterminé des gros budgets de la guerre
et des longs séjours à la caserne.

Son patriotisme n'est point en cause, certes,
mais bien son amour de la liberté. S'il s'accommodait des flagrantes nécessités d'une défense
nationale, il voulait, en ce domaine comme en bien
d'autres, réduire les initiatives de l'État au minimum compatible avec la dignité et la sécurité du
pays. Lui donc, qui désavoua très énergiquement

l'expédition belge du Mexique, en 1864, lui qui fut de glace pour la colonisation du Congo, il n'eut point à se vaincre en refusant plus d'une fois à la droite victorieuse le vote du budget militaire; mais il dut, et légitimement, surmonter de graves répugnances de principe pour se rallier, après bien des ambages, à la thèse, devenue libérale, d'un encasernement de toute la nation.

*
* *

Est-ce là tout l'homme politique? Ce l'est si peu que le ministre de la justice mériterait une longue étude. Car ce n'est pas assez de rappeler la part qu'il prit à la revision des codes, les lois d'un caractère véritablement social qu'on lui doit, comme celles sur les coalitions, sur les livrets d'ouvrier et sur le témoignage patronal en matière de salaires (abrogation de l'article 1781 du code civil).

Il faudrait signaler d'autres initiatives, ajouter qu'elles ne suffirent pas à détourner son attention de la partie purement administrative des hautes fonctions qu'il avait acceptées. Pas un choix dans la magistrature, debout ou assise, qui échappât à son examen; pas une affaire grave ou délicate de l'un ou l'autre ressort judiciaire, qui ne fût connue de lui. Aussi ne le prit-on jamais sans vert au Parlement, et ceux qui, à maintes reprises, annoncèrent et prononcèrent des *réquisitoires* **contre ses** choix ou ses actes, trouvèrent toujours le ministre armé jusqu'aux dents, d'abord retranché dans une défensive savante, puis sortant de ses positions inexpugnables pour se ruer sur l'adversaire et le mettre hors de combat (1).

Le parti libéral a compté plus d'un ministre de

(1) Il en fut de même à chaque vote du budget de la justice. En 1870, dans la séance du 29 mars, Jules Bara s'exprimait ainsi : « Voilà à peu près cinq ans que je « suis ministre de la justice. J'ai donc eu à contresigner « un grand nombre de nominations, peut-être plus que « tous mes prédécesseurs. Or, chaque année, en termes « assez vagues, on annonçait des interpellations, la « révélation de tout un système d'intimidation à l'égard « de la magistrature et des candidats, de tout un sys-- « tème de pression violente organisée par le gouverne- « ment pour forcer la magistrature à entrer dans la « voie politique. Voilà quatre ans que j'attends le « débat. » Et comme on lui oppose un classement des magistrats, nommés par lui, d'après leurs opinions politiques, il s'élève avec indignation contre cette façon d'enquêter et d'interroger les consciences même muettes. « ... Si l'on se permet cette inquisition dans « l'opposition, s'écrie-t-il, je demande au pays à quel « sort les magistrats et les fonctionnaires seront expo- « sés, si les catholiques reviennent au pouvoir. » Il est vrai que rentré dans l'opposition, il fit flèche du même bois et en porta des coups redoutables. (24 février 1872.)

la justice, digne de sa grande tâche et l'accomplissant avec la haute dignité qui y convient; mais aucun représentant de ce parti n'a mis autant d'entrain, d'indépendance, de sûreté et de fermeté que Jules Bara, dans l'art difficile de maintenir, en le dirigeant, la bonne réputation du corps important auquel est dévolue une fonction si essentielle. Il voulait les tribunaux peuplés, non, comme on l'a dit, de ses créatures, mais au contraire d'hommes ayant des titres et capables de rendre des arrêts plutôt que des services. Si le libéralisme comptait plus que le cléricalisme de tels hommes à cette date, ce n'est pas qu'il y eût parti pris en sa faveur; mais c'est que tous les jeunes docteurs en droit, ayant fait de brillantes études et qui, en d'autres temps, eussent cherché la gloire et la fortune au barreau, ambitionnaient alors des postes de magistrats. Ces postes étaient estimés plus haut qu'ils ne l'avaient été jusque-là, qu'ils ne le furent certes depuis lors. Et pourquoi? sinon, parce qu'ils allaient au mérite, non à la clientèle vulgaire des officines politiques. Tout en respectant les opinions individuelles, le ministre n'aimait pas, d'ailleurs, que les magistrats se jetassent dans la mêlée des partis (relisez ses propres paroles en ce sens, le 20 décembre 1866), et qui donc, lorsque les tribunaux trouvèrent des critiques à la

Chambre, sut les défendre avec une aussi triomphante énergie?

Après 1870 et après 1884, Jules Bara rentra dans l'opposition, et, soit à la Chambre, soit au Sénat, il montra, en se restreignant d'ordinaire à la discussion des affaires de justice et de culte, qu'il voulait circonscrire sa tâche de législateur, soit lassitude pardonnable, soit probité professionnelle poussée jusqu'au plus rare excès et jusqu'à la leçon publique. Ce qu'il en fit, d'ailleurs, fut pour le plus grand profit de ses idées politiques. Ce ne fut guère qu'après la mort de Frère-Orban, ou du moins après l'avènement du socialisme, qu'il consentit à être, dans de trop rares occasions, le porte-parole de la gauche dans la haute assemblée.

Au palais, il reprit la serviette d'avocat, allègrement, avec la même belle humeur et la même bonne conscience. Dans ce métier difficile du barreau, il fut peut-être moins un orateur qu'un chef d'attaque, moins un homme à idées qu'un homme à ressources; la forme le préoccupait peu, quoi qu'il l'eût très française et d'un beau jet. D'autre part, le beau plaideur qu'il était, avec toutes les générosités et les exubérances que comporte la profession, reparaissait sans cesse à la Chambre sous l'homme politique. Des fois on cherchait la robe et la toque, en l'entendant faire dériver un débat, multiplier les arguties, retourner une preuve comme on retourne un gant, montrer la face des choses qui était avantageuse à ses intérêts.

Il avait une merveilleuse souplesse de compréhension et un art si sûr de deviner quelle allait être la réplique, qu'il en coupait l'inspiration à son adversaire et lui ravissait jusqu'au souffle. Le jour où il obtint de la Chambre l'abrogation de l'article 1871 du code civil, il eut pour principal contradicteur un de ses collègues du ministère, un économiste et un savant, M. Eudore Pirmez. Il savait que le danger était là, dans la division de la gauche devant une droite hostile, et son effort dut porter surtout du côté de celui qui était son collaborateur et son ami. Il mit donc toute sa coquetterie à être érudit autant que disert ; il invoqua l'exemple de plusieurs nations, il remonta jusqu'au droit romain, où un article aussi profondément injuste n'était pas inscrit, d'après lui. Son contradicteur avait-il sourcillé ? Je l'ignore. Mais Jules Bara, poursuivant sa démonstration, de s'écrier :

« L'honorable M. Pirmez me dira peut-être : Il n'y avait pas de domestiques chez les Romains ; mais c'est là une erreur...

M. Pirmez. — Je ne dis pas cela du tout.

M. Bara. — Non, mais vous le direz, et je crois avoir bien pénétré votre pensée... »

Devant les tribunaux, il déploya les mêmes
talents et la même verve batailleuse. Mais s'il y conquit l'estime de tous et l'espèce particulière de
popularité qui n'a d'échos que dans le temple de
la justice, et qui est une popularité aussi, c'est
plus encore par son caractère que par sa science
juridique et son art consommé de vieux maître. On
ne peut trop le redire, ce ministre intègre et
farouche, cet Ajax qui couvrit vingt fois la gauche
de son bouclier, eut l'aménité du cœur et de
l'abord qui manqua à plusieurs de ses contemporains. Son *doctrinarisme* n'est pas bien établi
dans la vie publique; dans la vie privée, il n'exista
point.

*
* *

Voilà bien des titres à l'estime, à la notoriété et
peut-être à la gloire. Il n'en fallait même pas tant
pour faire de Bara un remarquable échantillon de
la variété d'hommes politiques en qui s'est incar-
née, dans l'Europe occidentale, la résistance
ouverte contre le retour offensif des idées catholiques. Convaincu de la nécessité d'un pouvoir civil, indépendant et fort, il concentra toute ou quasi
toute son activité sur cet unique objet. Il en fit
découler, avec une logique très défendable, tout le
perfectionnement de l'organisme social : la liberté

étant pour lui une perpétuelle conquête, qui s'étendait à l'ordre moral et intellectuel aussi bien qu'à l'ordre économique, il était de toute nécessité, et de constante urgence, que l'État fût de plus en plus armé contre les empiètements du spirituel et les entreprises de la foule, instinctive, ignorante et désireuse du changement. Cette foule, dont la masse est inapte à l'exercice, même indirect, du pouvoir, se compose toutefois d'individus plus ou moins doués, qui, selon leurs dons naturels, peuvent successivement être associés à l'œuvre difficile de la conduite politique et administrative de la société. C'est par sélection, et par sélection seulement, que se fera cette affiliation ; d'égalitarisme au sens actuel, il n'en faut point. Ainsi peut se résumer une doctrine dont Jules Bara fut, avec beaucoup de libéraux de son temps et quelques-uns du nôtre, l'adepte sincère et vibrant.

II

LE PRÉSENT CATHOLIQUE

LE PRÉSENT CATHOLIQUE

On a, dans les pages qui suivent, tenté de décrire l'évolution morale et politique du pays belge entre 1880 environ et 1900. C'est donc moins l'histoire d'un parti que le tableau d'une vie nationale. Sinon, eût-il été logique, eût-il été légitime de réserver à la seconde partie de cette étude l'exposé des conflits de race, qui remontent, dans leurs lointaines racines, aux débuts du siècle passé, et celui d'une expansion coloniale, qui était, avant 1876, dans la pensée de Léopold II ?

Ce qu'on ne peut contester, c'est que la Belgique a donné, de 1884 à 1902, le spectacle d'une activité intellectuelle et matérielle plus grande et plus féconde. Elle a, dans cet espace de temps, renouvelé son outillage industriel, organisé une colonisation, poussé son développement artistique dans des voies insoupçonnées. Elle a aussi connu l'ag-

gravation d'un malaise social, qui a été la rançon
douloureuse d'une prospérité économique sans
précédents. Et c'est après 1886, à la lueur des
incendies de l'émeute triomphante, que ses gouvernants se sont, enfin, préoccupés d'une intervention plus directe en faveur des ouvriers
manuels et que toute une législation de fabrique
et d'atelier a été décrétée, sans préjudice des parti-
cipations individuelles, dictées par la foi ou par
un pur instinct de solidarité entre les hommes.

Rapporter ce grand œuvre à un seul parti, ce
serait méconnaître à la fois les enseignements
historiques et la réalité des faits. L'histoire nous dit
qui rien ne s'accomplit de grand dans une nation
sans le concours de toutes les volontés. Les faits,
en Belgique, prouvent que les initiatives publiques
ou privées des catholiques, pour intelligentes et
multiples qu'elles soient, avaient été préparées, et
comme secondées à l'avance, par les initiatives du
libéralisme. Celui-ci, plus respectueux de la liberté
individuelle, n'en avait pas moins tendu à donner
à ce nouvel État, dont les destinées lui appar-
tinrent, on l'a vu, pendant cinquante ans, la conscience nette de son unité et de sa mission civilisatrice.

Déjà Charles Rogier avait prévu que son pays
serait une démocratie, et il n'avait nullement craint

de proclamer qu'il faudrait, tôt ou tard, lui concéder les droits politiques d'une démocratie ; il avait
proclamé, avec non moins d'énergie, qu'il était
dans les nécessités de l'avenir de renforcer encore
la puissance et le domaine de l'État, d'en faire le
dépositaire de l'épargne publique, d'assurer par
lui le crédit et de lui concéder peu à peu la possession exclusive des chemins de fer, et peut-être celle
des mines. Une part importante du programme
socialiste est enfermée dans une formule comme
celle-là ; le gouvernement catholique n'a pu jusqu'ici, étant conservateur et modérateur d'essence,
le réaliser dans sa plénitude.

Il faut donc remonter au libéralisme d'avant 1884,
et peut-être d'avant 1870, pour s'expliquer l'enfan-
tement démocratique de cette fin de siècle en
Belgique. Il le faut plus encore pour rendre compte
de la régénérescence intellectuelle, qui a donné au
lettres de ce pays Albert Giraud, Émile Verhaeren,
Edmond Picard et Camille Lemonnier, à la littérature française Maurice Maeterlinck. Le déclin politique du libéralisme ne prouve rien contre sa force
morale de propulsion ; il prouve simplement qu'il
était devenu — en Belgique comme ailleurs —
inopérant comme formule gouvernementale. Au
contraire, comme tendance individualiste, il n'a
jamais été aussi actif et aussi fécond qu'après sa

défaite. Car rien n'est plus individualiste que la littérature ni que l'industrie. Et les deux grandes nouveautés belges de 1880 à 1900, c'est un bel épanouissement littéraire et artistique, et c'est une expansion industrielle, qui a été si large et si puissante qu'elle a porté le nom belge en Russie, aux États-Unis, dans l'Empire du Milieu et jusqu'aux confins du monde habité (1).

(1) Mon incompétence me fermait les abords du domaine industriel. Mais, entre vingt publications qui le concernent, je signalerai celle de M. Ed. Deiss, *Études sociales et industrielles sur la Belgique*, Paris et Bruxelles, 1900.

ŒUVRES SOCIALES
ET TENDANCES MORALES

Les élections de juin 1884 avaient donné le pouvoir aux catholiques ; ils arrivaient, les mains lourdes de griefs et la tête pleine de projets. Les griefs étaient surtout d'ordre intellectuel, et c'est ce qui explique la hâte qu'on mit à détruire l'œuvre scolaire des libéraux. Les projets étaient en harmonie avec des besoins nouveaux, dont les vainqueurs eurent les premiers, dans la bourgeoisie, conscience en Belgique, mais qui déjà avaient trouvé leur expression dans d'autres pays.

Ce fut par la voie cléricale que se fit la révélation du mal social dont on souffrait. A Louvain, l'enseignement de M. Périn, disciple du comte de Coux ; à Liége, les leçons et les conseils de l'abbé Pottier à ses élèves du grand séminaire, voilà ce qui semble avoir eu le plus d'action avant le

15 mai 1891, c'est-à-dire avant la célèbre encyclique de Léon XIII sur la condition des ouvriers.
La propagande socialiste, devenue plus active malgré l'échec de l'*Internationale,* ne fut pas non plus
étrangère aux initiatives parlementaires des catholiques belges. L'exemple pressant des peuples voisins acheva de les entraîner, et l'on vit les prêtres,
les petits prêtres surtout, plébéiens d'extraction et
de sympathie, se jeter résolument dans la mêlée.
Chez beaucoup d'entre eux un sentiment de fraternité purement humaine se mêlait à l'obéissance
docile aux ordres supérieurs. L'exemple leur était
donné d'en haut, notamment à Liége, où l'évêque
organisait les « congrès des œuvres sociales » et
payait de sa personne, et même de sa bourse, de
plus en plus plate à mesure que ses opinions s'ac-
centuaient et lui aliénaient les sympathies son-
nantes des « coffres-forts en délire » (¹).

La publication de l'encyclique *De conditione opi-
ficum* acheva d'exalter tout ce monde. Elle donna,
en même temps, une grande force aux militants
du parti, qui, jeunes et amis du changement, rê-
vaient d'opposer programme à programme et de
battre le socialisme sur son propre terrain. Froi-

(¹) Expression de M. le professeur Kurth, l'un des
chefs de la démocratie chrétienne belge.

dement accueillis dans les associations bour-
geoises, ces novateurs fondèrent des organismes
indépendants, ils y attirèrent les ouvriers en foule
et se donnèrent les fâcheuses apparences d'une
sécession, qui, si elle avait d'abord fait sourire,
finit par inquiéter le jour où l'élargissement du
corps électoral assura une importance numérique
à leurs effectifs. Il fallut compter avec eux, et on
ne s'y résolut qu'avec peine. Il y eut des indignations et des récriminations; le clergé se trouva
divisé, ce qui le préparait mal à réconcilier les
éléments laïcs, fort échauffés les uns contre les
autres. On en appela au pape qui, sans qu'il le
voulût, avait fourni des armes aux insurgés et ne
pouvait moins faire que de les ramener, d'un geste
impérieux, dans l'obéissance formelle.

Les avertissements indirects n'ayant pas eu de
succès, Léon XIII se décida à intervenir. Il le fit
dans les formes enveloppées qui caractérisent le
langage pontifical à toutes les époques; la lettre
pastorale du 10 juillet 1895, adressée à l'épiscopat
belge, tenta de préciser ce qui était l'imprécision
même; cette très vague et très fluctuante rhétorique de la curie romaine, où le style cicéronien
et le style baroque fraternisent outrageusement,
finit, en s'égouttant sous une pression énergique,
par ne laisser plus debout qu'une série de propo-

sitions anodines dont les deux partis pouvaient également user, mais qui perdaient par là même toute leur valeur significative pour les *démocrates-chrétiens*. On y lisait, notamment, que « Dieu a « voulu que dans le genre humain règne la diver- « sité des classes, et aussi qu'une certaine égalité « les unisse, grâce à un accord amical »!

Cet accord amical fut lent à rétablir entre catholiques; il est encore incertain en 1902. A Liége, le calme est rentré dans le temple, et une paix plâtrée a rapproché, en période électorale, les adversaires de la veille; néanmoins, ceux-ci couchent sur leurs positions; les plus récalcitrants ont été bannis, comme dans les républiques italiennes, et une part du gâteau électoral a été concédée aux autres. En Flandre, où l'humeur de la race, plus flegmatique, est aussi, une fois déchaînée, moins accommodante, les démocrates émancipés n'ont rien voulu entendre. Le prêtre qui, comme l'abbé Pottier à Liége, s'était fait leur conducteur, n'a pas abdiqué. Toutes les peines ecclésiastiques lui ont été successivement infligées; mais elles le grandissaient aux yeux de ses adeptes, et, chassé du troupeau sacré dont il a gardé pourtant la robe, l'abbé Daens erre maintenant, comme le grand banni florentin, dont il n'a, hélas, ni le génie, ni l'abnégation, à la recherche d'un arrondissement qui veuille — comme cela est arrivé une fois — l'envoyer au Parlement.

*
* *

Il ne faudrait pas croire que ce chapitre des luttes sociales entre catholiques soit le plus important de leur histoire pendant les dix-huit années de leur gouvernement. En fait, il n'en constitue qu'un épisode, fâcheux et trop prolongé au gré des esprits sérieux. Je n'irai pas jusqu'à croire, ni dire, que, moins nettement divisés, les catholiques eussent fait davantage pour l'ouvrier belge; au contraire, leurs dissidences ont forcé bien des timidités à l'action; mais il n'en est pas moins vrai qu'elles ont jeté quelque ridicule sur une œuvre, dont l'ensemble, quoi qu'on pense de ce parti et de ses tendances, atteste un idéal, une lente élaboration, de la suite dans les volontés et la participation de tous.

Une œuvre, ou plutôt des œuvres, indépendantes de l'appareil législatif et fort antérieures en date. Et, à bien examiner, c'est cet appareil qui pèsera le moins dans la balance, un jour, lorsqu'on dressera le bilan des occupants actuels du pouvoir en Belgique. Les « œuvres », c'est donc ce qui exige le concours de tous; ce qui mobilise les milices entières du clergé, depuis les plus humbles desservants jusqu'aux hauts prélats ; ce qui occupe les loisirs dominicaux des gens riches et des simples bourgeois, des grandes dames et aussi des jeunes gens, à peine échappés du collège et groupés en *sodalités*, en cercles de propagande ou de philanthropie ; ce qui lie déjà, d'un lien très fort, les collégiens et jusqu'aux petits écoliers, assis sur les bancs et subissant la férule, à la ville comme à la campagne.

Jamais cette puissance si attractive de l'association ne fut peut-être mieux comprise pour des fins politiques et morales ; jamais un réseau plus solide n'entoura une nation de ses mailles ; et c'est au point qu'au lieu de s'étonner de la persistance d'une domination, qui compte déjà dix-huit années, il serait plus logique de se demander comment cette domination n'est ni plus stable, ni plus complète encore. L'individualisme libéral n'est qu'une force négative de la vie politique qui se dégage, comme une électricité, aux lueurs des combats électoraux ; le corporatisme clérical est une force toujours présente, sans cesse actionnée et sans cesse accrue.

C'est par la petite classe de l'enseignement primaire que commence la propagande (¹). On y

(¹) Le meilleur guide, pour se retrouver dans ce dédale, est le *Manuel social* du père Vermeersch, Louvain, 1900. Pour le côté doctrinal, voyez Jean

inculque, avec le catéchisme traditionnel et la leçon de morale ([1]), des notions d'économie sociale, rendues plus concrètes par l'établissement de caisses d'épargne, de mutualités assurant les soins médicaux et jusqu'à un enterrement convenable. En 1898, il y avait cent et trente sociétés scolaires affiliées à la Caisse générale de retraite ; le nombre en est plus considérable aujourd'hui. Est-ce toute la tâche extra-professionnelle qu'on impose à l'instituteur ? Non pas, car il devra enseigner l'hygiène, recommander la douceur à l'égard des animaux et mettre les enfants en garde contre les tentations futures de l'alcool. Et des ligues anti-alcooliques de mioches seront constituées, dont les membres, convenablement endoctrinés, prêteront un serment solennel d'abstinence ; des sociétés de petits protecteurs d'animaux leur feront pendant,

CORBIAU, *Le congrès de Malines et les réformes sociales*, Bruxelles, 1892.

([1]) La loi scolaire de 1884, on le redira plus loin, avait paru insuffisante à cet égard, et c'est pourquoi, en 1895, on en vota une autre destinée à « rendre à la religion, dans toutes les écoles primaires, la place d'honneur à laquelle elle avait droit ». Le but avoué était de combattre les progrès du socialisme ; le ministre, M. Schollaert, et le rapporteur de la section centrale, M. Woeste, ne s'en cachèrent nullement lors de la discussion parlementaire.

destinées à refouler l'instinct brutal chez l'enfant du peuple et à étendre l'exercice de la charité à nos « frères inférieurs ».

Puis viennent les écoles professionnelles, les écoles ménagères pour jeunes filles, les écoles techniques des divers métiers, qui ont été se multipliant dans nos villes; les écoles supérieures d'agriculture, de commerce et d'industrie, couronnent cet édifice, qui s'élève à côté de l'édifice ancien des études classiques et universitaires.

L'initiative catholique s'est, en outre, manifestée dans les arts ; les écoles de Saint-Luc, fondées en 1862, ont prospéré, et si on leur doit des restaurations de nos monuments historiques souvent discutables, elles n'en ont pas moins servi, en Flandre, à développer le goût instinctif de la race pour la couleur et la plastique.

Mais l'enfant est devenu un homme. Il a fait choix — ou son père a fait choix pour lui — d'un métier, d'une profession. De nouveau il est entouré des sollicitudes catholiques. C'est la coopération à laquelle, intéressé dès son jeune âge, il s'affilie définitivement; ce sont les groupements professionnels, auxquels on l'invite, dans les campagnes surtout. Des syndicats d'élevage, de laiterie, de distillerie lui offrent les avantages d'une manutention moins rude, de matières premières moins coûteuses, d'un écoulement plus aisé de ses produits.

Depuis 1892, des caisses agricoles lui assurent soit un crédit, soit un dépôt sûr et fructueux pour son épargne. En 1899, il y avait, en Belgique, deux cent vingt-cinq de ces caisses, et les prêts en cours s'y élevaient à 4 millions. C'est peu sans doute, mais ce n'est pas tout ; car il y a les comptoirs agricoles, les petites banques du type Schultz-Delitszche, qui vivotent à côté de ces institutions financières.

Et partout le curé montre un pan de sa soutane. Il est commissaire, conseiller, recruteur ; il encourage, il modère ou il entraîne. Nous le retrouvons à la ville et dans les bassins industriels, où les syndicats d'ouvriers chrétiens, les gildes, les unions professionnelles ont été créées en opposition avec les groupements socialistes du même ordre. Certaines provinces ont résisté à la propagande catholique — le Hainaut, par exemple —; d'autres lui ont fait bon accueil. Telle gilde, à Bruges, compte deux mille membres, et telle autre, à peu près le même effectif à Saint-Nicolas. Mais ce sont les gildes agricoles qui ont le plus prospéré ; elles datent de dix ans, et s'il faut en croire le père Vermeersch, le clergé a aidé à en fonder plus de quatre cents, avec un effectif de vingt-quatre mille chefs de famille. Ceux-là sont la réserve fidèle et

inépuisable du parti, celle que des raisons de foi
et d'estomac cuirassent contre toute tentative de
séduction socialiste (¹).

Dans les centres industriels, le clergé a imaginé
d'autres groupements, mieux appropriés aux
mœurs et aux instincts des travailleurs des deux
sexes et leur offrant des avantages d'un autre
ordre. Ainsi, dans la capitale belge et à Liége, il
a fondé des ligues de femmes, où la coopération,
la protection contre le chômage, les soins médicaux, les récréations et les pratiques pieuses servent d'appâts aux ouvrières de l'aiguille et aux
ouvrières de fabrique. Une de ces ligues comptait,
en 1900, 1,175 membres à Bruxelles. A Bruxelles
aussi fourmillent les « patronages » de garçons et
de filles, c'est-à-dire les réunions périodiques en
un même lieu, et pour des fins de piété et de
divertissement à la fois, de jeunes gens de la petite

(¹) D'après le *Manuel social*, que je ne puis trop
citer, le *Boerenbond* (fédération des gildes agraires) a
fourni, en 1898, 12,717,465 kilogrammes d'engrais,
pour une valeur de 657,989 francs, et 6,154,758 kilogrammes de nourriture, destinée aux bestiaux, pour
une valeur de 857,583 francs. Il se charge à rabais des
assurances contre l'incendie, la mortalité du bétail, etc.;
enfin, il pèse sur le législateur, qu'il force au protectionnisme et empêche de voter des mesures sociales
contraires à ses intérêts propres.

bourgeoisie et de la classe ouvrière, dont le contact est pacifiant et constitue une propagande morale et politique, aussi sûre qu'inapparente. Le père Vermeersch affirme qu'en 1900, il y avait 4,000 garçons « patronnés » à Bruxelles, le même nombre à Anvers, environ 2,000 à Liége et 2,500 à Gand ; les effectifs féminins n'étant guère inférieurs, on jugera de l'étendue et de l'excellence du terrain sur lequel se font, même à la ville, les semailles catholiques.

Voilà pour les œuvres auxquelles tous coopèrent, dans la mesure de leur temps et de leurs ressources. Encore faudrait-il ranger ici de préférence, quoique la loi les ait prévues et les régisse, les sociétés créées pour la construction d'habitations ouvrières, qui, à la façon des unions professionnelles, sont nées de l'initiative privée plutôt que de la volonté du législateur. Le rôle assigné à celui-ci, sauf sur deux ou trois points, a été plus modeste qu'en France ou en Allemagne ; il a été de persuasion et de tutelle, il a, suivant la vieille méthode libérale, consisté simplement à suppléer aux insuffisances des efforts particuliers, et dans les seuls cas où un intérêt social s'attachait à ces efforts.

Ne nous étonnons pas si, presque toujours, les

lois ouvrières du gouvernement catholique sont le complément, et comme le prolongement de lois libérales. C'est le cas pour les conseils de prud'-hommes, dont il a été question plus haut; la loi du 31 juillet 1889 et celle du 20 novembre 1896 n'ont pu que compléter une organisation déjà vieille. N'oublions pas non plus que c'est à l'initiative de Frère-Orban qu'est due la loi de 1887 sur les conseils de l'industrie et du travail, véritables chambres de conciliation entre le patron et l'ouvrier, malheureusement dépourvues des sanctions pénales dont disposent les prud'hommes belges. De même encore, la Caisse générale d'épargne et de retraite est de fondation libérale; le gouvernement catholique en a étendu les attributions, et il a donné à l'assurance une place en rapport avec des nécessités nouvelles; encore est-il constaté que les résultats de cette dernière innovation ont été jusqu'ici plutôt minimes.

Les sociétés de crédit, les banques populaires, l'épargne à l'école, tout cela remonte au régime antérieur; l'inspection du travail, qui est un des titres les plus sérieux des nouveaux gouvernants, existait déjà, au moins à titre partiel; en 1859, Rogier avait tenté de la généraliser, avec l'appui des chambres de commerce; il y perdit sa peine et ce fut un ministère catholique, qui, à l'aide d'une série de mesures, d'ailleurs fort mitigées, organisa ce service dans les établissements industriels, introduisit des ouvriers dans son personnel et lui confia un contrôle de plus en plus étendu et de plus en plus minutieux, à mesure que les lois sur le travail des femmes et des enfants (1889), sur la falsification des denrées alimentaires (1896), sur le paiement des salaires (1887 et 1896), sur la surveillance des carrières (1898), etc., étendaient le cercle d'activité sociale de l'État-tuteur.

L'État-tuteur, oui, certes, mais tuteur bienveillant, même bonasse, plus tracassier que sévère, surtout très épris du cérémonial et de la paperasse des conseils, des commissions, des comités, dont on usa et même abusa avec une prodigalité jamais lasse. Au-dessus de tous ces cénacles locaux, provinciaux ou nationaux, plana une direction générale, confiée à un ministre particulier, le ministre du travail et de l'industrie. Celui-ci s'adjoignit tout un corps de fonctionnaires, plus ou moins consultatifs. On entassa les rapports, on multiplia les enquêtes, on s'entoura de renseignements de toutes sortes, en un mot on donna une grande extension bureaucratique à cet interventionnisme, greffé peu à peu sur les œuvres individuelles du parti au pouvoir.

*
* *

On n'eut pas tout-à-fait tort. Car sans aller jusqu'à admettre que l'État doive « préparer sa destitution », on peut retenir quelque chose de cette maxime périmée : c'est que l'État est plus apte à formuler des principes qu'à réaliser des applications. Décréter une législation locale, c'est bien. Encore faut-il, dans un pays de décentralisation historique, que les organismes, à l'aide desquels on l'établit, soient, autant que possible, mus par l'initiative individuelle, au lieu d'être, comme en terre allemande, de simples rouages administratifs.

Reconnaissons que le gouvernement belge a eu recours plus d'une fois à cette initiative, notamment en faisant voter par les Chambres la loi des pensions ouvrières. En revanche, dans sa législation d'atelier, il semble avoir versé dans l'erreur qu'on reproche, non sans raison, à Bismarck et à l'école interventionniste allemande.

En effet, il y a deux façons de protéger le travailleur industriel ; il y a celle qui consiste à dire au patron : « Tu fus trop longtemps l'arbitre souverain et des salaires, et des amendes, et des réparations dues à tes employés ; eh bien, nous allons changer, *retourner* cela ! Désormais, l'arbitre ce sera l'employé, ou peu s'en faut. Et estime-toi heureux que nous te permettions encore d'être l'employeur, c'est-à-dire d'y aller de tes risques,

de tes capitaux et de ton travail d'initiative et de
surveillance. Quant à moi, monsieur l'État, j'entends rester, ou à peu près, spectateur, mais spectateur armé, redresseur de tes torts à l'occasion,
rien de plus. »

Et il y a une autre méthode au nom de laquelle
on tient à employeurs et employés ce langage :
« Vous êtes les uns et les autres également utiles
à la prospérité publique, également dignes de
considération et d'appui. Vous, industriels, vous
sacrifiez le meilleur de votre temps et de votre
intelligence pour édifier une œuvre de grandeur et
de hardiesse; vous, les ouvriers du fer et de la
mine et d'ailleurs, vous donnez votre sueur, parfois votre sang, pour des tâches d'humilité et d'in-
gratitude et à des prix non moins humbles et non
moins ingrats. Vous êtes des frères et mes frères;
vous avez le même droit à mon intervention. Je
demanderai à tous ceux qui me font vivre, aux rentiers, aux commerçants, aux agriculteurs, aux gens
des professions libérales et aux fonctionnaires de
tout grade, je demanderai à tous et chacun de donner leur obole pour faciliter vos tâches et adoucir
votre vie; je mettrai ma quote-part dans la constitution de votre budget « social ».

Entre ces deux politiques, le premier ministre
belge du travail, M. Nyssens, n'a pas toujours opté

comme il fallait. Il était visiblement tiraillé en des
sens divers. D'une part, la tendance ultra-conser-
vatrice de certains de ses collègues, et peut-être
l'état des finances du pays, lui défendaient d'adopter le système simpliste des largesses gouvernementales, et il se voyait réduit à réclamer des seuls
patrons, éternellement corvéables, la réparation
du mal quotidien que cause cette grande et belle
chose, l'industrie moderne, aux esclaves attachés
à son char de feu. D'autre part, l'opposition bien
naturelle des intéressés, qui trouvait des échos à
la Chambre et jusque dans les conseils de la couronne, ne lui permettait pas de donner à ses projets l'ampleur nécessaire et d'en poursuivre con-
séquemment la réalisation.

Le plus curieux exemple de cette politique fluctuante, et par là même périlleuse, fut fourni par
le projet de loi sur les accidents du travail (1898),
qui souleva un véritable tolle dans les milieux
industriels.

Un ingénieur très distingué, M. G. Brabant, pu-
blia, à ce moment, un travail d'une juste sévérité
sur les abus administratifs auxquels pouvait con-
duire la nouvelle méthode gouvernementale.

M. Brabant y dénonçait très finement le caractère purement vexatoire des récentes lois sociales
belges en les qualifiant de « lois de police ». Elles

sont moins, selon lui, des lois protectrices de l'ouvrier, que des mesures imaginées, croirait-on, pour rendre le métier de patron encore plus ingrat qu'il ne l'est.

Ce n'est pas que l'auteur fût un de ces féroces individualistes qui affichent cyniquement leur indifférence pour la classe ouvrière, pour les dangers et les incertitudes entre lesquels elle est continuellement ballottée. Au contraire, il rendait justice à la pensée qui inspira M. Nyssens, aux intentions humanitaires de ses collaborateurs. Seulement il estimait qu'on avait dévié du véritable chemin qu'il fallait suivre et que dans le but d'aider les ouvriers, on allait ruiner les patrons. Et en les ruinant, ajoutait M. Brabant, vous n'aurez même pas la consolation d'avoir assuré les travailleurs manuels contre la mauvaise fortune. Car c'est le patron qui doit seul réparer l'accident, et si le patron fait faillite, adieu la réparation !

Or, le patron fera faillite neuf fois sur dix (¹).

(¹) Le projet de loi obligeait l'employeur, dont l'ouvrier avait été la victime d'un accident de travail, à déposer la somme constituant le capital de la rente qui serait servie à cet ouvrier. Ce capital est souvent une somme considérable. Prenons le cas où la servante d'un marchand de couleurs et vernis allait chercher de l'essence au-tonneau dans la cave et mettait involontairement le feu à cette essence ; si elle avait les yeux brûlés,

Il est fâcheux de devoir confesser qu'il y avait dans ce raisonnement une part de vérité. Pour le personnel administratif de l'Office du travail, comme pour la plupart des interventionnistes, il semblerait, à entendre les plaintes des industriels belges, que l'extension des pouvoirs de l'État, en matière sociale, dût être non une mesure transitoire, mais l'effet naturel de la centralisation administrative et de la complication de plus en plus grande des rapports entre l'individu et la collectivité. L'État, en se faisant de plus en plus inquisitorial, serait dans la stricte légitimité de son rôle, et les opposants auraient vraiment tort d'insister.

*
* *

Les industriels raisonnent ainsi, et il ne faut pas accepter sans réserves des récriminations qui ont leur source dans des intérêts privés. D'autre part, les initiatives sociales du ministère catholique ont

le patron devait verser 10,497 fr. 70 c. à capital abanbonné ou bien consigner 15,450 francs à capital réservé. De même un garçon livreur était-il tué par un accident de voiture en faisant sa tournée de camionnage pour le patron, si ce garçon était âgé de 50 ans et gagnait 4 fr. 50 c. par jour, le commerçant devait payer une somme de 14,063 fr. 30 c.

Le projet amendé n'est pas encore voté définitivement.

encouru, de la part des travailleurs manuels, le reproche opposé, celui de n'être pas assez radicales. Le socialisme, interprète habile de ces doléances, les a trompettées partout avec un certain succès. A en croire ses orateurs et ses journaux, les « lois de façade » du gouvernement ne seraient que duperie. Elles auraient pour seule fin de leurrer l'opinion ; grâce à des réticences de texte et surtout à des finesses d'interprétation, ces lois seraient inopérantes et ne serviraient qu'à éterniser la domination du clergé.

Qu'il y ait dans ces critiques acerbes une grande part d'exagération, c'est ce qu'il est à peine besoin d'affirmer. L'opposition libérale, fondée sur les difficultés que suscite à l'industrie la nouvelle législation, est la meilleure preuve que certaines innovations du gouvernement catholique ont été, en somme, efficaces.

Il n'en reste pas moins sûr qu'elles ont été insuffisantes en bien des cas, soit parce qu'elles ne correspondaient pas directement aux maux qu'elles entendaient soulager, soit parce qu'elles manquaient de clairvoyance, de logique ou de virilité. Le père Vermeersch, qui s'est fait l'apologiste des lois ouvrières, votées entre 1884 et 1900, ne dissimule pas quelques-unes de leurs imperfections. Les inspecteurs du travail n'ont ni toute l'autorité ni tous les moyens de contrôle désirables ; souvent des pièges leur sont tendus ; leur venue est épiée, et bien des iniquités leur échappent. La loi sur le travail des femmes et des enfants souffre d'injustifiables exceptions ; ainsi le Conseil supérieur du travail a été d'avis d'autoriser des patrons de Verviers à faire travailler pendant la nuit des enfants de 13 ans.

« Le législateur n'est pas intervenu ; mais en « attendant prévaut la pire des solutions : on « ferme les yeux, et l'on amène par cette conni- « vence des abus plus grands encore. Que cette « équivoque cesse bientôt ! » Et le père Vermeersch conclut : « Une population est au-dessus d'une industrie ! » De même il incline visiblement vers des solutions plus radicales dans la lutte engagée contre l'alcoolisme ; le monopole a ses sympathies, qu'il refoule difficilement ; or, M. de Smet de Naeyer, ministre des finances, ne veut à aucun prix de ce monopole, où sa prudence, un peu myope, flaire du collectivisme.

D'autres objections pourraient être élevées contre une législation bâtie par à-coup, avec beaucoup de presse, et dont chaque article, pris isolément, ressemble à une barricade plutôt qu'à un fort d'enceinte. Les résultats obtenus et vérifiables à l'aide de la statistique, sont inégalement heureux. Ainsi, en huit ans, la caisse de prévoyance en faveur des accidents du travail n'a distribué que 1,122,934 francs, soit 34 fr. 2 c. par tête. Cela voisine l'invraisemblance. Mais voici qui touche à la dérision. Une loi, dont la pensée initiale est hautement louable, a étagé tout un système de pensions ouvrières, dont bénéficient seuls les ouvriers âgée de 65 ans et se trouvant « dans le besoin ».

Ces pensions ont été calculées sur la base de 65 francs par tête, sans distinction de sexe. Lorsque deux vieillards vivent avec leurs enfants ou petits-enfants, et qu'ils sont exclusivement à la charge de ceux-ci, une somme additionnelle de 130 francs peut constituer un allégement appréciable. Mais lorsqu'un invalide du travail sera isolé, livré à ses propres énergies, que les hospices lui seront fermés par suite d'un encombrement qui n'est pas rare dans les villes, et qu'il devra se sustenter au prix de 18 centimes par jour (¹),

(¹) 18 centimes, ce n'est pas assez, quoi qu'on pense du principe de la généralisation des pensions ouvrières et des autres restrictions admises par la récente loi. Mais si la somme était double, il siérait mal aux libéraux de se moquer d'une initiative que M. Frère-Orban a, en quelque sorte, prévue et approuvée d'avance, lorsqu'il disait, en 1869, aux applaudissements de la

il n'échappera certainement pas aux humiliations
de la mendicité Pour celui-là, les effets de la nouvelle loi sont peut-être pires que l'irrémédiable
dénûment dans lequel il végétait ; la pitié publique
s'émousse devant un pensionné, elle s'étonne de
ses sollicitations ; elle s'indigne peut-être de ses
plaintes, et il est cruel de lui avoir retiré de la
bouche, au prix d'une minime obole, le pain moins
amer que lui valait la fraternité du peuple.

*
* *

Critiquée avec acrimonie, et souvent avec une
incompétente partialité, l'œuvre sociale des catholiques reste considérable. N'eût-elle été inspirée
que par une pensée de préservation égoïste, elle
n'en prouverait pas moins que ce parti, aux vieilles
racines et aux fortes attaches, a gardé un rare
vigueur d'action.

Il est vrai que tout l'effort, dont il a été capable,
s'est porté du même côté. En comparaison de cet
effort, les lois électorales et la loi sur le recrutement militaire, dont il sera question plus loin,

Chambre : « Eh bien ! j'estime, moi, que si nos ouvriers
étaient tous assurés d'avoir, à l'âge de 55 ans,
150 francs de pension, ils se considéreraient avec
raison comme très heureux » (séance du 21 mai).

apparaissent comme de simples mesures de transaction, ou de transition, dont l'opportunisme ne dissimule guère la faible assise.

Reste la politique scolaire du gouvernement belge, entre 1884 et 1890, qu'il vaut la peine de caractériser, car elle atteste, au contraire, de la ténacité calculée et une prise de possession, de plus en plus consciente et complète, de l'âme populaire.

L'enseignement est d'ailleurs une institution sociale comme les autres, la plus sociale peut-être de toutes, surtout au degré inférieur, grâce à l'identité des méthodes et à l'unité des programmes. Une loi d'atelier dépend, dans son application, de mille industriels, dont l'ingéniosité s'applique à ruser, chez eux, avec des prescriptions qui leur répugnent. Une loi scolaire est plus difficile à éluder. si le maître est un fonctionnaire bien payé et bien surveillé, dans l'école publique, ou s'il est un compère, intéressé à la même œuvre que le prêtre ou l'homme de parti, dans l'école confessionnelle. Maintenir les écoles confessionnelles — sauvegarde admirable pour l'avenir — et catholiciser l'école publique, voilà quel a été l'œuvre du gouvernement belge.

Mais l'enseignement secondaire et l'université ?

Médiocre souci, en somme, si le personnel est

bon teint. Il le sera, puisque l'on ne désignera plus
que les candidats qui montreront patte blanche.
On leur adjoindra quelques aumôniers dont la
surveillance ne gâtera rien. Et puis il y aura — on
l'a dit précédemment — la concurrence si redoutable de l'Université de Louvain, des collèges de
jésuites, des collèges patronnés et de cent établissements, qui, sous des pressions et impulsions
diverses, attireront à eux les trois quarts des fils de
la bourgeoisie. Le quart restant est à demi conquis
présentement, et sur dix « bourgeois » belges, il
est à peine un libéral sincère, sur vingt, un libéral
avoué.

Donc c'est à l'école populaire, ouverte à tous en
fait — si pas obligatoirement — qu'il faut appliquer ses soins, lorsqu'on veut préparer des générations, confites dans l'adoration de l'idéal gouvernemental. Les libéraux l'avaient bien compris en
1879. Mais ils avaient eu le tort de compter sur
l'indépendance des consciences. Or, il suffit, à
cette date, d'un signal donné du haut de la chaire,
pour que des milliers d'élèves et des centaines de
maîtres désertassent les écoles publiques. En
même temps, comme dans une terre d'enchantement, s'élevaient partout des écoles rivales, 4,000
en six mois.

Après 1884, le prêtre rentra fièrement dans les

mêmes lieux, d'où le régime de 1879 l'avait fait fuir, comme d'un logis pestiféré. La loi nouvelle remit en vigueur quelques-unes des prescriptions de la loi de 1842. Elle autorisa, de plus, l'adoption d'une école confessionnelle partout où vingt pères de famille le demanderaient. Ce fut, dans beaucoup de communes, un signal de mort pour l'école publique, et, à la date du 11 février 1885, le ministre Thonissen avouait la substitution de 1,180 établissements d'instruction libre aux créations du ministère libéral. A cette date, 792 instituteurs et institutrices étaient mis en disponibilité. Ce ne furent pas les seules victimes du nouveau régime; dix ans plus tard, les lamentations de ces déclassés, dont quelques-uns étaient réduits à la pire misère, éveillaient encore une vague pitié.

La revanche du catholicisme avait d'abord paru suffisante, et M. Woeste, ayant demandé qu'on subsidiât l'enseignement privé, au mépris de tous les principes gouvernementaux, avait trouvé peu d'écoute à droite. D'autre part, les instituteurs de l'État qui, en 1879, avaient, à l'instigation du clergé, abandonné leur poste, réclamaient maintenant le prix de cette trahison. Il ne se fit pas attendre; beaucoup furent réintégrés dans leur emploi, et il en est qui furent, peu à peu, élevés aux plus hautes fonctions; on vit d'anciens transfuges de l'école officielle chargés d'inspecter plus tard celle-ci. Quant aux écoles libres restées debout, elles finirent par obtenir gain de cause, et en 1894, une somme de 300,000 francs fut affectée à leur entretien. En 1895, une nouvelle loi sur l'instruction primaire, présentée à l'improviste et votée au pas de charge, leur assurait l'octroi régulier de subsides. En même temps elle accordait d'importantes satisfactions matérielles aux instituteurs; elle renforçait, d'autre côté, l'enseignement moral et religieux et l'imposait à tous les élèves, dont les parents n'avaient pas réclamé une dispense formelle. En fait, sauf dans quelques villes où une résistance systématique s'organisa, ce fut l'unanimité des consciences, ployée sous la férule catholique.

La liberté des pères de famille n'est, en effet, qu'un leurre chez un petit peuple où les dépendances locales, et même générales, sont visibles à l'œil nu comme les veines et les muscles d'un écorché. Pauvre, le père de famille dépend de son patron, industriel ou agricole, de la bienfaisance publique personnifiée par le visiteur dans les villes, par le bourgmestre et le curé dans les campagnes; médiocrement aisé, il est fonctionnaire, ou commerçant, ou petit industriel, et sa chaîne n'est que plus courte et plus solidement rivée.

Ne parlons donc pas de la liberté du père de famille, sous quelque régime que ce soit. Elle est d'autant moins une réalité que ce père, si même il échappe à une tutelle imposée par son état ou la chétivité de ses ressources, n'a, le plus souvent, ni le temps, ni l'envie de se préoccuper du point de savoir si telle ou telle école sera plus avantageuse à la conscience morale de sa progéniture. Il se sépare de celle-ci sans enthousiasme, plus préoccupé d'en tirer un parti productif — ou de lui assurer un gagne-pain — que de lui inculquer des principes déterminés ou un savoir précis. S'il y a une moralité de classe, comme on l'a dit, c'est bien en fait d'instruction, et ce n'est pas calomnier les Belges que de dire que la plupart d'entre eux sont plus déterminés que déterminants, lorsqu'il s'agit d'opter entre l'instituteur de l'État et l'instituteur privé, qu'on appelle aussi, chez eux, sans ironie, l'instituteur « libre ».

* * *

Ainsi a été consommée — bien plus que par des interventions législatives —- la victoire scolaire du parti catholique. En rattachant à la décision du père de famille l'orientation morale de l'école, ce parti savait bien ce qu'il faisait. Le père faible,

12

dépendant, mal informé ou indifférent, était pour lui, si même il ne croyait point, une proie assurée; la mère lui appartenait d'avance par la confession.

Une fois l'école reconquise, le reste allait de soi (¹). La propagande religieuse avait un foyer inextinguible; elle allait pouvoir se coaliser, sans hypocrisie, avec la propagande sociale, déjà élaborée bien avant 1884. N'avait-elle pas désormais ses auxiliaires dans le corps enseignant, corps sans âme, réduit à se taire, ou légion agissante en sa faveur? Elle avait plus et mieux encore, la grande richesse du clergé.

(¹) Que la domination des âmes prime tout pour les catholiques belges, c'est ce qui ressort de leurs propres déclarations. Ils sacrifieraient volontiers l'enseignement public à cet intérêt supérieur, et M. Woeste, le plus habile avocat du parti, a pu écrire tranquillement ceci : « L'instruction n'est pas un service public, elle est le partage du père et non de l'État; l'État *peut*, dans certaines situations, venir en aide au père en lui ouvrant pour ses enfants des établissements d'enseignement; mais il n'a point le droit d'imposer à personne ces établissements » (*Vingt ans de polémique*, II, 50). Et encore : « Certes, l'instruction est une bonne chose; mais seule l'éducation est nécessaire » (*Ibid.*, p. 118). Nous voilà bien loin des déclarations tempérées que font les catholiques français, poussés dans leurs derniers retranchements par de récentes lois.

Cette richesse est ancienne. Elle inquiétait déjà les archiducs espagnols et autrichiens; Joseph II, voyageant à travers les Pays-Bas en 1781, fut assailli de pétitions, dans lesquelles on demandait une réforme religieuse, en se fondant sur la corruption et le luxe du clergé régulier et même séculier. Un rapport du conseil privé, soumis à l'empereur, nous révèle que « les diocèses de Trèves et de Liège rapportent chacun à leur évêque plus de 100,000 écus »; nous savons, d'autre part, que la seule abbaye de Saint-Hubert jouissait d'un revenu de 70,000 florins, revenu qu'elle aurait beaucoup accru sans les gaspillages et l'insouciance des trente-quatre moines qu'elle nourrissait. Ailleurs la situation était peut-être pire.

La Révolution, suivie du régime hollandais, eut en Belgique de moins redoutables effets qu'en France pour la fortune cléricale. Néanmoins, le relèvement de cette fortune est postérieure à 1830. Le régime de liberté inauguré alors, avec l'active collaboration du clergé, ne pouvait pas ne pas profiter à ce dernier, à sa puissance et à son enrichissement. Émile de Laveleye a calculé, dans un article de la *Fortnightly Review* (1872) que, de 1846 à 1866, le nombre des établissements religieux avait été quasi doublé sur le sol belge. En 1846, on comptait 779 maisons avec 11,989 membres;

en 1866, 1,314 avec 18,162 religieux des deux sexes.

Des statistiques plus récentes ont montré une nouvelle progression, et dix-huit ans de gouvernement catholique n'ont pas nui, on le conçoit, à un accroissement de prospérité matérielle des congrégations. Un exemple sera significatif, et je l'emprunterai à la ville la plus réfractaire, Bruxelles excepté, à la cléricalisation progressive du pays. En 1866, l'estimation officielle des immeubles du clergé régulier, à Liége, donnait un chiffre de 4,500,000 francs de nue propriété. En 1890, un journal de cette ville établissait que la richesse immobilière des fabriques d'églises, des couvents et des institutions catholiques, à Liége, s'élevait à la somme de 18,044,201 francs, selon l'évaluation cadastrale, dont le taux est toujours inférieur à la réalité. Les immeubles des congrégations figuraient, dans cette somme, pour 12,574,000 francs. Les valeurs mobilières de toute provenance échappent à de telles estimations.

*
* *

Au surplus, la supériorité politique du parti catholique ne réside pas seulement dans sa force d'expansion et dans les établissements religieux :

elle est aussi dans la division et les maladresses de
ses adversaires.

Plus encore que le libéralisme, le socialisme se
déclare, en principe, indifférent aux formes religieuses. Il prétend n'être qu'une doctrine économique, acceptable pour toutes les confessions. En
réalité, il n'est pas de fanatisme antichrétien plus
actif et plus maladroit que celui des principaux
leaders du socialisme.

Veut-on s'en rendre un compte précis? On
n'a qu'à lire des journaux tels que *le Peuple* et
la Raison, qui sont les moniteurs attitrés de la
libre-pensée belge. On y verra à quel point la propagande de la pensée libre est malaisément compatible avec le développement des formes démocratiques de la société. Si je ne craignais d'être jugé
paradoxal moi-même, je dirais que cette propagande est en recul aujourd'hui sur ce qu'elle était
aux environs de 1700, lorsque Bayle publiait son
admirable *Dictionnaire critique*, ou bien un peu
plus tard, lorsque d'Alembert rassemblait, dans
son étonnant pamphlet contre les jésuites, tout un
faisceau de flèches habilement acérées, ou encore
que J.-J. Rousseau défendait, avec une emphase
si belle, la religion de la nature contre les constructions idéologiques des philosophes ([1]).

([1]) Ce recul ne date pas d'hier en Belgique, car

Les conditions de la vie ont changé, il est vrai,
depuis cent et quelques ans. Les encyclopédistes
parlaient à la conscience d'une classe, qui était la
leur; ils prêchaient des aristocrates de nom, de
rang ou d'intelligence comme eux-mêmes; ils
n'avaient cure des paysans ni des artisans des
villes. Quand ils nous peignaient les premiers,
c'était à la façon de l'auteur de la *Nouvelle Héloïse*,
sur le mode élégiaque et avec des couleurs tendres,
dont l'habile artifice échappait à toute confrontation avec la réalité. Et, d'autre part, on sait ce que
pensaient des rustres épars sur leurs domaines le
baron d'Holbach et le châtelain de Ferney. Dans

Émile de Laveleye, le plus grand semeur d'idées de ce
pays, le caractérisait déjà avec amertume en 1874 :
« Je n'ai pas à énumérer, écrivait-il, les mille moyens
d'influence que possède le parti ultramontain... Ce
que je tiens à montrer, parce que cela me paraît plus
grave encore, c'est la suprématie que ses adhérents
acquièrent peu à peu dans le domaine intellectuel.
Ils ont plus de vie, plus d'esprit de propagande, et,
par suite, exercent plus d'attractions que leurs
adversaires » (*Revue de Belgique*, article du 15 janvier 1874, reproduit dans *Essais et études*, I, 331).
Que dirait-il aujourd'hui, après que les fautes de la
propagande libérale, plus mal combinée que jamais,
et les exagérations du socialisme ont rejeté dans le
camp catholique des milliers de consciences apeurées?

les cités l'instruction était toute « cléricale », et il
a fallu 1789 pour que des bribes, échappées aux
catéchismes révolutionnaires, se figeassent sur les
lèvres mal desserrées des petites gens.

Avec un nouvel état social aurait dû, semble-t-il,
coïncider une nouvelle forme de la vulgarisation
des doctrines libres-penseuses. Il n'en a rien été,
et l'échec relatif de ces doctrines n'a pas d'autre
cause manifeste. Pour convaincre ceux qu'une
longue ascendance a familiarisés, dès le berceau,
avec la pratique d'un culte, il n'y a que deux
moyens plus ou moins efficaces. Il y a le prêche et
il y a l'exemple, et peut-être l'exemple, de par les
lois bien connues de l'imitation, est-il, sur de
frustes mentalités, d'un poids plus déterminant
que l'initiation doctrinale. Il n'y a qu'à ouvrir les
yeux pour voir, à tous les étages de la vie sociale,
le mimétisme opérer avec cette force irrésistible,
qui est la force de l'instinct : habits, nourriture,
modes passagères ou coutumes opiniâtres, tout se
modèle, jusqu'au type ethnique, sous le coup de
pouce donné de haut.

Voilà où gît donc, en très grande partie, la solution du problème de l'émancipation morale des
foules. Or, quelles leçons reçoivent-elles chaque
jour, ces foules, de la part de ceux qui s'instituent
bon gré mal gré leurs éducateurs, qui se disent

ouvertement et qui se croient émancipés du dogme? Elles voient les bourgeois de haut vol, dans chaque occurrence où la vie privée devient une sorte de spectacle pour autrui, se conformer aux convenances religieuses, dont ils ne savent assez vertement critiquer le respect chez le voisin. Elles les voient confiant leurs fils aux collèges catholiques, cloîtrant leurs filles au Sacré-Cœur, les mariant devant un autel paré de fleurs et illuminé de cierges; elles les voient, le plus souvent, réclamant ou acceptant, à l'heure suprême, les secours d'une foi qu'ils ont décriée pendant toute leur vie (1).

(1) Le dernier échantillon de ces mœurs contradictoires nous fut fourni précisément, en 1901, par M. Jaurès, l'orateur socialiste français. M. Jaurès a épousé une croyante, et il a permis à sa femme d'élever sa fille dans la religion catholique. Toute la presse s'est occupée, avec une véhémence de polémique, qui touchait parfois à l'injure, de ce cas singulièrement démonstratif. Il me répugne de sonder les replis d'une âme, même de l'âme d'un homme « public »; mais il est permis de rappeler ce qui fut patent et de montrer la contradiction, où elle fleurit au regard de tous.

LES CONFLITS

DE RACES ET DE LANGUES

Celui qui a défini les patois « des langues qui ont eu des malheurs » ne soupçonnait pas le retour de faveur qui allait échoir à ces disgraciés. Ce retour, en Belgique, en Allemagne, en Autriche, en Angleterre et même en France, est-il aussi décisif qu'on l'affirme? S'agit-il d'une manifestation sincère, profonde et durable? Ou bien le mouvement est-il artificiel, procède-t-il d'une mode, de l'exagération de certains partis pris et de certains intérêts?

Pour résoudre ces questions, il faudrait entreprendre autant d'enquêtes qu'il y a de patois cultivés à l'heure présente. Ces enquêtes nous feraient découvrir des facteurs variés. Tantôt c'est l'opposition des idées politiques et religieuses, qui

se traduit par des satires et des articles de journaux, écrits avec une affectation ardente dans le
parler natif; ainsi procèdent le parti gallois en
Angleterre et le parti catalan à Barcelone. Tantôt
c'est l'antipathie de race, qui survit aux combinaisons ingénieuses, filles de la diplomatie européenne. L'Autriche a son parti tchèque et ses ligues
hongroises; la Belgique bilingue (¹) a son « mouvement flamand » et son « mouvement wallon ».

* * *

Le 9 septembre 1855, Raspail, exilé à Bruxelles,
écrivait à Mme Desbordes-Valmore : « Le Flamand
est lent, mais il marche; et quand une fois il a
pris son bâton de voyage, il va loin sans s'arrêter. »

A cette date, les revendications de race, sans être
une nouveauté en Belgique, commençaient seulement à préoccuper les hommes détenant le pouvoir. Une commission avait été créée pour examiner
les griefs, formulés dans des pétitions venues de
toutes les régions flamandes du pays; on lui avait
aussi remis le soin de proposer des encourage-

(¹) Il y a en Belgique 2,744,271 personnes parlant
exclusivement le flamand, 2,485,072 personnes parlant
exclusivement le français ou le wallon; 700,997 sont
bilingues.

ments à la littérature néerlandaise et une réglementation nouvelle de l'usage administratif des langues nationales. Cette commission ne ressemblait pas à la plupart de ses pareilles; au lieu de *somnoler, de s'éterniser dans des débats sans* conclusion, elle fit preuve d'une initiative *tellement énergique qu'on n'osa publier son rapport.* Ce ne fut que plusieurs années après que l'on sut, *par des indiscrétions de journaux, qu'elle avait* réclamé l'égalité des langues dans les examens et *l'emploi du flamand dans les affaires pénales, où* était impliqué un homme parlant cet idiome. A cette date, on *considérait de telles exigences* comme inadmissibles; pourtant, il devait en surgir plus tard de moins *justifiées, qui triompheraient* avec la complicité gouvernementale.

Le « mouvement flamand » remonte aux premières années de la nationalité belge. Mais il ne fut pas tout d'abord un mouvement populaire. Au contraire, nous avons quelque peine à nous figurer à quel diapason l'antipathie pour la langue néerlandaise était montée, après la révolution qui sépara la Belgique de la Hollande. Le décret de 1819 fut aussi mal accueilli sur les rives de l'Escaut que sur celles de la Meuse. Parmi les articles de ce décret, les plus vexatoires étaient ceux qui permettaient l'emploi du flamand sans traduction dans les actes administratifs et judiciaires, réglant les rapports entre fonctionnaires ou ceux des fonctionnaires avec le public. L'article 5 du décret va plus loin, il commine qu'à partir du 1er janvier 1823 « aucune autre langue *que la langue natio-* « *nale* ne sera reconnue légale pour les affaires « publiques dans les provinces de Limbourg, « Flandre orientale, Flandre occidentale et An« vers », et il exige que « toutes les autorités, collè« ges et fonctionnaires administratifs, financiers et « militaires » se servent de cette langue dans l'exercice de leur emploi. Les fonctionnaires qui ignorent le flamand seront impitoyablement transférés en Wallonie.

Or, comme nous l'apprend l'un des historiens du mouvement flamand, M. Hamelius ([1]), qui pétitionna avec le plus d'ardeur contre l'application des nouvelles dispositions légales?

([1]) ***Histoire politique et littéraire du mouvement flamand***, Bruxelles, Rozez, s. d. Parmi les publications utiles à consulter sur ce point, je signalerai les nos 77 et 78 de la collection populaire du Willemsfonds, à Gand, où l'on trouvera la biographie et les lettres de Jan-Frans Willems, le principal promoteur du mouvement. Les exposés les plus récents de la production littéraire en néerlandais sont ceux de M. Deneef (en flamand) et de M. Van Keymeulen, *Esquisses flamandes et hollandaises*, Anvers, 1897.

Ce fut le paysan flamand, qui ignorait la langue littéraire à laquelle se rattachait son patois et qui, de plus, obéissait au mot d'ordre de son bourgmestre et surtout de son curé. On lui faisait signer des formules imprimées, qu'il lisait peu ou prou ; mais il signait tout de même et, par une coïncidence digne d'intérêt, son opposition de rustre ignorant allait se rencontrer et s'unir avec celle des représentants de l'une des catégories sociales les plus cultivées de la Belgique, à cette date. Les membres du barreau prirent, en effet, la tête du mouvement hostile au régime hollandais, et l'on vit les avocats de Gand et de Bruxelles réclamer l'usage facultatif du français, qui avait été supprimé d'un trait de plume devant les tribunaux de ces deux cités. Les États provinciaux se divisèrent sur l'attitude à prendre ; ceux du Brabant et de la Flandre occidentale suivirent l'exemple donné par le barreau de Bruxelles et de Gand. Anvers s'abstint complètement. En résumé, sur un millier de pétitions envoyées aux Chambres des Provinces-Unies, il y en eut près des trois quarts qui émanaient de citoyens parlant le flamand, et beaucoup étaient rédigées dans cet idiome !

Il n'est pas superflu de rappeler ces faits, car ils contrastent violemment avec la tendance constante

au bilinguisme, qui rapprocha, malgré les divergences d'intérêts et la guerre que se faisaient les
suzerains, les habitants des provinces de l'ouest,
ceux des comtés du sud et de l'est des anciens Pays-
Bas, ainsi que les sujets wallons et *thiois* (flamands)
du prince-évêque de Liége ([1]). La bonne entente
se maintint jusqu'au milieu du xviiie siècle. Elle
devait entraîner — et entraîna — dans l'ordre
administratif bien d'autres concessions mutuelles
que celles qui divisent aujourd'hui les représentants de nos deux races. Peut-être, sans l'influence
française, les Belges seraient-ils tous, ou quasi
tous, bilingues, et il est indéniable que rien n'eût
autant contribué à consolider l'édifice, en somme
assez laborieux, de leur nationalité, qu'un pareil
accord sur une question vitale entre toutes.

([1]) Cette tendance — première aube bien incertaine
d'un nationalisme belge — a été étudiée souvent; on
consultera avec intérêt J. STECHER, *Flamands et Wallons*, Liége, 1859; J. DEMARTEAU, *Le flamand dans l'ancienne principauté de Liége*, Liége 1889, et le premier
volume de l'*Histoire de Belgique*, de M. H. PIRENNE,
Bruxelles, 1900, p. 303, sq. De là à croire à une « âme
belge », comme M. Edmond Picard et sa petite troupe
d'avocats et d'artistes le font, il n'y avait que la distance séparant les imaginatifs des érudits. Elle a naturellement été tôt franchie. Voyez *Revue encyclopé-
dique*, n° 203 (24 juillet 1897).

L'influence française, voilà le grand facteur des mésintelligences passées et présentes en Belgique. Déjà les philosophes du xviiiᵉ siècle inculquent à ce pays des manières de penser, de *théoriser* surtout, qui devaient plaire aux âmes plus latines de la terre wallonne, tandis qu'elles effarouchaient les âmes moins préparées, et différemment trempées, de la terre flamande. Les descendants de Marnix et des gueux de mer, grands seigneurs très empesés de ton et de mode, devaient se montrer plus rebelles aux charmes de la culture du Midi, à ce scepticisme fleuri et souriant, parfois à ce matérialisme élégant des livres français, que ne le furent les abbés liégeois, à demi voltairiens de philosophie et de vie intime. Puis la Révolution française va faire se lever, sans trop le vouloir, un vieux levain de rancune plusieurs fois séculaire. Les volontaires de 1792, par leur turbulent enthousiasme, rappelleront trop les tentatives d'assujettissement auxquelles se livrèrent leurs ancêtres, lorsqu'ils étaient les suzerains du pays ou qu'ils s'efforçaient de l'être.

En Wallonie, l'identité de langue et de caractère aura raison de ces réminiscences. A Gand et à Anvers, il en ira autrement. Le réveil du sentiment national se fera là-bas au désavantage de la France ; c'est contre elle que va se tourner, après 1830 (¹), bien plus que contre les provinces-sœurs du nord, l'explosion de mauvaise humeur qui accompagne tout mouvement révolutionnaire. On était sorti de chez soi, on avait pris le fusil et la rapière ; on s'était battu quelque peu ; mais il restait de la poudre à brûler et de la colère à passer sur quelqu'ennemi. Les services que nous rendirent les armées de Louis-Philippe n'eurent, dans les cœurs flamands, qu'un faible écho ; la statue du général Belliard, à Bruxelles, est un symbole officiel et rien de plus.

Ainsi s'explique la réaction flamande après la révolution qui constitua la nationalité belge. Elle fut l'œuvre de quelques hommes, peu enthou-

---

(¹) Je dis : après 1830, car l'esprit de la Constitution et de ses auteurs est nettement favorable à la langue française. Encore en 1858, il en est qui préconisent la diffusion du français en Flandre (M. Lebeau, séance de la Chambre du 10 décembre), et le maximum des concessions qu'il convient de faire aux promoteurs du mouvement, suivant un autre constituant, prêtre catholique, c'est le respect du principe de la liberté des langues, inscrit vingt-huit ans plus tôt dans la charte nationale. Encore en 1869, un Gantois, M. van de Woestyne dira au Sénat que c'est de la liberté, et non d'une législation oppressive, comme la réclament les « Flamingants », qu'il faut attendre la solution de la question des langues en Belgique.

siastes du nouveau régime, qui avait, à leurs yeux, le tort immense d'avoir ruiné des espoirs fondés sur un long passé de traditions communes et de communes souffrances. Le sang versé pour une même cause, les rapports artistiques et littéraires dès le xii° siècle, créaient, entre la Flandre et les provinces du nord des Pays-Bas, de charnelles affections qu'une combinaison diplomatique ne pouvait briser du jour au lendemain. Puis, c'était avec amertume qu'on sacrifiait le rêve d'un État, qui aurait eu, en 1900, une population continentale de 11 millions d'habitants, une puissante armée, une flotte nombreuse, et de riches colonies en Afrique et dans l'océan Indien. Pour raisonner ainsi, il fallait beaucoup de savoir et de bon sens, peut-être aussi quelque idéalisme, mais non certes la religion du fait accompli. Toutes les doctrines nationalistes reposent sur de tels fondements ; leur diffusion est l'affaire du temps et des circonstances.

En Belgique, le mouvement débuta, dès 1834, par un petit pamphlet dans lequel en protestait contre l'abandon dans lequel était tombé un idiome, qui avait connu dès 1100 une floraison littéraire. Comme les frères Grimm en Allemagne, nos *Néderlandistes* préludèrent par des réclamations érudites à une propagande moins bornée. Ils étaient une poignée, des professeurs pour la plupart, un prêtre, un archiviste, un médecin, que des liens de confraternité intellectuelle rapprochèrent, à Gand, en vue d'une action collective. Ils fondèrent une sorte d'académie libre et une revue, le *Belgisch Museum*. Deux ans plus tard, ils se groupaient ouvertement en un cercle, dont le titre était un programme : *De taal is gansch het volk* (la langue, c'est tout le peuple).

On les vit alors s'atteler à toutes les besognes à la fois. On fixa l'orthographe, on édita les monuments littéraires et historiques du passé, et, avant tout, ce roman de *Renard* (Reinaert de Vos), qu'on crut longtemps une production du génie national, et qu'il a fallu restituer, depuis, à la France ; on écrivit l'histoire des chambres de rhétorique, qui, pareilles aux *puys* du nord de la France, avaient jusqu'à cette époque entretenu le feu sacré des arts sous la cendre oppressive des dominations étrangères. En 1844, un Congrès, présidé par Jan-Frans Willems, l'éditeur du *Reinaert de Vos*, réunissait les délégués de ces chambres et de quelques cercles d'instituteurs, où l'idée flamande avait trouvé ses premiers prosélytes ; un an plus tard, le gouvernement décrétait la publication des anciens textes de la Belgique occidentale (¹).

(¹) En fait, les crédits ne furent votés qu'en 1854. Les réclamations des littérateurs flamands étaient très légi-

Cependant, l'initiateur du mouvement, Willems, vint à mourir ; mais il avait laissé des collaborateurs et des disciples pleins de ferveur. Les années, en s'écoulant, avaient attiédi les haines politiques, et le Congrès néerlandais put, sous l'impulsion du

times ; mais il n'est pas moins légitime de leur opposer l'indifférence, vraiment surprenante, avec laquelle le pouvoir, en Belgique, a laissé à la science étrangère le soin de révéler au public les monuments littéraires de la partie orientale du pays. Jehan de Thuin et la version wallonne des dialogues du pape Grégoire ont été édités par des professeurs allemands, MM. Fœrster et Settegast. C'est un Suédois, M. von Feilitzen, qui a mis au jour un bref prototype de la Divine Comédie dantesque, *Li Ver del Juïse* ; le *Poème moral*, dû à un Liégeois de l'an 1200, a été publié par un Italien de Trieste, aujourd'hui professeur à Gœttingue ; Mandeville attend encore qu'on l'exhume, et quant à Jacques d'Hemricourt, ses écrits sont devenus inabordables. Seuls Jehan le Bel, le moins wallon de langue, et l'insipide Jean d'Outre-Meuse ont trouvé grâce devant la science officielle en Belgique. On a même laissé à l'initiative privée le soin de réimprimer les petits chefs-d'œuvre dramatiques du xviiie siècle liégeois, les vieux Noëls, les chants populaires, etc. Si les anciens auteurs du Brabant et de la Flandre française furent mieux traités, ils le durent surtout au zèle académique d'un érudit d'origine allemande, Auguste Scheler, bibliothécaire du roi des Belges.

belge Snellaert, après avoir groupé les Flamands du nord et du sud à Gand en 1849, siéger dans les mêmes conditions, à Amsterdam en 1850, à Bruxelles en 1851, à Utrecht en 1854 et à Anvers en 1856; si, en 1858, il ne se tint pas à la Haye, ce fut, nous apprend M. Hamelius, « par suite de l'indifférence des Hollandais ».

Dès 1846, le mouvement prend une allure politique et religieuse. Jusque-là ses adhérents avaient marché d'accord, sans se préoccuper de leur foi. L'abbé David et le libre penseur Willems avaient élaboré un programme commun. Il y aura désormais, par suite de la scission entre libéraux et catholiques, un Davidfonds et un Willemsfonds, tout un ensemble d'institutions intellectuelles à pavillon jaune ou bleu; les livres, les conférences, toute la propagande se colorera de ces mêmes teintes, suivant qu'on sera papiste ou gueux; toutefois, les hostilités seront suspendues, comme par enchantement, dès qu'il s'agira de combattre les « Fransquillons », c'est-à-dire les partisans de la suprématie du français.

Le clergé belge lève même l'interdit qui frappait, sous le régime hollandais, les livres imprimés dans le nord des Pays-Bas. Il sympathise avec les nouveaux venus, il se montre particulièrement accueillant, au prix de quelques retouches, pour les œuvres patriotiques d'Henri Conscience, l'Alexandre Dumas de cette école, dont l'inlassable fécondité crée toute une littérature et rend aux novateurs le très grand service d'orienter vers eux le goût encore incertain du public. Dans un style ingénu, Conscience conte, à la petite bourgeoisie et au peuple, les noblesses du passé et les tristesses du présent. Son *Leeuw van Vlaanderen* (Lion de Flandre) devient la Bible d'un patriotisme plus local, mais aussi plus fervent, que le patriotisme belge.

Henri Conscience a pris, à Anvers, la place délaissée par Willems. Autour de lui se groupent Delaet, Van Ryswyck, d'autres encore. Désormais il y a deux foyers d'art néerlandais au lieu d'un ; plus tard, dans des coins perdus de la West-Flandre, il s'en allumera un troisième. Enfin, un poète est né, qui trouvera l'expression lyrique des sentiments chers aux « Flamingants » de la veille. Ce poète est Ledeganck, qui, dans une œuvre bellement symbolique, évoque *De drie Zustersteden* (les trois villes sœurs) et tire de cette évocation du passé glorieux de Gand, Bruges et Anvers, jadis métropoles du commerce et des arts, une leçon émouvante pour les contemporains. Il a plu au chauvinisme flamand de hausser Ledeganck au-dessus de sa vraie taille ; mais il suffit à sa gloire très certaine qu'il ait été, comme Defrecheux en Wallonie, l'homme d'un poème éclos à son heure, et c'est seulement sa valeur représentative que nous dégageons ici.

Le mouvement flamand avait désormais ses écrivains, comme il avait ses théoriciens, ses archéologues et ses pamphlétaires. Après Conscience et Ledeganck, il semblait pourtant que l'agitation politique dut tout absorber. Il n'en fut pas ainsi. Anvers, qui avait donné le jour à Théodore Van Ryswyck, talent estimable d'ailleurs, eut en J. Van Beers (le père du peintre), un poète supérieur à ceux de la génération de 1830. Curieux d'intimités, croyant (sans excès d'orthodoxie), observateur attentif de la vie des humbles et patient, comme un Gerard Dow ou un Miéris, dans la peinture de leurs mœurs et de leurs sentiments, Van Beers n'a donné que trois volumes en cinquante ans ; mais, en prenant son temps et en mesurant sa peine, il a su, sans effort visible, approcher de la perfection permise à un idiome qui n'est, hélas, ni le français ni l'allemand.

D'autres ont été ses émules, sans le surpasser, ni même l'atteindre, et parmi eux M. Pol de Mont, également fixé à Anvers, tient le premier plan. Les sœurs Loveling n'eussent été inférieures à personne, si le roman ne les avait disputées au lyrisme, s'il ne leur avait permis de déployer d'autres dons et s'il n'avait fait de Virginie Loveling surtout une rivale, souvent heureuse, des *authoress* d'Angleterre les plus distinguées.

** * **

Mais revenons en arrière, aux environs de 1830, c'est-à-dire au moment où les revendications politiques des Flamands alternent avec leurs affirmations littéraires. Pour en assurer le triomphe, il leur fallait une presse; à ce peuple, auquel, on l'a dit lapidairement, Conscience apprit à lire, il fallait le rappel périodique de ses devoirs et de ses droits, également négligés. Cette presse fut fondée et progressa rapidement. En 1840, on ne compte que 17 journaux flamands, dont aucun n'est quotidien; ce nombre est triplé en 1851; en 1854 il en paraît 72, dont 6 s'impriment chaque jour; vingt ans après il faut encore doubler ce chiffre respectable; maintenant une nouvelle multiplication serait nécessaire.

Cependant, la reconnaissance officielle de tant d'efforts fut lente. On ne l'arracha que morceau par morceau aux gouvernants. Libéraux ou catholiques, les premiers surtout, redoutaient de modifier l'œuvre de 1830, œuvre toute française d'emprunt dans les parties qui ne reposaient pas

uniquement sur les traditions nationales. De là
l'échec de la commission instituée en 1856, et dont
on a dit l'inquiétante activité. Le ministre libéral
de 1859, Charles Rogier, n'alla-t-il pas jusqu'à
opposer un contre-rapport à la publication, non
officielle, du véritable rapport de cette commission
de discorde?

Les Flamands ne désespèrent pas. Ils se replient
en bon ordre et s'attachent à des conquêtes locales, moins disputées et plus directement utiles à
leur dessein. C'est ainsi que, dès 1850, ils obtien-
nent que la connaissance de leur idiome soit exigée
de tous les employés de l'administration provin-
ciale d'Anvers; en 1864, la même décision est prise
par l'administration communale de cette ville; le
27 août 1866, le néerlandais est proclamé la langue
officielle d'Anvers. Déjà M. Delaet, élu député en
1863, prêtait en néerlandais le serment constitutionnel; M. Coomans, deux ans plus tôt, obtenait
que la composition des futurs étudiants, passant
l'examen qui correspond au baccalauréat de
France, pût être rédigée dans n'importe laquelle
des langues nationales, et en 1861 aussi, après un
débat orageux, qui dura deux longs jours, le petit
groupe des partisans du *néderlandisme* faisait
inscrire par le Parlement, dans l'adresse au Roi,
cette intimation discrète, mais significative : « Nous

« espérons que le gouvernement prendra des me-
« sures pour faire droit aux réclamations articu-
« lées par les populations flamandes, qui sont
« reconnues fondées (*sic*). »

Déjà le détestable français de cette rédaction
pronostiquait un recul favorable à l'autre langue
nationale. La suite confirma l'excellence du pro-
nostic. Une affaire de presse, soumise à la justice,
fournit l'occasion cherchée d'une démonstration
plus précise que les mots échangés au Parlement.
L'accusé refusa, devant la Cour de Bruxelles, d'employer le français, et ses avocats imitèrent son
intransigeance. Quelques années après, un procès
criminel achevait une démonstration par l'absurde;
il montrait deux accusés, dont l'un ignorait le
français et dont l'autre bredouillait un peu de
wallon, interrogés, jugés, défendus et condamnés
à mort dans une langue inintelligible pour eux.
L'affaire eut un retentissement dans bien des consciences, et elle servit à souhait les intérêts des
Néderlandistes. Ce ne fut plus qu'à la majorité de
quatorze voix que la Chambre repoussa, en 1867,
un projet de loi aux termes duquel la connaissance du flamand était exigée des magistrats
de la partie du pays, où cet idiome était celui du
peuple. En 1873, une nouvelle tentative eut un
meilleur succès, et il fut décidé que l'instruction

criminelle et les plaidoiries auraient lieu dans la langue du prévenu. Cette même année, une conférence flamande était instituée au barreau de Gand.

Cependant l'appétit grandissait avec les victoires successives des « Flamingants ». Peu à peu leur langue s'insinuait dans le programme scolaire, d'où la réaction gallophile de 1830 l'avait expulsée. Elle devenait ou redevenait la langue des administrations locales ou provinciales dans tout l'ouest et le nord du pays. Une chambre flamande était créée à la Cour d'appel de Liége, à laquelle ressortissent les tribunaux d'une province néerlandaise; les officiers devaient justifier d'une connaissance suffisante de l'idiome d'une partie des recrues; en 1889, on étendait à tous les débats criminels le régime bilingue; on faisait plus, car on exigeait, en pays flamand que ce fut le prévenu qui réclamât l'usage de la langue française. Juste retour des choses de ce monde, sinon retour excessif. Enfin, la loi de 1845, qui ordonnait d'imprimer les lois et arrêtés dans les deux langues du pays, loi modifiée en 1869 en faveur des Flamands, était, en 1898, remplacée par une disposition nouvelle, attribuant au texte néerlandais une valeur égale à celle du texte français dans toute l'étendue du royaume. Le bilinguisme était désormais complet, puisqu'il s'étendait à la discussion, au vote, à la sanction et à la promulgation des lois.

* * *

Pourtant les intellectuels du mouvement se préoccupaient d'autres consécrations, qu'ils étaient maintenant en veine d'obtenir. Ils voulurent cette académie, que Rogier avait projeté de fonder dès 1843, et on la leur donna en 1886. Ils réclamèrent des villes d'Anvers, de Bruxelles et de Gand la construction de théâtres où l'on jouerait exclusivement en néerlandais, dût-on s'y contenter parfois de versions bâclées des *Deux Orphelines* ou de la *Porteuse de pain*. Ne pouvaient-ils répondre à leurs critiques qu'au *Deutsches Theater* de Berlin, on ne dédaigne pas de représenter un drame de Shakspeare, ou une comédie de Molière, ou même, à défaut de ces immortels chefs-d'œuvre, des pièces quelconques que la vogue de Paris a consacrées pour dix ans ? Cette fois encore, ils furent exaucés.

Mais, pour hâter la floraison des œuvres nationales, il y a des moyens de serre-chaude, il y a les couveuses officielles, les primes largement distribuées, les subsides et les jurys. Et la manne officielle plut à partir de 1858 sur le sol néerlandais. Entre 1860 et 1864, on compte soixante-quatre pièces couronnées, dont aucune n'a survécu. Le nombre des cercles dramatiques monte comme une marée : il est, en 1864, de 108; de 125 en 1866, de 225 en 1872; en dix ans, on avait réparti 150,000 francs entre ces assciations, de plus en plus empressées à faire acte de vitalité, sinon de désintéressement. De même se multiplient les productions dramatiques comme champignons en été; mais, avoue l'historien du mouvement, si leur quantité était de plus en plus grande, « leur qualité était restée médiocre ». Celle des acteurs ne l'était pas moins. En 1900, on attend encore, on espère toujours l'homme de génie qui donnera à la scène flamande l'orientation rêvée; quant aux interprètes, à de rares exceptions près, ils n'ont pas dépassé le niveau d'amateurs probes et intelligents.

*
* *

La dernière conquête rêvée par les « Flamingants » n'est pas la moindre inscrite dans leur programme. Elle consiste dans la création d'une université, où l'enseignement soit décrété dans leur idiome.

L'ambition est déjà vieille. Lorsque l'école normale des sciences de Gand et l'école normale des humanités de Liége furent supprimées, en application de la loi de 1890 sur l'enseignement supérieur, on réorganisa, des deux parts, les sections

de langues et d'histoire des doctorats en philosophie et lettres des universités de ces villes. Or, dès
cette date, sinon précédemment, plusieurs cours se
faisaient en néerlandais, à Gand, pour les futurs
professeurs de collège. L'appétit, que gagnèrent
ainsi les partisans de la germanisation des études,
devint de plus en plus grand, et ils réclamèrent
l'emploi du flamand pour toute la partie de
l'enseignement de la faculté de philosophie, qui est
réservée à la préparation de ces professeurs. Maintenant ils exigent davantage ; il leur faut toute une
université comme à Leyde ou à Utrecht.

Ce qui devait arriver est arrivé. Beaucoup de
Flamands — et parmi eux un grand nombre de
professeurs de l'université « française » de Gand
— ont cru devoir protester contre le désir d'em-
piètement de plus en plus marqué, que manifeste
une petite secte, qui fait encore plus de bruit que
de besogne ; ils ont fondé une « association
flamande pour la vulgarisation du français ». Peu
d'œuvres ont un caractère aussi patriotique que
celle-là, et s'il arrivait qu'il se fondât à Liége une
association du même genre pour la vulgarisation
du néerlandais, et que cette association fît fortune,
on toucherait enfin à ce but toujours entrevu,
jamais atteint, qui est la mise sur le même pied
des deux langues nationales dans le sentiment
populaire, en Belgique.

L'association gantoise est en pleine prospérité. Elle compte plus de 800 membres; si elle n'a point l'heur d'être largement subsidiée, comme les cercles flamands, par les pouvoirs publics, elle a reçu, sous les formes les plus diverses, des encouragements très effectifs de gens considérables, appartenant au monde de la science, des professions libérales et de l'industrie. Elle a pu organiser des cours de français, dont certains sont suivis par une centaine d'élèves; elle a fait l'acquisition de livres français, qu'elle a mis à la disposition des petites administrations communales flamandes pour les distributions de prix ou pour les bibliothèques populaires; elle a fait imprimer un petit manuel bilingue, destiné aux 20,000 ouvriers de la Flandre orientale, qui se rendent en France pour les travaux de la moisson; enfin, elle n'a perdu aucune occasion de signaler les empiètements injustifiés du flamand dans n'importe quel domaine.

Depuis le mois de janvier 1901, une section de l'association s'est constituée à Anvers, milieu éminemment favorable, où l'on apprécie comme il convient le bienfait des langues véhiculaires. Des cours ont été organisés; d'autres vont l'être à Bruxelles, et sans doute à Bruges. C'est toute une petite croisade qui n'a rien de puéril, malgré les apparences. Quoi qu'on pense des droits sacrés du

peuple, de son langage et de son passé, il est en
effet douteux qu'il y ait opportunité d'enlever à une
partie des étudiants d'un petit pays, comme la Belgique, dont l'orientation est vers l'Est ou le Midi,
et non pas vers le Nord, les trop rares chances
qu'ils possèdent déjà de parler convenablement
les deux langues nationales. L'enfant du peuple
flamand peut, à la rigueur, se passer du français ;
s'il l'apprend, en dehors de quelques centres ou de
certaines fonctions, il risque fort de l'oublier plus
tard ; l'enfant de la bourgeoisie moyenne et supérieure devra à cette langue, s'il en combine la
connaissance avec celle de l'idiome natif, une
supériorité enviable.

Au surplus, la transformation projetée ne résou-
drait rien. Car les récalcitrants — et ils sont dans
la bourgeoisie une incontestable majorité — s'em-
presseraient d'envoyer leurs fils à Louvain ou à
Bruxelles, suivant qu'ils sont catholiques ou non,
et on devine les conséquences fâcheuses que cette
désertion aurait pour la ville de Gand. Faire fi de
ces périls est une sottise, et le désaccord qui a
surgi même entre « flamingants » prouve qu'on s'en
aperçoit là-bas. Mais il faut toujours compter avec
la force d'entraînement que donne une conviction
brutale, têtue et irraisonnée. Rien ne démontre
que les jacobins du groupe ne l'emporteront pas.

Le « mouvement flamand » a eu ce rare bonheur de pouvoir se réclamer d'un passé glorieux et d'intéresser le grand seigneur terrien, le bourgeois des villes, l'ouvrier agricole et industriel. Il a résisté, à force d'adresse, à la tendance politique qui fait, en Belgique, de toute œuvre morale tôt ou tard la proie d'un parti. Les libéraux et les catholiques ont leurs ligues, dans lesquelles ils se cantonnent et se surveillent. Mais sur la question du flamand, ces ligues acceptent un programme à peu près identique, et elles ont plus d'une fois marché de compagnie au succès.

En Wallonie il n'en a pas été de même. La propagande en faveur des patois y est de fraîche date, et elle n'a rallié jusqu'ici qu'une partie de la population. C'est dans les villes qu'elle se concentre, et les libéraux l'ont monopolisée avec un facile empressement. Pour plaire aux catholiques, elle aurait dû renoncer à ses polémiques agressives contre les *frères* flamands, à ses sympathies françaises, à son vague parfum de libre pensée. Sans doute il n'est écrit nulle part qu'elle sera voltairienne, mais les voltairiens de la bourgeoisie ont été ses premiers serviteurs; ils l'ont peu à peu faite leur, et, dans les œuvres wallonnes, comme dans les conférences et les meetings où l'on prône les patois de la Belgique orientale, il n'est guère question du français, de la croisade à faire contre lui ; tout l'effort d'indignation et de réaction politique et littéraire se porte sur les empiètements de la langue néerlandaise.

C'est que les petits pays ont beau tendre vers le système fédératif, qui localise leurs intérêts, ils resteront les tributaires intellectuels des grandes nations. En vain l'on s'arme contre la libre introduction des produits français en Belgique ; à Liége comme à Bruxelles, persiste la même curiosité sympathique pour les livres, les revues et les journaux de Paris.

Et pourtant la Belgique est depuis soixante-dix ans un État constitué ; elle a sa vie propre, elle a ses mœurs et ses traditions, deux idiomes populaires, dont aucun n'est le français. La majorité de la nation appartient à la race germanique ; la minorité parle des patois d'essence latine, mais plus fortement imprégnés que leurs congénères d'éléments tudesques. Il semble donc que l'orientation littéraire doive concorder avec l'orientation scientifique, dans laquelle prédomine l'influence allemande. Il n'en est rien.

Le Wallon — ainsi s'appelle l'habitant des provinces orientales — a pris de la culture française ce qu'il pouvait s'en assimiler ; il a toutefois gardé, avec une sorte d'orgueil, un tour pro-

vincial de penser et de dire, que trahissent l'accent
de son langage et des particularités peu nombreuses de sa syntaxe. Avec cela, il ne sait dissi-
muler, dans les relations, une réelle bonhomie,
une verve très communicative, un rien ironique,
enfin un contentement de soi qui engendre assez de
nonchaloir et de quiétude endormie pour que sa
prospérité matérielle en subisse le contre-coup
— il a perdu le monopole de plus d'une industrie
— sans que la vivacité, plutôt stérile, de son
allure en soit sensiblement modifiée.

Des circonstances politiques, qui tiennent bien
aux fatalités de son existence pendant trois quarts
de siècle, ont singulièrement attiédi chez le Wallon
cette fougue d'indépendance que n'avaient pas
épuisée dix siècles de luttes civiles et de guerres
défensives contre ses voisins. Tour à tour il a com-
battu les empereurs allemands, ses suzerains, et
les rois de France, ses alliés naturels. Il a connu
toutes les servitudes sans en tolérer aucune; tantôt
ce sont ses princes-évêques qu'il bannit, tantôt c'est
l'étranger qu'il appelle à son aide, pour se retourner ensuite contre lui. Est-il las des dissensions
entre grands et petits, entre le clergé et le peuple?
Il se met à la solde de l'étranger; il conquiert
ainsi, de par le monde, une moins enviable célé-
brité, celle du mercenaire, que les Suisses parta-

geront avec lui : « Respectez-le, dit Schiller dans *Wallenstein*, respectez-le, c'est un Wallon. »

Ces quelques traits peignent une race, qui ne diffère de la race française que par une dose supérieure d'alliage germanique. Son isolement séculaire et le régime théocratique (elle fut gouvernée par des princes-évêques) ont fait le reste. Il a dû résulter de ce mélange ethnique et de cette histoire distincte une tendance particulariste, accusée dans le caractère, les mœurs et le langage de la population.

Cette tendance est aussi vieille que la fusion des races sur la rive mosane; elle est moins sensible pendant les siècles du moyen âge, parce qu'elle est générale alors et que la Picardie, la Champagne et les autres provinces de France l'accusent avec la même netteté. Aux xve et xvie siècles elle se dissimule dans la pauvreté d'œuvres sans originalité d'aucune sorte, et les malheurs civils ne la laissent apparaître que pour l'exacerber en un patriotisme local, prêt à tous les héroïsmes. Il faut le règne de Louis XIV pour qu'elle réapparaisse dans le domaine des arts. Renkin Sualem émerveille le roi par son habileté technique à Marly; mais il l'étonne plus encore par l'accent patois de ses répliques. — « Comment avez-vous trouvé tout cela? lui demande le roi-soleil. — *Tot tusant* (en pensant), sire », répond simplement le flegmatique Liégeois.

Au siècle suivant, on rencontre quelques productions wallonnes, qui ont leur charme. Chose curieuse, elles sont signées de noms aristocratiques. C'est le chevalier de Rickman qui aiguise sa verve en découvrant les *aiwes di Tongres* (eaux thermales de Tongres), dont une tradition locale faisait remonter les vertus à l'époque romaine; ce sont MM. de Cartier, de Harlez et de Vivario qui écrivent le livret du *Voëge di Chaudfontaine* et des autres pièces du théâtre liégeois, tandis qu'un maître de la chapelle épiscopale en compose la musique.

Qui aurait cru que le particularisme irait jusquelà? Nous sommes sous Louis XIV et sous Louis XV. Le français est en train de faire allégrement le tour du monde; il rend avec usure à l'Italie et à l'Espagne ce que ces nations lui ont prêté; les petites cours d'Allemagne et la grande cour de Russie lui ouvrent leurs plus secrètes portes. Ses écrivains sont des hôtes qu'on recherche et les confidents des princes étrangers. Et voilà que sur une terre française, à quatre-vingts lieues de Paris, on découvre, comme à la loupe, une ville oubliée, dont la bonne société se défend contre les idées et contre le langage poli de ces mêmes écrivains. Elle jargonne avec délices et pousse l'amour de son obscur parler jusqu'à le mettre dans des vers, qu'elle fait corrects et non sans saveur.

Et ne croyez pas qu'elle se contraigne toujours dans les sujets populaires. Sans doute ce sont là ses thèmes ordinaires. Encore sont-ils traités dans une forme qui, malgré le sans-gêne des termes, n'exclut ni la finesse ni la distinction. Qu'il s'agisse d'une intrigue villageoise, d'un petit drame de sentiment, comme le départ d'une recrue involontaire, ou bien encore d'une scène de mœurs, dont les dames de la Halle et un galant caporal font les frais, on retrouve dans la conduite de l'œuvre, dans la psychologie des personnages, dans de menus traits et de simples mots cette science de composition, cette facture minutieuse et jusqu'à ce maniérisme de la langue, qui caractérisent le théâtre français, de Regnard à Beaumarchais.

J'ai gardé pour la fin le meilleur de ces ouvrages, qui occupèrent les loisirs de quelques grands seigneurs liégeois dans la seconde moitié du xviiie siècle. Son titre, *Les Hypocondres*, nous fait présager d'autres héros que des revendeuses et des paysans. L'hypocondrie est presque un luxe; il faut avoir du temps à dépenser pour se créer l'obsession de maux qu'on n'éprouve pas. La scène est à Spa, c'est-à-dire dans une de ces villes où l'on trouve, sinon le soulagement espéré, du moins de l'eau pure, de frais ombrages et d'agréables compagnies. En fait, c'est dans une société choisie, aux passions langoureuses et finement nuancées, que nous allons vivre pendant les trois actes des *Hypocondres*. De-ci de-là s'échappe à gros bouillons la verve facile que le patois favorise; mais bientôt la nappe s'amenuise, se rétrécit en un mince filet qui coule discrètement, entre des prés bien tondus, d'un vert irréprochable.

*
* *

La fin du XVIIIe siècle fut marquée par des troubles politiques, qui arrêtèrent net l'éclosion d'un art local. L'État liégeois laissa son indépendance dans la tourmente. Il devint le jouet de toutes les annexions. Pourtant les sympathies du Wallon restent acquises à la France; il n'a de souvenirs injurieux que pour les Prussiens, les *Kaiserlicks* (impériaux) et les Cosaques.

En 1789, c'en fut fait de l'antique principauté épiscopale, fondée par saint Hubert. Le pays wallon fut divisé, comme la terre flamande, en un certain nombre de départements français; après Waterloo, ils furent l'un et l'autre découpés géographiquement en neuf provinces et associés aux destinées politiques d'autres provinces, taillées

dans les anciens comtés de Hollande et de Zélande
et dans quelques territoires voisins. On a vu que la
nouvelle confédération avait eu la vie courte. Wallons et Flamands se détachèrent de leurs alliés septentrionaux et constituèrent, en 1830, la nouvelle
unité qui prit le nom de Belgique. Cette unité dont
la base semblait bien fragile, s'est lentement con-
solidée; elle a trouvé des voisins bienveillants et
conquis le précieux privilège d'une neutralité digne
et forte. Elle serait, semble-t-il, indissoluble, sans
de vieilles rivalités de race qu'on croyait éteintes
et qui n'étaient qu'assoupies.

J'ai dit comment le mouvement flamand était
né. On a pu juger des portions équitables de son
programme, déjà réalisé aux trois quarts. S'il se
contentait d'assurer aux populations de langue
germanique l'égalité des droits civils et politiques,
en pays belge, il n'y aurait rien à redire ; mais il est
visible qu'il tend à monopoliser entre leurs mains
les faveurs gouvernementales. En 1830 il n'en a
guère fallu plus pour légitimer une révolution. Le
roi de Hollande, bien intentionné, faisait de la
détestable administration. Les Flamands, blessés
dans leurs convictions religieuses par le dédain
affiché d'un prince protestant pour les manifestations de la foi catholique, associèrent de grand
cœur leurs bras à ceux des Wallons contre un allié

qui les traitait en oppresseur. Voilà qu'après soi-xante-dix années, d'obscures antipathies histo-riques se trouvent être plus fortes que les intérêts communs, qui firent d'une coalition la nationalité belge.

A qui la faute? Aux wallons d'abord. Car le bilinguisme, inutile ou impossible dans un grand agglomérat de peuples comme l'Autriche-Hongrie, eût été désirable dans un petit pays où les contacts sont quotidiens entre gens de race différente. Mais le tort est aussi au « flamingantisme », dont les prétentions envahis-santes ne sont jamais lasses. Ses premières reven-dications, on l'a vu, étaient la justice même. D'autres sont venues après, qui soulevèrent de timides protestations. Enfin, comme il a l'appétit robuste, il se montre de plus en plus exigeant, et comme il est actuellement envahi par des préoc-cupations plutôt mesquines et des ambitions de places et de mandats, il menace de tourner à la tyrannie.

Non contents d'avoir une Académie à eux, et toute une série d'institutions où règne l'exclusi-visme, les chefs du mouvement flamand deman-dent qu'on traduise en leur parler le moindre document officiel; l'intérêt patriotique, à les en croire, commandait de graver la version néerlandaise de la devise belge sur les timbres-poste et les monnaies du pays; il exigeait que les noms des rues fussent inscrits en deux langues dans cinq provinces, que les indications les plus intimes fussent intelligibles au paysan flamand dans la gare la plus chétive du pays wallon. Hier on voulait une édition dialectale du *Moniteur* et du *Guide officiel des chemins de fer*; aujourd'hui l'on obtient que les enfants des provinces françaises consacrent un plus grand nombre d'heures par semaine à la langue de leurs frères de l'Ouest. Demain ne va-t-on pas exiger la destitution des fonctionnaires les plus modestes, si, Wallons et en terre wallonne, ils ignorent l'idiome néerlandais?

Une réaction était inévitable. Elle s'est produite. Elle a commencé par des railleries inoffensives, par des plaisanteries de tribune et de journal. Les patois occidentaux de la Belgique ont une harmonie *sui generis*, dont le mystère reste inaccessible aux oreilles latines. Sans grand effort on a découvert, et on a mis dans un amusant relief, les rudesses et les cacophonies du flamand parlé à Bruges, à Gand et à Anvers. Bientôt c'en fut fait, à Liége, à Namur et à Verviers, des sympathies qu'avait créées une fraternité séculaire. Les quolibets succédèrent au sourire et les ripostes plus vives aux quolibets. Blessé dans ses intérêts, dans sa dignité, dans ses prédilections historiques pour les arts, les lettres et les modes françaises, le Wallon s'insurgea contre cette nouvelle invasion des barbares septentrionaux. Les Chambres retentirent de discours indignés, les rues, de chansons mordantes.

Voilà l'origine du mouvement wallon. Il n'est pas la lointaine et fatale résultante d'impulsions successivement données ; il est né d'une réaction, que légitiment les instincts de race et les nécessités économiques ; il cessera aussitôt qu'il n'aura plus sa raison d'être actuelle. On en chercherait vainement la trace dans le passé.

Les Wallons furent divisés d'intérêt jusqu'à la fin du xviiie siècle. La principauté de Liége, le comté de Namur, le comté de Luxembourg, le marquisat de Franchimont et d'autres petits États, dont la population était ou partiellement ou totalement française de langue, vécurent les uns vis-à-vis des autres dans un isolement fort satisfait. Le plus important de ces groupements politiques avait Liége pour capitale ; mais il comptait autant de bonnes villes flamandes que de bonnes villes wallonnes dans la représentation nationale. Au xiiie siècle, un écrivain nous rapporte la coutume qui consistait à envoyer les enfants de noble souche en « thiois païs » pour s'y exercer à l'usage oral du néerlandais. Les chroniqueurs des xive et xve siècles nous ont transmis d'autres attestations de bons rapports entre les deux races. Au xviie siècle encore, on écrit des complaintes rimées sur les mauvais traitements infligés par des soldats espagnols à des paysans flamands, et ces doléances, dont le fond est plus louable que la forme, sont rédigées en wallon.

Ce qui n'est pas improbable, c'est que l'habitant des provinces de l'est gardait au fond de lui-même d'ataviques répulsions, auxquelles les circonstances ont permis un essor imprévu. Son art (si l'on peut lui accorder l'originalité d'une forme artistique) et sa littérature ont beau être teintés d'une mélancolie qui évoque les brumes d'outre-Rhin ; ils sont latins d'essence, de couleur et d'harmonie. Ou plutôt ils ont l'harmonie, ils ignorent la couleur qui fut et qui reste une magie des palettes flamandes.

Si nous interrogeons les productions récentes de cette littérature, écrite en dialecte, qui dépasse par le nombre des œuvres celle dont Mistral est le grand maître, nous y retrouvons quelques-uns des traits déjà pressentis dans l'exposé qui s'achève.

C'est une sentimentalité parfois délicieuse, souvent naïve et même niaise ; une verve de bon aloi, qui s'échappe en railleries courtes et incisives (le

Spot, de l'allemand *spotten*), une fâcheuse prédilec-
tion pour le détail vulgaire, grossier, même obscène,
une insouciance complète de ce qu'on a appelé si
judicieusement le respect dû au lecteur, enfin une
candeur et une fraîcheur d'impressions, qui
attestent la jeunesse inépuisable de la race et
s'expliquent par l'origine très humble de ses écrivains. Car voilà bien une caractéristique du mouvement wallon, disons mieux, de cette sorte de
renaissance wallonne : ses représentants sont des
ouvriers, que l'atelier ou l'échoppe retiennent
pendant tout le jour ; à l'aube ou lorsque s'al-
longent les grandes ombres du soir, ces artisans
se reprennent, ils interrogent l'âme populaire dont
ils portent en eux une vibrante parcelle ; ils
s'inspirent alors des spectacles de la rue, ils
chantent les joies ou les deuils inaperçus. Leurs
thèmes préférés sont ainsi dans un merveilleux
accord avec les ressources limitées de leur art ; car
celui-ci ne revêt guère que deux formes : le lyrisme
ému et la satire ; ils sont touchés de ce qu'ils voient
ou bien ils le raillent.

Cette satire est-elle dialoguée ? Nous avons la
comédie, le vaudeville ou la saynète de mœurs.
Sinon, elle évoque, en des couplets qui cinglent
comme des lanières, le *sirventes* des Provençaux,
l'*estrabot* aujourd'hui perdu, et parfois elle a la

concision brutale de l'ancien *respit*, c'est-à-dire du proverbe au vilain.

La comédie est la forme la plus goûtée des écrivains et du public. Celui-ci lit peu; mais il se dérange aisément pour aller au théâtre, les soirs de fête. Des troupes d'amateurs interprètent, tant bien que mal, devant lui les œuvres souvent improvisées des dramaturges ou des vaudevillistes du cru. A Liége ou dans la banlieue on compte plus de vingt sociétés dramatiques, recrutées parmi le peuple et la petite bourgeoisie, avec un répertoire d'au moins mille pièces.

Les membres de ces joyeuses confréries n'ont que les loisirs du dimanche pour s'exercer à la déclamation scénique, apprendre leurs rôles et les réciter. Quelques-uns sont arrivés, à force de persévérance, à calculer tous leurs effets, à « se faire une tête ». La plupart jouent tout simplement comme ils parlent, avec un naturel et une conviction qui excusent les défaillances et emportent la sympathie. Seules les femmes, en petit nombre d'ailleurs, sont devenues des professionnelles de la scène. Elles n'ont pas la tradition du conservatoire; mais plus patientes que l'homme, plus attentives aux détails et d'une mémoire plus exercée, elles ont su se faire un gagne-pain de ce qui n'est guère, pour l'autre sexe, qu'un plaisir envié.

Le théâtre wallon a des thèmes peu variés ; tantôt il nous conte tout au long une anecdote prise dans la vie populaire, tantôt il nous présente un petit tableau de mœurs, étudié dans ses détails ; tantôt il trace des caricatures plus larges, celle d'un travers humain ou bien celle d'une individualité déterminée. Il a ses lieux communs, ses modes tyranniques qu'emportent d'autres modes, mieux accommodées à un goût nouveau ; enfin, il cultive toutes les variétés de l'art, depuis l'antique vaudeville à couplet jusqu'à l'opérette, à la pièce « rosse » et à la pièce à thèse.

Le théâtre n'est pas, on l'a dit, la seule forme de littérature qui prospère sur les rives de la Meuse. La narration en prose, à sujets historiques ou à tendances pittoresques, commence à y fleurir aussi ; mais c'est la chanson, sentimentale ou railleuse, qui a trouvé là les plus nombreux fervents. Defrecheux et plus récemment Vrindts en ont écrit d'exquises et d'une très personnelle inspiration. Tous deux sont des enfants du peuple. Le premier est l'auteur de pages émues, dont plusieurs ont conquis la grande et vraie popularité. N'a-t-il pas fait ce tour de force, ou plutôt de génie, d'imposer une œuvre d'art (*L'avez-v' vèyou passer*) aux lèvres populaires, à des lèvres qui ne se desserrent le plus souvent que pour moduler des couplets anonymes et traditionnels, ou bien encore de ces créations éphémères et stupides dont Paris retentit pendant un jour, et la province pendant un mois?

Vrindts n'a pas encore atteint la maturité de talent qui distingua Defrecheux. Il est inégal, parce qu'il est enclin à trop produire. La sobriété est une rare vertu. Malherbe et Boileau tiennent en un mince volume. Racine et La Fontaine ne furent guère plus abondants. Cela a suffi à leur gloire. Les patoisants sont fort excusables, lorsqu'ils négligent d'être brefs. Il n'est pas de science plus malaisée à acquérir, et qui donc la leur enseignerait? Vrindts ne parle que péniblement le français; les grandes littératures sont lettre morte pour lui. Il ressent et il vibre, ses chants sont des échos; ce qui les distingue avantageusement de ceux de ses confrères, c'est qu'ils reflètent mieux une âme plus délicate. Vrindts est, de plus, le premier artiste wallon qui ait été requis par les grands problèmes sociaux. Il a sa philosophie, qui est touchante; elle est touchante, dans sa simplicité, parce qu'elle est humaine. Il trace d'intuition une image naïvement fidèle de la vie des humbles; il les suit du berceau à la tombe; il les surprend et les photographie, en quelque sorte, dans leurs attitudes familières, au foyer, à l'atelier et au cabaret.

Nicolas Defrecheux était surtout un méditatif; il

avait lu et pensé ; il contenait sa verve et il repo-
lissait ses ouvrages. C'est le secret de son génie,
qui est modeste, mais réel. De plus, il avait l'orgueil de son art; venu à une bonne heure, il avait
fait ce beau rêve d'une renaissance intellectuelle,
dont son dialecte serait l'instrument musical et
dont la gloire rejaillirait sur sa patrie. C'était
l'époque où le sénateur Grandgagnage publiait les
premiers fascicules de son *Dictionnaire de la langue
wallonne*. D'autres érudits s'associaient pour grouper
les bonnes volontés éparses ; on fondait à Liége une
façon d'académie, qui compte encore huit cents
membres, *la Société liégeoise de littérature wallonne*.

Cette académie ne renferme ni archéologues, ni
historiens, ni linguistes. Quelques patoisants et
d'honnêtes compilateurs la dirigent, en collaboration avec des professeurs qui lui donnent le lustre
d'une plus haute notoriété. Elle a même eu l'honneur de compter parmi ses membres actifs le philosophe Delbœuf. Dans les rares heures de loisir
que lui laissaient de multiples disciplines, ce savant
ne dédaigna point de juger et même d'éditer les
œuvres envoyées aux concours de la société. Ses
confrères ne font ni plus ni moins de besogne
que les amateurs des autres provinces. Il ne faudrait donc pas s'exagérer l'importance de la *Société
liégeoise*. C'est d'abord une société départementale,

où l'on publie d'utiles et modestes contributions à l'étude des mœurs et du vocabulaire local; c'est ensuite un « caveau » où l'on festoie tous les ans en bonne compagnie et où l'on couronne de pampre des chansons bien troussées et quelques piëcettes assez réussies. D'autres associations liégeoises lui disputent la prééminence, sans qu'aucune puisse se targuer, d'ailleurs, d'avoir rendu au patois des services équivalents, et depuis un temps aussi long.

Il reste à l'Académie wallonne, comme elle aimerait s'intituler, bien des tâches à accomplir. Le jour où elle sera outillée pour s'en acquitter, elle revisera l'orthographe fantaisiste des auteurs qui lui demandent une consécration; elle songera sérieusement à rééditer le dictionnaire de Grand-gagnage, qui a vieilli, mais qui est encore un admirable monument de patience et de sagacité, dont Littré, dans des articles du *Journal des savants*, a fait ressortir le grand mérite.

Peut-être lui sera-t-il donné de prendre la direction du « mouvement » dont on vient d'esquisser la courte histoire (¹). Mais ce mouvement survivra-

(¹) Cette histoire ne serait pas complète si on n'ajoutait qu'il existe une Fédération des cercles dramatiques wallons, rapprochés d'intérêts et de sympathies, une Association des auteurs wallons, qui a son siège à

t-il à des griefs locaux et occasionnels? Un gouvernement, qui tiendrait la balance égale entre les
deux races qui peuplent la Belgique, aurait tôt fait
d'étouffer les germes de désunion semés un peu
partout. Reste à savoir si l'on pourra tenir la balance égale.

Les petits pays ont de précieux privilèges; ils
n'ont pas de pire ennemi que l'esprit de clocher.
Dans une grande nation, les électeurs pèsent moins
lourdement sur la décision de leurs mandataires,
et s'ils leur demandent autant de services, ils ne
peuvent les acculer, lorsqu'il s'agit d'intérêts
graves, à des solutions aussi mesquines et bassement transactionnelles. Voilà le danger que court
la Belgique. Il n'est pas sérieux à l'heure actuelle,
puisqu'on l'écarte avec des primes de littérature et
quelques bouts de ruban. Il le deviendrait sans

Liége et ses correspondants à Namur, Verviers, Charleroi, etc., que la *Ligue wallonne*, malgré qu'elle soit
embryonnaire et ne reflète pas tout le mouvement, a
rédigé un programme de revendications d'ordre littéraire et administratif. Le gouvernement a institué, de
son côté, un comité de lecture et un comité d'artistes,
chargés de désigner à ses faveurs les meilleures productions théâtrales en dialecte. Malheureusement, ces
comités, composés à la diable, opèrent au petit
bonheur.

conteste, si les intransigeants des rives de l'Escaut,
par les excès de leur politique envahissante, par
l'incessante multiplication de leurs exigences,
réussissaient à intéresser les antipathies, encore
mal éveillées, de la race wallonne entière à un
mouvement nettement offensif.

*
* *

Pendant que s'élaborait sur les rives de la Meuse
et de l'Escaut un art dialectal, en conformité stricte
avec l'ambiance et les traditions historiques, la littérature sommeillait à Bruxelles. Cette ville était
pourtant le seul centre où la pénétration française
fut favorisée par un mouvement de librairie et
aussi par la présence du roi, des ministres, par la
proximité de Paris, et par une aristocratie dont
les attaches avec celle des anciennes cours étaient
nombreuses et solides. Ajoutez que la capitale
du royaume belge était la retraite préférée des
hommes de lettres et des hommes politiques français, que les changements de régime successifs
avaient condamnés à l'exil. Ce fut à leur contact
qu'on dut une première et bien vague renaissance
des lettres. Victor Hugo ne fit que passer sur cette
terre prosaïque ; d'autres bannis, moins grands
que lui, suscitèrent, par la plume et la conférence,

des curiosités nouvelles ou ravivèrent des ferveurs, qui semblaient à jamais éteintes. On se remit un peu partout à l'œuvre d'art, et, dans une langue pleine d'idiotismes locaux, d'une saveur parfois âcre et parfois douce, les écrivains du cru débutèrent par des hommages au passé, qui ressemblent à la prière de l'Oriental au lever du jour. Pour eux aussi brillait l'aube d'un renouveau. Il fut lent à venir.

La première génération de littérateurs belges, écrivant le français, a laissé des noms et guère d'œuvres. Un coloriste puissant, Charles de Coster, qui, dans le style de Théophile Gautier, conta l'épopée d'Uylenspiegel, incarnation du peuple flamand, burlesque et héroïque à la fois; un poète, Van Hasselt, qui connut et aima, et imita non sans virtuosité Victor Hugo, un autre, Charles Potvin, qui fut aussi un critique sagace et érudit, un moraliste, Octave Pirmez, dont la mélancolie suave aurait dû sauver les pages, pensées et écrites, de l'oubli irrémédiable, tels furent les principaux représentants de cette époque littéraire. Ils vécurent séparés et quelquefois divisés; mais ils eurent le mérite commun d'aimer et de magnifier la terre natale.

Les écrivains qui vinrent après, et dont l'éducation littéraire se paracheva aux environs de 1880, ne pouvaient pas se soustraire au contre-coup des violents triomphes que remportait vers cette époque le naturalisme français. Ils furent surtout des observateurs de la vie matérielle. Avant tout, ils empruntèrent aux maîtres du jour des procédés plus encore que des inspirations. Chez M. Lemonnier, on retrouve les uns et les autres, sans doute réduits à la portion congrue et heureusement appropriés aux exigences d'un tempérament robuste et d'un talent personnel. D'abord réaliste farouche, adonné à la peinture minutieuse et exclusive des matérialités, le romancier belge, dont la veine est inépuisable, s'est dégagé insensiblement des entraves de l'école où il se forma ; il a acquis des aperceptions de plus en plus nettes de notre être morale et a prouvé, malgré des rechutes fréquentes, qu'il était capable de peintures d'âmes où le poète épique le dispute, il est vrai, à l'analyste, mais sans que ce dernier soit, comme il l'était jadis, condamné à un rôle d'arrière-plan.

M. Lemonnier fut, avec l'avocat Edmond Picard et avec Georges Rodenbach, le principal initiateur du mouvement de littérature française à Bruxelles. Il accueillit les jeunes poètes que les œuvres du Parnasse parisien enchantaient et incitaient à l'imitation; il les aida à s'individualiser et aussi à se grouper en vue d'une action indépendante.

Ainsi naquit la *Jeune Belgique*, qui fut pendant plus de dix ans la revue de ces agitateurs et qui claironna, aux quatre coins du petit royaume, leurs ambitions et leurs antipathies. Les unes et les autres étaient excessives, et elles devaient l'être. Le romantisme de 1830 n'a-t-il pas connu les pires outrances ?

Ainsi s'expliquent certaines excentricités du début chez des poètes comme Albert Giraud, Ivan Gilkin et Émile Verhaeren. Le premier, parnassien rigoureux, est un pessimiste sincère et hautain, que les besognes du journalisme ont pu contraindre, mais non courber. Il a la sérénité de ses convictions négatives ; ses vers coulent avec des reflets métalliques, sans que leurs ondes soient troublées par le moindre remous généreux. Après avoir rageusement raillé (*Le Scribe*) l'impuissance du Verbe, il parut avoir conquis bientôt le contentement de son émoi littéraire ; on le vit marcher désormais dans son rêve, indifférent à tout ce qui l'entourait et chercher son unique apaisement dans la contemplation idolâtre des féeries du passé. De là *Pierrot Narcisse* et maintes pièces évocatrices de *Hors du Siècle*, où les âges abolis ressuscitent leurs décors en des strophes sévèrement belles. Ne demandez pas au poète qu'il insuffle une âme à ses héros ; rien ne bat sous

leurs armures, épaisses ou légères. En revanche, ils
nous apparaissent campés dans de fières attitudes,
drapés dans un luxe d'étoffes rares, encadrés de
molles tentures; ils ont le relief physique d'une
chose vue et ils se détachent harmonieusement sur
des fonds dessinés avec cette rare précision du
trait, qui est le secret de notre art flamand et que
M. Giraud possède à un plus haut degré que tout
autre artiste de notre temps et de notre pays.

Son confrère Gilkin, journaliste comme lui, a
subi plus que lui l'ascendant redoutable de la
poésie de Baudelaire; tout son effort s'est dépensé
en une poursuite, souvent heureuse, de visions
plus chimériques que celles d'Albert Giraud, et de
détails formistes, dont l'originalité réside surtout
dans une science quasi désespérante des combinaisons de mots et des entrelacements de rythmes.
Son *Prométhée* devait, plus tard, révéler en lui plusieurs des qualités d'un poète-philosophe, comme
son *Jonas* l'a montré humoriste bien personnel, et
d'une acuïté pensante, rare chez le rimeur de
vocation. Reste Émile Verhaeren, le plus étonnant
et le plus « à part » des trois. Après avoir préludé
par des truculences où le génie de la race s'exprimait avec une verdeur sans ménagement, on l'a vu,
à partir de 1888, se réfugier dans l'inaccessible. Les
Soirs, les *Débâcles*, les *Flambeaux noirs*, autant de

titres suggestifs, révélateurs d'un contenu qui parle
de mélancolie humaine. Et, en effet, l'art de M. Verhaeren est subtile et mystérieux ; il est fait de con-
trastes où s'évoquent, sous des espèces plus ou
moins tangibles, les entités qui peuplent les âmes
en proie au découragement. Tantôt, c'est un paysage vaguement entrevu par la vitre d'un train, qui
file éperdu dans la nuit sans lune ; tantôt c'est une
ville que l'on traverse dans une course nocturne ;
un objet quelconque peut servir de point de départ,
de ressort de détente à cette merveilleuse puissance d'imagination. Mais à côté des spectacles vus,
des faits vécus dont nous pouvons contrôler chaque
détail, se déploient les visions du passé et les
pures féeries que M. Verhaeren vêt de pourpre et
de brocart pour solenniser, en quelque sorte, ses
aveux sentimentaux.

Son symbolisme, puisque c'est le terme à la
mode, est l'expression d'un art multiforme ; il prolonge parfois jusqu'à la fin l'étrange dualité de la
peinture physique et de la peinture morale : tel un
pantoum romantique, dont les strophes pleines,
les unes de réel, les autres d'irréel, se succéde-
raient indéfiniment. Ailleurs, il ne demande à un
paysage, à une vue de mer, à un coin de ville, à
une silhouette enténébrée, que l'impulsion visuelle
qui le projette dans le rêve et qui lui permet

d'aborder un astre chimérique, loin, bien loin des vains bruits de ce monde, objet de ses dédains. Ailleurs, il se plaît à nous montrer, avec un sauvage éclat des timbres et des couleurs, la marée ascendante des foules démocratiques, dont un drame, *Les Aubes*, analyse les agitations souvent vaines et toujours douloureuses, tandis qu'une trilogie lyrique, les *Campagnes hallucinées*, les *Mois* et les *Villages illusoires*, nous décrit les campagnes abandonnées au profit de l'activité fiévreuse des villes industrielles. Enfin, un autre drame, *Philippe II*, a l'émouvante sobriété d'un portrait de Velazquez, et toutes les convulsions d'une âme meurtrie et déçue se peignent dans les *Moines* du même écrivain.

Il faudrait encore caractériser ici l'art de M. Maeterlinck, si cet art n'appartenait au monde plutôt qu'à la Belgique. Celui-là a su rendre, avec usure, à la littérature de Paris ce qu'elle avait, dix ans plus tôt, prêté à ses compatriotes. Tour à tour poète, dramaturge d'une intense originalité et moraliste de hautaine envergure, M. Maeterlinck a fait une démonstration qui manquait, en vérité, pour la France, celle d'une décentralisation littéraire, dont n'avaient bénéficié jusqu'ici que les Slaves, les Scandinaves et les Germains. Il a été son propre traducteur, ou plutôt il a fait, dans l'in-

timité mystérieuse de son cerveau, la version hardie
d'un penser flamand dans des moules exquisément
français.

En même temps que MM. Verhaeren et Maeterlinck tentaient de renouveler plus modestement à
Paris une conquête artistique, déjà accomplie par
Rubens et son école, il y a deux siècles et demi,
sourdait, sur les rives de la Meuse, en concurrence
amicale avec le mouvement wallon, un petit ruis-
selet, limpide et joyeux, comme le veut la note
patriale de ces demi-Gaulois de l'est de la
Belgique. Sous le titre de *Wallonie*, arboré comme
un étendard, une revue entendait rivaliser — et
elle le faisait pendant sept années — avec la
Jeune Belgique, de Bruxelles. Et autour de son
fondateur, le poète Albert Mockel, se serrait une
petite légion d'écrivains, de peintres et de sculp-
teurs amis, dont Armand Rassenfosse et Auguste
Donnay sont les plus réputés aujourd'hui, le premier commentateur des *Fleurs du mal*, l'autre qui
a, par cent illustrations, popularisé son nom chez
les amateurs français.

C'est à ce groupe qu'appartiennent, outre M. Mockel, dont les pages de critique ont, à Paris, élargi
la notoriété, M. H Chainaye, l'auteur de l'*Ame des
choses*, les romanciers Garnir, Krains et Daxhelet,
enfin le poète Séverin, dont les vers sont animés

d'un souffle d'élégance racinienne. Nul n'a su mieux camper, dans une atmosphère doucement crépusculaire, des femmes et des enfants dont les ombres délicates et fières évoquent des images de noblesse, et semblent les fleurs vivantes d'un jardin enchanté.

Ainsi peut se résumer, malgré bien des oublis et dans un raccourci toujours affligeant, l'effort intellectuel de deux générations d'écrivains belges. Il n'en faut pas plus, si peu que vaille une énumération de l'espèce, pour établir l'immensité de l'effort accompli, après 1848, dans un petit pays de vie prosaïque et d'indifférence bourgeoise, par les artistes de la plume et du pinceau. Certes, l'élan industriel a été supérieur chez un peuple qui avait connu trois siècles de léthargie. Mais il a trouvé sa récompense immédiate en lui-même. Les hommes de lettres et les artistes ont eu à percer, eux, un mur épais d'hostilité répulsive, et beaucoup y ont usé leur outil. Il convient, avant de les toiser, de mesurer leur vaillance à la chimérique audace de leurs espoirs.

LA BELGIQUE

ET

L'ÉTAT INDÉPENDANT DU CONGO (¹)

On est mal fondé à ne plus croire aux fées, aux métamorphoses soudaines, aux pays mystérieux, où s'attardait la convoitise de nos ancêtres. La colonisation n'est-elle pas devenue pour les peuples modernes ce que le royaume de Torelore ou

(¹) La bibliographie congolaise est très touffue. Parmi les plus beaux récits d'exploration, il faut citer ceux de Livingstone et de Stanley. L'histoire diplomatique de l'État indépendant a été résumée par M. Banning, dont il est utile de lire les deux volumes intitulés *L'Afrique et la conférence géographique de Bruxelles* (1877) — *Le partage politique de l'Afrique* (1888) et l'article, paru dans la *Revue de Belgique* du 15 avril 1885, sur *La conférence africaine de Berlin et l'A. I. C.* La question politique, envisagée au point de vue belge —

les confins de l'Arbre-Sec furent pour l'imagination du moyen âge? Seulement, ce qui n'avait guère été, alors, qu'un beau songe, nous, nous l'avons vécu.

La fée qui a conduit l'ambition supérieure de Léopold II, roi des Belges, jusqu'à la rive du fleuve Zaïre — le Congo actuel — a été une bonne fée, et c'est à elle qu'il doit d'avoir conquis, aux yeux de l'Europe, le prestige quasi magique d'un monarque de Golconde. Prestige explicable, après tout. Car, ce gouverneur d'un petit État, dont il a plu au reportage parisien de faire un parfait boulevardier, apparaît tout de suite à l'observateur moins frivole comme un politique avisé. Pour les plus attentifs de ses compatriotes, il n'est pas seulement le premier citoyen d'un pays libre, exerçant, avec un détachement très calculé, la difficile prérogative que lui confère la

c'est mon véritable sujet — a été esquissée par le même publiciste, effleurée par M. Edmond Picard dans son livre très littéraire : *En Congolie,* et longuement débattue devant les Chambres, notamment en mai 1896. Le meilleur ouvrage d'ensemble est celui de M. A.-J. Wauters, *L'État indépendant du Congo,* Bruxelles, Falk, 1899. On pourra consulter aussi le volume de D.-C. Boulger, *The Congo State,* Londres, Thacker & C°, 1898; l'un et l'autre sont franchement apologétiques.

Constitution; il est aussi un grand laborieux, dont le personnalisme absorbant, impatient et **quasi** tyrannique lui défend d'abdiquer une seule de ses volontés entre les mains d'autrui et le contraint à une application froide, précise, multiple, jamais lasse, dont l'invariabilité est rendue encore plus surprenante par de continuelles pérégrinations à travers le monde; c'est surtout un homme d'initiative ardente et constante, toujours présent à son jeu, dont les combinaisons rapides, imprévues, indéfiniment multipliées déroutent, dit-on, les professionnels de la diplomatie. Interrogez d'autre part, sur lui, les gens d'affaires des deux mondes; ils vous diront que, voyant très loin, ce manieur d'hommes est en même temps, un manieur de millions, doué d'une sorte d'ubiquité et sachant épier le flux et le reflux du marché mondial, avec autant de soin qu'il en met à éplucher un budget ou à reviser un projet de loi.

Tous ces dons ne ressemblent guère aux vertus d'un autre âge. Mais que deviendraient un Aristide ou un Brutus devant les tâches infiniment complexes d'un civilisateur moderne, qui est en même temps le chef d'un très vieil État? Encore si ce chef d'État s'appelait Louis XIV ou Catherine II, si ses ministres étaient des commis, s'il avait les facilités d'action et les ressorts secrets de l'absolutisme, il pourrait régler ses volontés sur ses appétits. Le souverain du Congo n'était, lui, qu'un petit roi constitutionnel, lorsqu'il entreprit d'ouvrir au trafic européen le centre de l'Afrique.

Mais ce roi avait de qui tenir. Il avait dans le sang un rare mélange d'hérédités diverses et peut-être inconciliables.

Son père était allemand et, allié à la famille régnante des Nassau d'Angleterre, il avait exercé un haut commandement dans l'armée des Alliés, entre 1813 et 1815. Sa mère était la fille de Louis-Philippe Ier. Léopold II participait donc, par sa naissance, de conceptions morales et politiques nettement divergentes. Son père lui avait transmis le goût admiratif de l'individualisme britannique, et ce goût voisina chez lui avec de vieilles ferveurs pour la discipline militaire et un haut sentiment du droit divin des rois. D'autre part, la sagesse bourgeoise de son aïeul maternel s'était déposée, chez lui, sur l'humeur féodale des vieux Cobourg, comme ferait, sur le roc orgueilleux, une couche de bon sens traversée d'un filon d'ironie. Il y avait donc, dès la première jeunesse, grave et studieuse, de Léopold II, place dans cette conscience de roi pour les contradictions forcées d'un esprit autoritaire, et toutefois maître de son vouloir, et d'une âme bien moderne, ouverte aux acceptations opportunistes des fils de la Révolution.

Ainsi s'élabora, sous le monarque constitutionnel, le futur détenteur d'un pouvoir absolu. Mais ce qui devait assurer l'unité des visées en lui, et partant lui communiquer la vertu triomphante des forts, ce fut la pensée obsédante qui le hanta dès le berceau. Du jour où il pensa, Léopold, qui était né duc de Brabant, trouva sa prison royale bien étroite. Il rêva, et pour lui-même et pour sa patrie, des espaces, des influences et des débouchés plus vastes. Ce Belge de hasard se trouva être le moins Belge des hommes, c'est-à-dire le moins fait pour accepter la placidité satisfaite et le particularisme tatillon et frondeur de ses compatriotes.

Dès l'adolescence, le désir le prit des pérégrinations lointaines. Il dirigea ses goûts intellectuels, c'est-à-dire ses libres méditations et ses lectures, d'après la loi de ce désir captivant. Il devint, assure-t-on, une sorte d'explorateur en chambre, toujours penché sur des mappemondes, des récits de voyageurs et des livres de géographie, jusqu'au jour où il entreprit, enfin, le grand voyage de circumnavigation, qui est de style dans l'éducation des futurs rois.

Alors son œil put mesurer l'œuvre des siècles de colonisation, en étudier la diversité, les périls, les profits et les chances de durée. Il comprit que la

meilleure des politiques était encore celle qui s'accommodait aux besoins et aux usages des peuples,
soumis au protectorat de la race blanche. Le temps
des conquêtes brutales était passé. L'Angleterre et
les Pays-Bas devaient à un régime de douceur, ou
même à la concession du *Self-government*, dans
l'ordre économique, juridique et administratif, la
possession paisible et fructueuse de territoires
beaucoup plus vastes que la mère-patrie. Au contraire, l'exploitation à outrance, appuyée sur la
force militaire, n'avait abouti, dans les colonies
dont l'Espagne et le Portugal étaient les métropoles, qu'à de piteux résultats.

Les nouvelles colonisations auraient désormais
un double but, à la fois moral et matériel, ou bien
elles seraient précaires.

*
* *

En Afrique, de telles préoccupations avait un
caractère particulièrement grave. Cette malheu-
reuse terre, dont le nord avait subi, dès la période
antique, l'humiliation de toutes les conquêtes,
était devenue peu à peu la grande pourvoyeuse de
bras serviles.

La traite n'y avait, d'ailleurs, jamais disparu
depuis le xvi⁰ siècle. Elle n'avait jamais cessé d'ali-

menter les marchés d'Amérique. C'est en vain que
le Congrès de Vienne avait, en 1815, proclamé son
abolition « une mesure... conforme à l'esprit du
siècle et aux principes généreux » des souverains
représentés; c'est en vain qu'à Vérone, en 1822,
cette platonique déclaration avait été renouvelée;
que les États-Unis avaient plus tard supprimé officiellement l'esclavage : la traite africaine n'en gardait pas moins toute sa flagrante horreur; elle
menaçait de dépeuplement un continent immense,
riche en hommes et en productions naturelles, et
elle contribuait à la démoralisation d'un autre
continent, où le travail servile devait entraîner les
pires conséquences sociales.

Si les marchands d'esclaves s'étaient montrés
économes de vies humaines, ils auraient pu prolonger impunément leur abominable trafic. Mais
ils furent aussi imprévoyants que cruels. Livingstone a calculé que, dans certaines régions, sur dix
nègres réduits à l'esclavage, neuf ne voyaient
même pas le rivage, où les attendait à l'ancre la
prison flottante, qui devait les emporter et les con-
duire à la pire servitude. Les razzias s'opéraient
donc de plus en plus loin de la côte occidentale
de l'Afrique; elles étaient sans cesse plus meur-
trières et moins abondantes. Dans la grande forêt
équatoriale, il se livrait de véritables combats. Les

villages fortifiés des indigènes devaient être pris d'assaut; les hommes valides étaient tués, les femmes et les enfants emmenés ensuite, troupeau bêlant et apeuré. qui allait, vers la mort, à travers les solitudes immenses, sous la garde féroce de gens de proie.

Tantôt c'étaient les trafiquants de race arabe, tantôt les princes indigènes eux-mêmes, qui se chargeaient de l'horrible besogne. Le Dr Nachtigal, témoin muet et impuissant d'une de ces expéditions homicides, la raconte ainsi :

Je me souviens toujours avec une nouvelle horreur du 31 mai 1872, jour où nous attaquâmes le village de Koli Quand au sortir de la sombre forêt, nous atteignîmes la clairière où s'étalait le paisible village, le soleil levant nous fit assister aux préparatifs de cette fatale journée. Les habitants, après avoir incendié leurs demeures, se retiraient derrière un rempart d'argile, à hauteur d'épaule; au centre, un épais fourré, entouré d'un fossé et d'un second rempart, recueillait les femmes et les enfants. Après la sommation, qui fut repoussée avec une froide résolution, commença le combat qui se prolongea jusqu'à 3 heures de l'après-midi et me remplit d'admiration pour les défenseurs. Les armes à feu et les flammes décidèrent de l'issue de la journée. Les rangs des hommes s'éclaircissaient, le feu dévorait les huttes, le fourré était rempli des nôtres; une sortie désespérée mit fin à la résistance.

Alors commença une nouvelle tragédie. Des hommes

blessés, à moitié morts, expiraient sous les coups des vainqueurs avides, qui s'en disputaient la possession. Des femmes et des filles défaillantes étaient entraînées avec la plus extrême brutalité; on se les arrachait avec fureur; de pauvres enfants, enlevés violemment des bras de leurs mères, roulaient, les membres brisés, sur le sol. Cette lutte atroce entre les agresseurs, pour la possession de malheureux qui avaient tout perdu, surpassait en horreur et en dégoût les barbaries même du combat.

Mais ce n'était pas tout. Les nègres une fois capturés, il s'agissait de les mener à destination, et c'est peut-être alors que le gaspillage de vies humaines devenait le plus affreux. Les explorateurs rapportent d'innombrables traits de cruauté, brutale ou raffinée, de la part des conducteurs du triste bétail humain. On manquait de tout, des soins élémentaires pour les blessés ou les malades, de vivres pour les êtres valides; le soleil et la soif coopéraient à la destruction; les malheureux, qui ne pouvaient plus poursuivre leur marche, étaient impitoyablement assommés; peu à peu les rangs s'éclaircissaient, et, lorsqu'on atteignait le rivage, la caravane était réduite au tiers ou au quart de son effectif.

Le consul Holwood fixait, en 1874, à un minimum de 1,000 par mois le chiffre des esclaves qui passaient par Monbaza, c'est-à-dire par l'une des

nombreuses routes de caravanes, conduisant au
Soudan. En une seule année (octobre 1873-octobre
1874) il compte 32,768 têtes, et ces estimations
sont confirmées d'autre part. Pour d'autres régions,
les calculs sont plus pessimistes encore. M. Banning
rapporte ceux du consul général Rigby, évaluant à
19,000 le nombre des nègres exportés annuelle-
ment de la région du Nyassa vers le nord;
20,000 esclaves, d'après le lieutenant Young,
auraient, en 1875, traversé le lac Albert. Dans la
même direction, Baker estime à 50,000 « le nombre
« des nègres que la traite enlève chaque année,
« dans la vallée du Nil supérieur, non compris
« ceux qui restent sur le champ de bataille ou en
« route ». Pour les autres contrées, les calculs dif-
fèrent peu.

Une fois arrivés à la côte, les survivants de ces
razzias étaient jetés pêle-mêle dans la cale infecte
de bateaux de rebut, équipés pour les transporter
en Amérique. C'est peut-être là que la mort cau-
sait les pires ravages. Baker nous a tracé un tableau
saisissant de la prise d'un de ces bâtiments d'esclaves, qui avait l'apparence rassurante d'un transport ordinaire, chargé de blé :

Le blé fut enlevé, dit-il, les planches qui entouraient
l'avant et l'arrière furent brisées, et on vit alors une
foule pressée de créatures humaines, garçons, filles et

femmes, amoncelés comme des harengs dans une tonne. Malgré leur atroce situation, sous l'empire des menaces qui leur avaient été faites, ces pauvres gens avaient gardé jusque-là le silence le plus absolu. La voile de la grande vergue semblait pleine et lourde dans sa partie inférieure. Examen fait, on y trouva une jeune femme cousue dans de la toile et qu'on avait hissée sur le mât pour empêcher qu'elle ne fût découverte.

Dès que le fait m'eut été rapporté, je donnai l'ordre de décharger le bâtiment. Nous y trouvâmes 150 esclaves arrimés dans une aire d'une inconcevable exiguité. Au premier mouvement qu'ils firent, une odeur suffocante se répandit dans l'atmosphère. Beaucoup d'entre eux étaient chargés de chaînes; ils furent bientôt délivrés par les forgerons...

*
* *

Pour décrire tant d'horreurs, il eût fallu une autre Beecher Stowe, dont le cri indigné retentit à travers les deux mondes. Les récits des voyageurs ne pouvaient avoir cette répercussion. D'autre part, l'action des gouvernements européens fut lente et maladroite. L'Angleterre montra seule une admirable ténacité. Ce fut elle qui, en vue de la répression de la traite, s'entendit successivement, à partir de 1817, avec les principales nations dont les intérêts coloniaux pouvaient justifier l'intervention et la rendre efficace, le Portugal et l'Espagne, puis les Pays-Bas, enfin la France et les États-Unis. Toute-

fois, d'action commune il ne fut plus question
après le stérile congrès de Vérone, c'est-à-dire à
partir de 1822 ; chacun voulut avoir sa propre
police et exercer la surveillance à son gré. Pendant
cinquante années, l'Angleterre ne réussit point à
provoquer un mouvement unanime d'opinion, plus
fort que les rivalités et les défiances nationales. De
plus, la répression maritime était la seule qui pré-
occupât les puissances européennes ; or, nous
avons vu que le nombre des esclaves embarqués
était relativement minime, si on le comparait à
celui des noirs, victimes des razzias dans l'intérieur de l'Afrique, et dont la mort se chargeait
d'éclaircir les rangs avant qu'ils arrivassent à leur
destination lointaine. Il en était beaucoup, enfin,
parmi les survivants, qui, vendus sur les marchés
du Soudan, trouvaient acquéreurs dans les États
du nord de l'Afrique, et ce ne fut, Tunis excepté,
qu'après la conférence de Bruxelles, due à l'initiative de Léopold II, que ces États consentirent successivement à seconder la propagande antiesclavagiste.

On peut donc, sans trop s'avancer, reconnaître
l'insuffisance de la tâche accomplie en 1876. Certes
la traite maritime, particulièrement sur la côte
occidentale, avait perdu son intensité meurtrière ;
mais le nord et l'est restaient ouverts au trafic,

humain, et, pour l'anéantir, il n'y avait qu'une méthode sûre : pénétrer au cœur de l'Afrique, y créer des établissements durables, dont la chaîne se prolongerait jusqu'à la côte et découragerait la cruelle ingéniosité des Arabes et des princes indigènes.

Voilà le dessein que Léopold II osa former, et à la réalisation duquel il conviait, en septembre 1876, à Bruxelles, une assemblée de savants, de voyageurs et de diplomates. Tout semblait, d'ailleurs, favoriser son initiative.

Difficile en Angleterre, en France, aux États-Unis, c'est-à-dire chez les grandes nations engagées dans les complications internationales, une entreprise d'humanité comme celle-là avait des chances de réussite très sérieuses en un pays neutre, admirablement situé pour servir d'intermédiaire entre ses puissants voisins, ne portant point ombrage à ceux-ci et n'ayant le faix d'aucune responsabilité dans les maux cruels, dont souffrait la race noire.

C'était là de sérieuses raisons d'espérer. La personne du roi fit le reste. Elle avait le prestige qui, surtout lorsqu'elle a une portée vraiment humaine, s'attache plus que jamais, par ce temps de démocratie, à une initiative princière. On n'a pas oublié l'élan de sympathie qui seconda la tenta-

tive du tzar en faveur de la paix et qui conduisit
la diplomatie européenne au stérile congrès de
la Haye. La conférence de Bruxelles, en 1876,
devait provoquer un moindre émoi. Pourtant les
résultats en furent meilleurs et plus promptement
effectifs. Dix ans après, la traite avait presque disparu dans le bassin du Congo ; la puissance arabe,
basée sur cette abominable pratique, n'était plus
qu'un souvenir ; un État bien moderne était fondé,
il était en voie d'être organisé et administré, là où
avaient régné trop longtemps la terreur et la mort.

*
* *

Il vaudrait la peine de transcrire le discours
prononcé par Léopold II à l'ouverture de la conférence de Bruxelles, le 12 septembre 1876. La
modestie de ses vœux, la générosité de ses ambitions, la modération de son langage, tout y dénote
la clairvoyance d'une pensée persévérante et forte.
La Belgique, y lit-on, « est heureuse et satisfaite
de son sort ». Pourtant le roi voudrait que
Bruxelles « devînt en quelque sorte le quartier-
général de ce mouvement de civilisation ». Cela
veut-il dire qu'on ne puisse, en dehors de son
action et de celle des organisateurs étrangers,
représentés dans cette assemblée, tenter d'utiles

efforts pour ouvrir à la civilisation l'Afrique centrale ? Nullement. « L'Association internationale ne prétend pas résumer en elle tout le bien que l'on peut, que l'on doit faire en Afrique. »

Ainsi parlait encore Léopold II, devant le comité local belge réuni au Palais de Bruxelles, deux mois plus tard. Mais il était sous-entendu que cette association serait le moteur central, autour duquel circulerait toute la vie d'une œuvre essentiellement humanitaire. Et c'est ce qu'attestait, dès le premier jour, la présence à Bruxelles des présidents de toutes les grandes sociétés de géographie de l'Europe occidentale et la présence, plus significative encore, d'explorateurs fameux, Cameron, Grant, le Dr Schweinfurth et le Dr Nachtigal. Il ne manquait même pas à la réunion l'appoint décoratif de quelques diplomates et hommes d'État, qui n'avaient pu décliner une invitation formelle du souverain, le baron de Hofmann, ministre des finances d'Autriche, le comte Zichy, le commandant Negri et sir Bartle Frere, vice-président du conseil de l'Inde.

On sait maintenant quelles circonstances, les unes vraiment graves, les autres d'apparat, favorisaient l'*Association internationale africaine* (ainsi s'intitulait le nouvel organisme). Le zèle très informé de Léopold II assura au groupement la

consistance, la validité d'action et la notoriété uni-
verselle dont il avait surtout besoin. Dans la pensée royale, la campagne antiesclavagiste devait
s'appuyer sur un vaste mouvement d'opinion ; il
fallait « toucher le cœur des masses » et rapprocher « dans une union fraternelle et peu onéreuse »
ces mille bonnes volontés anonymes, qui se lèvent
comme une moisson mystérieuse à l'appel de
toute cause juste.

Le plan était grandiose et digne d'un souverain
conscient des nécessités démocratiques de demain.
Mais il ne devait pas tarder à être modifié sous
l'empire des circonstances. S'il faut en croire les
notes manuscrites d'un des négociateurs, Émile
Banning, et une assertion de son biographe (¹), il
avait été déjà question du partage de l'Afrique
dans la réunion préparatoire, tenue par les délégués belges avant la conférence internationale de
septembre 1876. Les avis avaient été alors défavo-
rables à toute idée de colonisation, et Léopold II
avait, bon gré mal gré, dû réserver pour plus tard
une entreprise, dont la pensée était pourtant
tenace en lui. Au surplus, roi constitutionnel, et
comprenant les difficultés de son rôle, il ne pou-

(¹) Notice du général Brialmont, en tête des *Réflexions
morales et politiques* d'Émile Banning, p. xxix.

vait s'adresser directement aux foules; il devait
tenir compte des représentants attitrés de la bourgeoisie, groupés eux-mêmes en partis et ménagers
de leur popularité et de leurs intérêts électoraux.

Ces représentants firent au dessein royal, lorsqu'il prit corps, un accueil très réservé. Quant à
l'opinion moyenne, en Belgique, elle se montra
hésitante ou rebelle. Elle ressemblait, d'ailleurs, à
la lanterne de la fable, qu'on avait omis d'éclairer.
Les rares journaux, qui sympathisaient avec l'idée
expansionniste, n'en dissertaient que médiocrement et à longs intervalles. Leurs lecteurs,
semble-t-il, ne réclamaient ou ne toléraient pas
davantage. La classe possédante, qui était, électoralement, la classe dirigeante (puisqu'elle garda
le privilège du cens jusqu'en 1894), eut d'abord
très peur pour son épargne, très peur aussi pour
ses fils, et elle envisagea longtemps avec scepticisme les éventualités prospères d'un trafic aussi
lointain. Seules, quelques banques et quelques
maisons du haut commerce, mieux informées, se
rendirent aux premières ouvertures qu'on leur fit
officieusement.

L'armée, au contraire, s'intéressa tout de suite
aux aspects aventureux de la nouvelle entreprise.
Depuis 1830, elle végétait au milieu de l'indifférence d'une population dense, industrieuse et

pacifique, couverte par sa neutralité ; les vertus
militaires, qui avaient été historiquement des
vertus nationales, étaient, par la force même des
choses, devenues en Belgique un simple orne-
ment. L'armée n'y était plus guère qu'une grande
administration, reconnaissable à sa discipline plus
stricte et au chatoiement de ses uniformes. L'idée
d'une conquête morale, doublée d'une conquête
guerrière, lui sourit comme un réveil de ses énergies ; elle y entrevit d'abord de la gloire, plus tard
aussi des avancements rapides et peut-être la fortune ; il n'est que vrai de dire qu'elle y trouva
l'occasion de déployer des talents, insoupçonnés
chez beaucoup de ses membres.

Quand il fallut des explorateurs, on s'adressa
à ces derniers. De 1877 à 1883, six expéditions
belges furent organisées, et toutes comptèrent des
officiers à leur tête. Ce furent le capitaine Crespel
et le lieutenant Cambier qui ouvrirent la marche ;
la station de Karéma fut ainsi fondée ; en mai 1879
le capitaine Popelin débarquait à Zanzibar ; puis
ce fut le tour du capitaine Ramaekers et des lieu-
tenants Becker et Deleu ; en 1885, le lieutenant
Storms fondait la station de Mpala, sur la rive
occidentale du lac Tanganika. Quand Stanley,
dont il va bientôt être question, fut entré au
service de l'Association internationale et qu'il

remonta le cours du Congo, à partir de l'embouchure, il confia à des militaires belges, dont il avait éprouvé la bravoure et les qualités d'endurance, la plupart des relais qu'il improvisa et laissa derrière lui : à Manyanga le lieutenant Braconnier prit le commandement d'un poste militaire ; le capitaine Hanssens fonda les stations de Bolobo et de Kuamouth ; ce fut lui qui, en l'absence de Stanley, ramené en Europe par des complications internationales, prit le commandement provisoire de l'expédition qui venait d'explorer la région du Kassaï. Après la découverte de l'Uellé, l'Association internationale confiait, en 1886, au capitaine Van Gele le soin d'en reconnaître le cours. Ainsi se révélait et se dépensait, sur les deux rives du fleuve Congo, et jusqu'au lointain de ses affluents, l'activité chercheuse et intrépide des soldats belges. Elle devait se manifester, avec plus d'éclat encore, dans la longue campagne antiesclavagiste, qui se termina, en juin 1893, par la prise de Nyangwé, de Kasongo et de Kabambari, et les victoires de M. Dhanis sur les Arabes et leurs alliés noirs.

Le roi des Belges ne s'adjoignit pas que des soldats et des étrangers ; il chercha dans l'administration centrale du royaume des collaborateurs d'arrière-plan, à la vision nette et au sens expérimenté, collaborateurs non moins utiles que les autres, puisqu'un organisme politique naissait, et que tout le poids en reposait sur lui-même. De plus en plus, comme on le devine aisément, l'Association s'effaçait devant son fondateur; le comité belge tendait à en être l'âme, comme Léopold II était l'âme du comité belge. Toute la correspondance et les archives des missionnaires, la description des territoires parcourus, les traités conclus avec les chefs indigènes, une paperasse énorme et précieuse s'amoncelait au palais royal, où des bureaux avaient dû être installés, et où une sorte de ministère se créait, avec une hiérarchie, des règlements et des traditions. En fait, c'était un petit État qui naissait sans son de cloches, mais avec des assurances de vie de plus en plus nettes et des apanages de plus en plus vastes. Il fallait donc à cet État des agents expérimentés, juristes, diplomates et administrateurs tout à la fois, capables de comprendre vite et d'exécuter sans retard.

Parmi les choix que fit Léopold II, il faut mentionner ceux de M. Van Eetvelde, depuis secrétaire d'État, du baron Lambermont et d'Émile Banning.

Celui-ci fut le grand éclaireur du mouvement colonial en Belgique. Admirablement placé au ministère des affaires étrangères pour tout entendre et ne rien dire, élevé dans les traditions

de la vieille diplomatie, enfermé et comme
emmuré tout jeune dans cette serre chaude
qu'est le département où l'attachaient ses fonctions, il put, fort à l'aise en cet étroit espace,
déployer de rares qualités d'observation, de
réflexion et d'activité créatrice, constituer le « dos-
sier de l'affaire », comme on dit au Palais, préparer toutes les tâches, sonder les profondeurs de
l'opinion, être un écho et, en même temps, être la
tête qui pense, la bouche qui dicte et la plume qui
écrit. Ses *Réflexions* posthumes, plus encore que
les nombreux mémoires publiés, mais pas toujours signés par lui, attestent une érudition inta-
rissable, un jugement parfait et la plus noble
modestie d'esprit. Elles attestent aussi la philosophie, vaguement désenchantée, d'une belle âme,
dont le contentement resta inachevé dans cette
sorte d'ensevelissement volontaire, où le relégua,
d'abord une haute faveur, ensuite une étrange
disgrâce. De tous les serviteurs de la monarchie
belge, c'est peut-être celui-là qui a le plus fait
pour elle, et le moins pour soi.

*
* *

Quelle pouvait être l'attitude des promoteurs de
l'entreprise coloniale devant l'indifférence ou

l'hostilité, dont fit preuve la majorité des Belges dès le premier jour ? Ils devaient chercher ailleurs des appuis plus fermes et des sympathies moins équivoques, accentuer le caractère international de l'Association, aider à la constitution des comités étrangers, appeler, à côté des soldats belges, des collaborateurs anglais, allemands et français, bref persévérer courageusement dans la voie où ils avaient fait les premiers pas.

La première commission, constituée au lendemain de la conférence de Bruxelles, comptait parmi ses membres M. de Quatrefages et le Dr Nachtigal. Elle organisa une campagne anti-esclavagiste, qui fut plutôt d'observation que de conquête. Les expéditions qui suivirent eurent le même caractère ; la science et l'humanité y occupèrent toute la place, les préoccupations commerciales furent provisoirement abandonnées. C'était, d'ailleurs, la condition du succès et c'était aussi celle de la coopération de nations rivales, qui pouvaient s'accorder sur le terrain des enquêtes géographiques, mais dont les intérêts matériels eussent été, même là-bas, difficilement conciliés.

Pourtant allait-on, en établissant une domination mal définie, et encore moins dénommée, sur d'immenses territoires, la plupart fertiles, se désintéresser des productions d'un sol resté vierge jusque-là? Les rapports avec les indigènes eux-mêmes reposaient sur la loi d'échange, et un embryon de trafic résultait de chaque pas en avant des agents de l'Association. Celle-ci commerçait sans qu'elle le voulût; elle ne pouvait s'arrêter en si belle voie.

Déjà, en juillet 1877, dans une lettre qu'il adressait au *Times*, sir Rutherford Alcock, président de la Société de géographie de Londres, faisait allusion aux inquiétudes, que pouvait éveiller chez ses compatriotes la concurrence éventuelle du futur État. Il observait que les statuts de sa propre société « lui interdisaient formellement « d'exercer son action sur un autre terrain que « celui de l'exploration » et il justifiait, par les avantages d'une action commune, l'entrée en relation de ses collègues avec la commission internationale, siégeant à Bruxelles.

En Belgique, M. Banning, chargé d'affaires officieux du roi, n'excluait pas complètement les perspectives mercantiles : « Les stations, écri-« vait-il, auront-elles un personnel nombreux et « armé? Leur organisation restera-t-elle stricte-« ment circonscrite dans le domaine de la « civilisation et de la science, ou doit-elle se « développer, en outre, dans le sens religieux

« et commercial ? La solution de la plupart de
« ces questions est réservée à l'avenir (1877).»
Il ajoutait que des établissements « ne sauraient
« pas plus être des comptoirs qu'ils ne sont des
« missions ». Mais il rapportait le propos tenu
par le Dr Nachtigal, suivant lequel c'était par le
commerce qu'on avait les meilleures chances de
civiliser l'intérieur de l'Afrique.

Au surplus, les Français et les Allemands, qui
avaient fondé des comités nationaux, n'avaient
perdu de vue le côté utilitaire de leur tâche.
M. de Brazza, au nord-ouest, et MM. Böhm et
Reichard, au sud-est, semblaient plus préoccupés
de conquête militaire que de croisade scientifique ([1]). On le vit bien, en 1881, quand M. de
Brazza s'avança du Gabon vers le Pool à marches
forcées et mit un instant en doute la possession du
grand fleuve, sans laquelle c'en était fait de tout
projet d'autonomie politique du Congo international.

C'est le lieu de nommer Stanley, qui devait

([1]) On sait ce qu'est aujourd'hui le Congo français.
Quant aux tentatives d'exploration des Allemands, elles
ont abouti à l'établissement du protectorat impérial
sur toute la région comprise entre la Rovouma, au sud,
les grands lacs, à l'ouest, et au nord, le massif monta-
gneux du Kilimandjaro.

donner une si forte impulsion à l'entreprise congolaise et, une fois au service de Léopold II, par la
supériorité du talent, préparer ses futures destinées. Il n'entre pas dans mes intentions de
raconter ici l'épopée dont Stanley fut le héros, sa
première traversée de l'Afrique centrale, ses
autres voyages d'exploration dont il a écrit lui-
même le récit dramatique.

Il convient toutefois de noter le contre-coup
puissant qu'eut l'admirable initiative d'un journaliste pour le développement économique du
Congo. Ce serait évidemment exagérer que de soutenir, comme on l'a fait, que l'Etat indépendant
n'eût jamais été fondé si Stanley n'était devenu,
après son premier retour en Europe, l'hôte et le
collaborateur du roi des Belges. Mais on peut
concéder que sans la rapidité de vues et d'action de
l'explorateur, sans la rare énergie de ce bel aven-
turier, peu ménager de son existence et de celle
des autres, férocement pratique jusque dans le
paroxysme de la grandeur héroïque et de la mâle
abnégation, il eût fallu un temps dix fois plus long,
et des sacrifices dix fois plus lourds, pour arracher
son secret au « continent mystérieux ».

Cependant, les événements se précipitaient.
Stanley avait réussi à fixer les jalons d'une domination, qui inquiétait les puissances voisines, la

France, l'Allemagne, l'Angleterre et le Portugal. Ce dernier, après une longue interruption de l'œuvre colonisatrice qui lui avait, en ces régions, si mal réussi jadis (1), se décidait à reprendre l'offensive. Ne pouvant lutter de vitesse avec les missionnaires de l'Association internationale, il renonçait à poursuivre l'exploration vers l'intérieur et s'avançait le long de la côte, de façon à occuper l'estuaire du Congo et à fermer ainsi tout débouché maritime à sa rivale. L'Angleterre l'y aidait, et, après deux ans de négociations, toujours interrompues et toujours reprises, elle signait avec le

(1) Les Portugais, après un siècle et demi de domination sur la côte occidentale, avaient, en 1627, rétrogradé jusqu'à Saint-Paul de Loanda; ce n'est qu'en 1748 qu'un des leurs, le Dr Lacerda, s'aventura dans la région méridionale, en partant du Zambèze. Plus tard, d'autres essais n'aboutirent qu'à des résul tats partiels, et les explorateurs anglais, Livingstone en tête, furent les premiers qui pénétrèrent jusqu'au cœur de l'Afrique centrale et qui en reconnurent la configuration orographique. Désormais, il était établi qu'un vaste territoire, abondamment peuplé et sillonné de fleuves, dont la plupart étaient navigables, constituait le bassin du Congo, dont le cours l'encadrait en quelque façon, par le haut. Entre le Nil arabe et le Zambèze anglais et portugais, il y avait place pour une domination intelligente, appuyée sur une œuvre civilisatrice.

cabinet de Lisbonne la convention provisoire du 26 février 1884, par laquelle elle reconnaissait la souveraineté du Portugal sur les deux rives du Congo, depuis l'embouchure jusqu'à Noki.

C'était, pour l'Association internationale, un coup sensible, peut-être un coup mortel. Son président, Léopold II, ne perdit toutefois pas courage. Il se souvint fort à propos de la vieille maxime romaine, et il se retourna vers la France, qui avait, en somme, des intérêts connexes aux siens. Le 23 avril 1884, il signait avec elle un accord, aux termes duquel il lui reconnaissait le droit de préemption sur tous les territoires acquis à l'Association, pour le cas où celle-ci voudrait, ou devrait s'en dessaisir. Aucune réserve ne fut exprimée, même en faveur de la Belgique, et ce ne fut que plus tard que l'union personnelle de cette dernière et du Congo, en la personne de son roi, fut reconnue comme impliquant la dite réserve de droit.

Mais était-ce assez d'une telle riposte à l'arrangement anglo-portugais? Il fallait encore que l'opinion s'agitât, qu'elle réclamât au nom des intérêts commerciaux de l'Europe entière, peu favorables à la primauté d'une seule nation sur la rive du Congo. Et l'on vit les chambres de commerce de Londres, Rotterdam et Hambourg unir leurs protestations à celles des trafiquants français et belges : la presse joignit sa voix à tant d'autres ; on soupçonna l'Angleterre de vouloir renouveler ici, quelque jour, l'exploit qui lui avait livré Gibraltar, Malte et l'Égypte ; il eût été fâcheux que déjà maîtresse de la route des Indes, elle le devînt aussi de toutes les voies commerciales, dont le fleuve Congo était la clef.

C'est alors que le prince de Bismarck consentit à intervenir et que fut convoquée la conférence de Berlin. La Belgique, ou plutôt l'État indépendant, y délégua ses meilleurs diplomates, le baron Lambermont et Émile Banning. Comme plus tard MM. Beernaert et Descamps, à la conférence de la Paix, les deux représentants d'un petit État devaient jouer ici les premiers rôles. Rapporteurs, secrétaires, négociateurs toujours en éveil, ils montrèrent une connaissance supérieure de toutes les questions engagées dans ce grand débat international ; ils surent aussi tirer un habile parti et un profit rare des divergences de vues et des conflits d'ambition entre les puissances, pour lesquelles, depuis les voyages de Stanley, le Congo était devenu une proie désirable. La beauté du dessein de Léopold II ne fut pas non plus sans impressionner l'assemblée ; les résultats acquis la frappèrent par leur ampleur et leur nouveauté, et chaque État parut s'appliquer, avec ardeur, à favoriser le nouveau venu, plutôt que de consentir à l'enrichissement de ses rivaux.

Le prince de Bismarck eut pour ce nouveau venu au banquet colonial des phrases, dont le miel fut doux au loyalisme belge ; il fit des vœux « pour l'accomplissement des nobles aspirations » de Léopold II. Il mit en relief l'utilité des tâches assumées par l'État indépendant et neutre, et il déploya une véritable coquetterie à jouer le rôle de parrain et à distribuer les dragées du baptême. Le fit-il sans arrière-pensée, et mérita-t-il les apologies, dont certains publicistes belges se montrèrent prodigues alors ? Interrogations vaines, puisque les événements ont eu, dans l'hypothèse négative, la malice aimable de déjouer les calculs secrets du célèbre chancelier.

*
* *

L'Acte de Berlin eut pour premier effet de réduire à néant les prétentions du Portugal ; il eut cet autre résultat, en opérant le partage de l'Afrique centrale, de déterminer avec précision le champ d'exploitation ouvert à chaque puissance. Enfin, il créa officiellement l'État indépendant du Congo, ou du moins il reconnut son droit à l'existence.

Ce n'était pas tout. Il fallait un chef à cet État. Les éloges du prince de Bismarck, ratifiés par la plupart des diplomates présents à la Conférence, étaient déjà une désignation suffisante pour Léopold II. Président de l'Association internationale africaine, le roi des Belges allait-il se dérober, au moment où les plus hautes ambitions de sa pensée étaient satisfaites?

Une seule considération pouvait le détourner d'accepter de nouveaux devoirs, et c'était celle des engagements qu'il avait pris en montant sur le trône de Belgique. Il y avait là un peuple auquel il se devait tout entier. Sans doute il avait cru être utile à ce peuple, à son bon renom, à son développement moral et à sa prospérité économique, en prenant l'initiative qui avait conduit la diplomatie européenne à Berlin ; mais encore fallait-il que les Belges fussent d'accord avec lui, que le sentiment populaire ratifiât son désir de souveraineté africaine. Léopold II dut connaître alors l'amertume d'un malentendu qui exista, on l'a vu, dès l'origine, et qui allait s'aggravant depuis dix ans. Il fallut renoncer, comme en 1876, à consulter la nation, et parler aux seuls représentants officiels de la Belgique. Ce fut donc aux Chambres du pays que le roi s'adressa et ce furent elles qui l'autorisèrent, respectivement le 28 et le 30 avril, à prendre le titre et les attributions de souverain de l'État indépendant du Congo.

L'État était reconnu; il avait un roi. Il restait à lui donner l'organisation prévue par la Conférence internationale et à le mettre à même de remplir les engagements qui lui étaient imposés. Ces engagements étaient nombreux et lourds. On dirait, à relire les stipulations de l'Acte de Berlin, que les contractants s'étaient acharnés, comme à plaisir, à rendre malaisés et incertains les premiers pas de l'enfant qu'ils venaient de tenir sur les fonds. Plus de traite tolérée sur terre ni sur mer; pas de droits d'entrée; pas de douane fluviale; pas de privilège civil ni commercial d'aucune sorte pour les sujets naturalisés de l'État (1); le devoir ardu de protéger les missionnaires des dif-

(1) En fait, les compatriotes de Léopold II devaient être avantagés sans qu'il fût nécessaire de le stipuler, ni possible, de l'empêcher. Tout les favorisait dans un État, dont les créateurs et les principaux fonctionnaires étaient leurs frères et dont le siège était à Bruxelles. Aussi voit-on le chiffre des importations belges décuplé en moins de dix années. Il était de 1,913,288 fr. 76 c. en 1892; de 17,270,785 fr. 72 c. en 1900. La proportion n'est guère aussi favorable pour les autres nations, en tête desquelles marche l'Allemagne, dont le chiffre d'affaires, dans le même intervalle, a été porté de 410,972 fr. 77 c. à 1,174,859 fr. 48 c.

férentes confessions, les étrangers de toute provenance, et de civiliser les populations noires du
bassin du Congo ; partout le contrôle — resté
illusoire, il est vrai, — des puissances signataires,
mais particulièrement sur le fleuve, c'est-à-dire sur
la grande artère du trafic à travers le continent ;
enfin, une complète neutralité politique.

Il fallut bien la patiente énergie de Léopold II
et le concours intelligent de tous ceux qui l'avaient
secondé jusque-là pour triompher des difficultés
de toute sorte, au milieu desquelles se débattit
d'abord le nouvel État. Parmi ces difficultés, celles
d'ordre financier tinrent naturellement la première
place. Elles eurent leur contre-coup immédiat en
Belgique, où les demandes de capitaux furent plus
pressantes et où le gouvernement se vit bientôt,
en vertu de l'union personnelle consentie en 1885,
sollicité d'intervenir à son tour.

Dès avril 1887, on fut forcé de recourir à l'emprunt, et, conformément aux lois du pays, d'obtenir l'acquiescement du cabinet de Bruxelles.
Celui-ci consulta les Chambres, et un débat s'ou-
vrit, dans lequel on entendit les premières voix
discordantes. En 1889, la construction du chemin
de fer entraîna l'intervention officielle de la Belgique pour la somme de 10 millions. Puis ce fut,
en 1890, un nouveau prêt de 25 millions, et puis

d'autres interventions encore, qui se heurtèrent à des résistances de plus en plus nettes et de plus en nombreuses.

Lorsqu'en 1885, on autorisa le roi à prendre le titre de souverain de l'État indépendant, un seul député de l'opposition, M. Neujean, se montra récalcitrant; il exprima des doutes sur le succès final et se plaignit amèrement de l'ignorance, où l'on était des ressources et des projets de ce frère utérin dont la Belgique n'avait que faire. Il revint à la charge en 1887, et il ne fut pas tendre pour le Congo, qu'il traita d' « État embryonnaire qui n'est en quelque sorte que tracé sur la carte, dont le crédit est nul et les ressources problématiques ». Comme on vantait la générosité de quelques banquiers et industriels, qui avaient souscrit 1 million en faveur de l'œuvre royale, il répliquait avec une ironie mal dissimulée : « Ces citoyens ont posé un acte patriotique en faisant peut-être quelque chose d'utile pour eux-mêmes. » Et il entraînait neuf votes négatifs, au lieu d'un seul, et sept abstentions, dont celles des deux hommes les plus considérables du parti libéral, Frère-Orban et Bara.

En 1889 et 1890, de nouvelles demandes d'intervention avaient encore un moindre succès et, quand la revision constitutionnelle eut ouvert le Parlement aux socialistes, souffla la tempête violente des critiques, des protestations et des reproches.

La droite était mal préparée pour la soutenir : elle-même se trouva désunie; le banc d'Anvers s'abstint ou vota avec la gauche, d'autres catholiques n'osèrent plus seconder le gouvernement, qui, selon la fiction constitutionnelle, avait consenti (pour la quantième fois!) à prêter ses bons offices au souverain en partie double. Lors du prêt consenti, en 1896, à la société du chemin de fer, il n'y eut plus que 61 oui contre 57 non et 20 abstentions, dont la plupart ressemblaient fort à des votes négatifs, qui n'avaient pas osé s'affirmer.

*
* *

Telle fut, jusqu'à l'achèvement heureux de la ligne, transportant voyageurs et marchandises du Stanley-Pool à Matadi, c'est-à-dire le long de la partie du fleuve obstruée par les récifs, l'attitude du Parlement belge à l'égard de l'État indépendant et de son royal fondateur. Ainsi s'explique que le projet d'annexion, qui était dans la pensée de ce dernier dès l'origine, fut laissé dans les cartons ministériels. Le 2 août 1889, deux jours après que la Compagnie du chemin de fer eut été constituée, Léopold II rédigeait un testament politique, par lequel il déclarait « léguer et transmettre... à la Belgique tous *ses* droits souverains sur l'État indépendant du Congo, tels qu'ils ont été reconnus par les déclarations, conventions et traité intervenus depuis 1884 entre les puissances étrangères, d'une part, l'Association internationale du Congo et l'État indépendant du Congo, d'autre part, ainsi que tous les biens et avantages attachés à cette souveraineté ».

Le testament fut communiqué à la Chambre des représentants le 9 juillet 1890. Elle fit, en somme, un piètre accueil à cette magnifique générosité. Les présents d'Artaxercès, de classique mémoire, avaient laissé des traces très profondes dans le mobilier intellectuel de certains députés. D'autres, hantés par la crainte du petit électeur, se réservèrent. Lorsqu'il fallut consentir le prêt de 25 millions, cette même année, et cinq ans plus tard un autre prêt, les discussions se firent de plus en plus orageuses, et les sympathies, de plus en plus clairsemées.

C'est surtout le chemin de fer, clef de toute la navigation fluviale du Congo, qui rencontra, en raison de certaines erreurs de calcul et de certains mécomptes, la plus violente opposition parlementaire. Il faut confesser, d'ailleurs, qu'attaqué avec plus de passion que de compétence, ce « joujou »

ruineux, comme on l'appelait, fut défendu, sans
grand éclat oratoire, par les ministres catholiques (¹). Un *leader* de gauche, M. Vandervelde,
médiocrement secondé par les siens, eut du brillant dans l'attaque ; il sut formuler l'idéal socialiste en matière de colonisation avec une habileté
très documentée (²). Seul, à droite, M. Helleputte,

(¹) M. Beernaert, qui, en sa qualité de ministre des
finances, puis de chef du cabinet, avait tenu le premier
emploi dans les négociations auxquelles donna lieu
l'affaire, eut le tort de trop peu en découvrir, au début,
les véritables aspects. En 1885, alors qu'il ne pouvait
ignorer l'intime pensée du roi, il disait encore à la
Chambre : « L'union des deux pays est strictement per-
« sonnelle ; d'ailleurs enthousiaste de l'œuvre du Congo,
« le pays a cependant expressément marqué l'intention
« d'y demeurer étranger. » C'était mal préparer les
esprits à l'idée toute proche de la reprise, inscrite, en
1889, dans le testament du roi.

(²) Il se garda avec soin du sentimentalisme pleurard
de certains collègues, qui s'attendrissaient sur les mauvais traitements infligés aux nègres par des agents peu
scrupuleux de l'État ou des sociétés commerciales.
Qu'il y ait eu, en effet, des excès commis, surtout dans
la période d'implantation, c'est indéniable ; mais n'est-ce
pas là l'inévitable rançon de toute prise de possession,
qui ressemble à une conquête, et faut-il oublier si vite
les misères, autrement grandes, de l'époque où la traite
des noirs fleurissait ? Quant à l'anthropophagie des indigènes, qui s'exerça plus d'une fois aux dépens des nou-

député de Macseyck, prouva, dans sa réplique, de la science et de l'esprit d'à-propos. Ses développements techniques impressionnèrent la Chambre; il fut, en outre, agressif et verveux à souhait, et il dépensa une adresse d'avocat à pallier les torts très réels des constructeurs et des administrateurs du chemin de fer, à mettre en relief l'utilité de celui-ci et à en exalter les futurs bénéfices.

*
* *

Stanley avait dit un jour que, sans un railway allant jusqu'au Pool, le Congo ne valait pas 2 shellings. Le propos fut répété et retourné suivant les besoins des causes adverses. Il était strictement juste, et on le vit bien lorsqu'eut lieu, le 1er mai 1898, l'ouverture à l'exploitation de toute la ligne (1).

veaux venus, il est puéril de s'en indigner. Rien ne prouve que le goût de la chair humaine soit natif, ni essentiel chez le Congolais; il constitue une dépravation, devenue héréditaire; ce ne sera pas trop de plusieurs siècles de contacts répétés pour l'anéantir. Longtemps on pourra dire des Africains ce que Saint-Marc-Girardin rapportait de certains Orientaux : « Ce sont toujours des antropophages, seulement ils mangent avec des fourchettes. »

(1) La France y fut représentée, et parmi la demi-douzaine de volumes que des invités de l'État écri-

C'est du 1er mai 1898, en effet, que date réellement la prospérité matérielle du nouvel État. L'élan commercial n'avait pas attendu jusque-là pour se manifester sous la seule forme qui fût compatible avec l'éloignement, les risques à courir

virent au lendemain de cette fête et du voyage dont elle avait été le complément, il en est deux, dus à des Français, l'un à M. de Mandat-Grancey, l'autre à M. Pierre Mille, ce dernier d'autant plus instructif qu'il vise au parallèle entre le Congo français et le Congo « Léopoldien ». Tous les deux sont d'accord pour rendre justice à la grandeur de l'effort accompli. Quant aux résultats financiers du chemin de fer, ils sont fort encourageants. Voici les recettes comparatives de 1897 à 1901 ; on verra qu'elles confirment les prévisions optimistes de M. Helleputte :

	Totales.	A la descente.	Voyageurs.
1897-98. . .	5,304,690 92	963,039 54	580,964 76
1898-99. . .	10,108,541 09	1,947,667 84	1,034,257 94
1899-1900 . .	13,182,800 84	2,697,816 50	1,194,887 36
1900-1901 . .	12,940,029 86	3,346,897 10	1,206,639 98

L'État indépendant médite la création de toute une série de nouvelles lignes ferrées, notamment celle des Stanley-Falls, qui doit tourner la succession de rapides barrant le fleuve entre Ponthierville et Stanleyville ; celle allant de Nyangwé au lac Tanganika, par la « Porte d'enfer » et la vallée de la Lukuga, etc. S'il se confirme, enfin, que le filon aurifère de la Rhodésia se prolonge jusqu'au Katanga, une nouvelle ligne deviendrait nécessaire au S.-E. de l'État.

18

et la nécessité de gros capitaux. Les compagnies à chartes sont aussi vieilles au Congo que l'œuvre de Léopold II, et en 1898 on en comptait vingt-cinq, exploitant cet immense territoire, et dont le siège était établi en Belgique, en Hollande ou en Portugal.

Désormais, il va s'en créer d'autres sur place, qui disputeront le trafic aux aînées. L'État lui-même aura son domaine privé, dont il tirera des profits de plus en plus larges. En 1899, son historien presque officiel, M. A.-J. Wauters, le représente comme « le plus grand trafiquant d'ivoire du monde ». Les chiffres soulignent éloquemment cette déclaration. En 1896, le produit brut des ventes des domaines de l'État était de 1,200,000 francs. En 1897, le produit net s'élevait à 3,500,000 francs, il atteignait 6,700,000 francs en 1898. A partir de l'année suivante, cette progression se marque dans l'exportation totale de l'État indépendant (commerce spécial) qui se chiffre à 36,067,959 fr. 25 c. (au lieu de 22,163,481 fr. 88 c.) et en 1900, à 47,377,401 fr. 33 c. C'est la récolte du caoutchouc qui a surtout contribué à ce rapide accroissement des recettes.

En 1895, elle était de   576,517 kilogrammes.

En 1896,	—	1,317,366	—
En 1897,	—	1,662,380	—
En 1898,	—	2,113,465	—
En 1899,	—	3,746,789	—

Pour arriver à ce brillant résultat, il a été besoin d'un contrôle sévère et constant et d'un système très perfectionné d'administration mercantile. L'État indépendant n'a négligé ni l'un ni l'autre. M. Pierre Mille a recueilli sur place des notes très intéressantes, concernant les méthodes d'encouragement employées par les agents de Léopold II. Prestations physiques, primes, prohibitions contre le vandalisme du sauvage, tout a été mis en œuvre et tout a servi. Peu à peu l'usage de cette dîme en nature a été accepté par une race longtemps rebelle à l'effort, que les officiers belges avaient déjà assouplie, en l'accoutumant à la discipline militaire, et qui est maintenant devenue apte à des travaux suivis et fructueux. Ainsi a été préparée « l'ère des cultures riches, café, cacao, plantations de caoutchouquiers ».

*
* *

Il n'est pas dans mon dessein de m'étendre davantage sur les résultats commerciaux de l'exploitation privée ou publique dans le bassin du Congo. Mais comme ces résultats constituent pour l'opinion belge un élément considérable d'appréciation, je ne pouvais m'en désintéresser tout à fait.

Beaucoup de gens crurent avoir tout dit, lors-

qu'ils déclarèrent que l'annexion de l'État indépendant serait une mauvaise affaire ; pour ceux-là
il devient chaque jour plus malaisé de maintenir
loyalement une opposition raisonnée.

Pour d'autres, — les socialistes par exemple —
l'opposition est de principe, et il ne faut pas
songer à les convaincre ou à les convertir. Les
libéraux, au contraire, en très grande majorité, et
les catholiques se rallieraient maintenant à la thèse
annexioniste, et M. Vandervelde lui-même n'a-t-il
pas indiqué que celle-ci lui sourirait davantage
que le régime actuel, s'il devait se prolonger avec
des interventions financières et une responsabilité
morale du gouvernement belge, désarmé et dénué
de tout contrôle sur une pseudo-colonie ?

C'est pour mettre un terme à ces critiques, pour
répondre à ces acquiescements et peut-être aussi à
des désirs exprimés par le monde des affaires que,
l'an passé, M. Beernaert proposa la reprise pure et
simple du Congo par la Belgique dans le délai de
deux années. Il le fit à l'heure où le gouvernement,
dont il n'était plus membre, demandait aux Chambres d'adhérer à un projet ainsi conçu : « Voulant
conserver la faculté qu'elle tient du roi-souverain
d'annexer l'État indépendant du Congo, la Belgique renonce, quant à présent, au remboursement
des sommes prêtées au dit État..., ainsi que la débi-

tion des intérêts sur les mêmes sommes. Les obligations financières contractées par l'État indépendant, à raison des actes précités (*je les omets*) ne reprendraient leur cours que dans le cas et à partir du moment où la Belgique renoncerait à la faculté d'annexion susvisée ».

Il parut que cet arrangement, tout en dégageant l'État indépendant vis-à-vis de la Belgique, maintenait pourtant transitoirement le *statu quo* des rapports réciproques. En fait, l'État indépendant reprenait sa liberté, qu'il avait en partie aliénée à la suite des prêts consentis et du patronage accordé à plusieurs reprises; en revanche, la Belgique restait liée par les conventions passées, par les liens commerciaux, par la présence de ses fils sur cette terre lointaine.

Il y eut de vives protestations, et peut être, malgré le cabinet lui-même, l'annexion eût-elle été votée au lieu et place de cet arrangement boiteux, si l'intervention directe et personnelle du roi n'eût jeté le désarroi parmi les adhérents de M. Beernaert et forcé celui-ci, non sans qu'il se mêlât quelque amertume à sa volte-face, d'abandonner son projet. Le roi, ou, si l'on veut, le gouvernement de l'État explique son attitude dans une note dont voici le passage essentiel :

« Il y a des moments où il faut agir au lieu de

délibérer, où il faut décider sans avoir à solliciter et attendre des approbations, où l'inaction risque de compromettre l'intérêt public. Voilà pourquoi, résolu d'accomplir sûrement la mission qu'il assume envers la Belgique en même temps qu'envers lui-même, l'État indépendant repousse des lisières qui, loin d'offrir à la Belgique d'utiles garanties, ne pourraient que lui être particulièrement funestes. Lorsque le développement de l'État sera arrivé au point où la transmission de ses pouvoirs à la Belgique constituera pour le pays un avantage certain, l'État indépendant sera le premier à en avertir patriotiquement la Belgique. »

Faut-il s'étonner, s'indigner même de cette espèce d'ultimatum, dicté évidemment par un maître et qui, formulé en termes de chancellerie, n'en a pas une moindre précision pour cela ? On s'est indigné, en Belgique, ce qui prouve qu'on y a la mémoire courte. Car l'attitude constante des partis politiques y justifie, autant que les débats parlementaires résumés ici, la circonspection alarmée dont a fait preuve l'État indépendant en une conjoncture aussi décisive. Que Léopold II recule l'échéance inévitable, à laquelle il devra soumettre son œuvre au contrôle de ses détracteurs de jadis, cela se conçoit fort bien, et aussi que le roi des Belges entende parachever cette œuvre à loisir, ou du moins y apporter quelques perfectionnements de plus. On ne peut donc lui faire un crime de choisir son heure et de consigner provisoirement à sa porte un héritier, rechignant hier, trop empressé aujourd'hui, qu'il a eu, avouons-le, quelque mérite à désigner, bon gré mal gré, dès 1889.

Dans ces conditions, il semble prématuré de disserter sur le meilleur régime qu'il conviendra, après l'annexion, d'appliquer à la nouvelle colonie. Un projet gouvernemental a été élaboré; des spécialistes (¹) y ont joint leurs observations plus ou moins critiques. Il sera temps d'y revenir lorsque la volonté royale aura dit son dernier mot.

(¹) Voyez les études de M. Speyer dans la *Revue de Belgique* (15 mars-15 mai 1902), et celles de M. Dupriez (*Revue générale*, 1902).

LES RÉFORMES POLITIQUES

C'est depuis 1894 qu'il y a, en Belgique, trois partis parlementaires : le parti catholique, le parti libéral et le parti socialiste. Ce dernier n'a été appelé à la vie politique que par l'extension du droit de suffrage; jusque-là, il était privé de toute représentation. Ses adhérents sont, pour la plupart, des ouvriers manuels; or, il fallait, jusqu'en 1894, payer 42 fr. 32 c. d'impositions directes pour être électeur législatif.

Il avait d'abord fallu payer davantage. Le 3 mars 1831, le Congrès national fixa le cens électoral pour la Chambre à une somme payée en impôts directs et s'élevant au moins à 13 florins (¹), au plus à 150, suivant l'importance des communes; la loi fondamentale décida, ensuite, que le mi-

(¹) Un florin des Pays-Bas vaut 2 fr. 10 c.

nimum serait de 20 florins. Pour les villes, ce
minimum fut arbitrairement porté à 35, 40, 50,
60, 70 ou 80 florins, selon le chiffre de leur population. Le but étant de restreindre la matière éli-
sante, plus il y avait d'habitants, moins il y avait
d'appelés aux urnes. En 1848, malgré l'opposition
de Frère-Orban, le minimum de 20 florins, qui ne
pouvait être transgressé sans une revision de la
Charte nationale, fut étendu à toutes les circonscriptions urbaines ou rurales. Du jour au lendemain, le nombre des électeurs fut porté de 46,463
à 79,076.

Pour un pays de près de 4 millions d'âmes
— de 6 millions aujourd'hui — ce n'était guère.
Pourtant il s'écoula quarante-cinq ans, avant
qu'une réforme de l'électorat fût admise par les
Chambres belges. Il est vrai — et à propos de
Frère-Orban cela a été exposé — que la division
des partis, et même des groupes dans le sein
d'un même parti, rendait l'opération extrêmement
malaisée. A droite, on n'était pas tout à fait d'accord ; à gauche, il y avait autant de formules qu'on
comptait de *leaders*. Or, s'il suffisait de la majorité
des deux assemblées législatives pour ouvrir l'ère
revisionniste, il était besoin des deux tiers des
votes pour la clôre et pour fixer les nouvelles conditions de l'électorat. C'est pourquoi, après d'inter-

minables débats, en 1893, on dut faire une transaction; on s'accommoda d'un régime qui ne souriait à personne, mais que chacun finit par préférer au triomphe de la formule du voisin.

Furent désormais électeurs tous les citoyens âgés de 25 ans (de 30 pour le Sénat), que la loi ne déclarait ni incapables, ni indignes. Mais le furent deux fois, et même trois fois (c'est le *vote plural*) tous ceux qui réunissaient certaines conditions de fortune ou de capacité patentée. Un carnet de rente de 100 francs ou un capital de 2,000 francs ou la qualité de père de famille valurent deux voix; un .brevet d'instituteur en assura trois, tout aussi bien qu'un diplôme d'avocat ou de médecin.

C'était ingénieux, et complètement factice. Le suffrage universel, qui a tous les défauts, a une seule qualité, essentielle il est vrai; il ne se prononce pas sur les inégalités sociales et intellectuelles, parce que ces inégalités sont indéfiniment variables et muables. C'est peut-être la seule raison d'être qu'on lui doive concéder; mais il n'en faut pas d'autre dans une démocratie. Le vote plural a plusieurs qualités, dont aucune n'est essentielle, et c'est pourquoi il ne constitue qu'un médiocre expédient. Il tient compte de la fortune, acquise ou transmise; il tient compte du savoir plus ou moins personnel; il est un encouragement à la paternité.

Tout cela est très bien, mais n'a rien de commun avec la fonction politique.

Les libéraux avancés et les socialistes (ceux-ci indirectement, il est vrai, et sous bénéfice d'inventaire) sont peut-être plus nettement responsables du *pluralisme* belge que les catholiques. Les catholiques s'y sont ralliés à regret, car ils avaient leur système, à eux, qui ne put triompher. Or il arrive aujourd'hui que le *pluralisme* ayant trahi les espérances des radicaux, ceux-ci font campagne avec les socialistes pour en obtenir la suppression. Quant aux libéraux modérés, on a constaté leur désarroi en 1893; même en 1902, ils ne sont pas d'accord entre eux, quoique le plus grand nombre incline encore vers un système électoral fondé sur la capacité.

On se rappelle les objections que Frère-Orban faisait, en son temps, au *savoir lire et écrire :* elles étaient infiniment justes et totalement irréfutables. On pourrait — il est fâcheux de devoir le reconnaître — en faire d'aussi sérieuses à toutes les formules de capacitariat. Restent les rares hommes politiques qui, dans une démocratie où la fortune est fluctuante et, même fixée, échappe souvent au contrôle fiscal, voudraient asseoir sur la terre et sur l'immeuble un système électoral ; ceux-là retardent simplement de trois générations ; leur place est dans un musée et non dans un Parlement.

Quoi qu'il en soit, le vote plural belge eut pour effet d'accroître le nombre des électeurs dans des proportions, que ses créateurs ne semblent pas avoir prévues, tout d'abord. Ils étaient 137,772 la veille; le lendemain, ils furent 1,354,891, disposant de 2,085,605 suffrages. La veille, il n'y avait au Parlement que des libéraux et des catholiques; le lendemain, un cinquième de la Chambre des députés appartint au parti socialiste, ou, comme on dit en Belgique, au parti ouvrier.

Aux dépens de qui se fit cette substitution? Aux dépens des seuls libéraux. La raison en a été, indirectement, déduite dans le chapitre consacré aux œuvres sociales des catholiques. Ceux-ci avaient, de longue date, préparé l'avenir électoral; ils avaient, plus encore que le socialisme, pris contact avec les masses populaires des villes et des campagnes; ils en avaient détaché le gros morceau, surtout au village; la foi aidant, leur tâche n'avait pas été d'ailleurs bien épineuse. Quant aux libéraux, si j'excepte des œuvres d'enseignement populaire (1), et celles-ci en petit nombre, ils avaient vécu dans une parfaite quiétude, troublée par leurs seules discordes politiques.

(1) La plus remarquable tentative de l'espèce fut faite à Gand, et sous la direction du professeur Laurent. Voyez à ce propos le livre de M. Laurent, *Les sociétés ouvrières de Gand*, publié en 1877.

Les élections de 1894 renforcèrent la majorité catholique et la mirent en présence d'une trentaine de socialistes. Les libéraux furent réduits à une fraction insignifiante, dont les membres devaient, pour la plupart, leur mandat à une alliance hybride avec le parti ouvrier. Encore faut-il bénir cette alliance qui assura une faible représentation à un parti, dont l'histoire avait été celle de la nation pendant cinquante années.

La joie des catholiques fut grande. Elle dura peu. Après avoir convenablement célébré la défaite de leurs adversaires traditionnels, ils s'aperçurent tôt que le change leur était défavorable. A une opposition courtoise, tolérante, sensée, le vote plural avait fait succéder une opposition acharnée, systématique, souvent tapageuse, grossière et cynique. Le mal gagnant de proche en proche, on vit des députés de droite s'époumonner à la riposte, et, dès ce moment-là, le Parlement belge, dont le renom de dignité calme s'était maintenu si longtemps, connut, à son tour, les outrances déconcertantes des Parlements voisins.

Il connut aussi les sessions stériles, la pluie malfaisante des interpellations, la nécessité des mesures disciplinaires, dont on dut graduer la dose suivant la gravité des délits de parole de l'extrême-gauche; il connut toutes les formes de l'obstruc-

tionnisme. Et dans cette enceinte, où l'on avait dit
que le cadavre d'un ennemi sentait bon, des catholiques regrettèrent le temps où les libéraux s'émou-
vaient d'un rappel à l'ordre.

Exilés du Parlement, du moins de la Chambre
basse, les libéraux avaient gardé dans le pays des
adeptes en grand nombre. Le régime majoritaire
leur avait été exagérément défavorable. Partout ils
avaient vu leurs troupes. moins nombreuses,
écrasées au premier tour de scrutin, entre les
légions catholiques et les effectifs socialistes; le
ballottage ne leur laissait d'autre alternative que de
faire élire un « jaune » ou un « rouge »; tantôt ils
s'étaient abstenus, tantôt il avaient voté à droite et
tantôt à gauche. Il en était résulté un émiettement
et aussi une démoralisation très grande du parti. Si
l'on voulait sauver le libéralisme de la destruction
finale, il n'y avait pas de temps à perdre ; il fallait
au système rudimentaire de la moitié plus un,
substituer un système plus équitable.

*
* *

La R. P. (représentation proportionnelle) fournit l'expédient désiré.

Elle consiste dans le découpage électoral d'un
pays en grand collèges, élisant chacun plusieurs

députés, et dans l'attribution à chaque groupement politique d'un nombre de sièges correspondant à celui des électeurs ralliés à ce groupement, à ses candidats et à son programme. Alors que le principe majoritaire divise par deux le nombre des voix, la R. P. le divise par trois, quatre ou cinq, ou même davantage, et assigne son lot à chaque parti. C'est, dans la mesure des relativités humaines, la justice et la justesse distributives à la fois.

Déjà pratiqué en Wurtemberg et dans quelques cantons suisses, la R. P. comptait, depuis long-temps, des adhérents en Belgique. En 1865, un député obscur, mais bien intentionné, en défendit le principe au Parlement. Mais les élections de 1870, si désastreuses pour le parti libéral, firent plus pour cette innovation que toutes les propagandes. Elles montrèrent les catholiques en possession de 72 sièges, avec 42,058 voix, et les libéraux n'en obtenant que 35, avec 35,501 votes. La disproportion, déjà criante, le devint davantage en 1880, quand 22,000 voix libérales donnèrent 26 sièges, et 20,999 voix catholiques, pas moins de 40. En 1884, nouvelle aggravation ; les libéraux conquièrent 22,117 suffrages et... 2 mandats. En 1888, des élections partielles, portant sur l'autre moitié du « pays légal », aboutissent à des résultats identiques : 44 députés catholiques sont élus et

2 députés libéraux; or, le nombre des votes émis
en faveur des catholiques ne dépasse celui de leurs
adversaires que de 681 (¹).

Telle restait la situation en 1894. La revision
constitutionnelle ne fit qu'en accentuer les côtés
fâcheux. Les libéraux, déjà clairsemés au Parlement, par suite de l'iniquité du régime majoritaire, s'en virent expulsés de façon quasi complète. C'est alors que M. Beernaert, chef du cabinet
catholique, essaya de faire voter la R. P. La majorité de la Chambre resta sourde à ses avertissements; elle préféra suivre un *leader*, M. Woeste,
qui a toujours pratiqué la plus déplorable des
politiques constitutionnelles, 'celle qui consiste à
gouverner pour et par une fraction de l'opinion
nationale.

M. Beernaert se retira dignement du cabinet;
mais son successeur, sans le remplacer à nul
égard, n'abandonna pas la pensée de cet homme
d'État catholique, le seul, après Malou, qui n'ait
pas été simplement un administrateur correct, doué
de quelque éloquence. Un an plus tard, la R. P.
faisait son entrée discrète dans la législation belge;
on l'appliquait à l'électorat communal, dont l'ex-

(¹) J'emprunte ces chiffres à une intéressante étude
de M. Goblet d'Alviella, Bruxelles, 1900.

tension du droit de suffrage avait forcément modifié les bases censitaires. Toutefois, par une ruse qui n'était pas tout à fait désintéressée, le successeur de M. Beernaert fit de la R. P., mutilée par ses soins, un instrument de conservatisme et non d'équité. Après avoir attribué à la fortune un quatrième suffrage, — ce qui réduisait encore la portion congrue du petit électeur — il proposa et fit admettre que la R. P. fut limitée par un *quorum* élevé. Ne seraient admis à la répartition des sièges de conseillers, à la commune, que les partis qui obtiendraient un nombre considérable de voix (un tiers dans les campagnes, au moins un sixième dans les villes).

C'était une façon d'éterniser sans contrôle les administrations catholiques de centaines de villages et de bourgs pourris; en revanche, les hôtels de villes urbains, acquis aux libéraux jusque-là, ouvriraient leur porte à des minorités, favorables au pouvoir et dont l'opposition serait un cruel embarras pour les anciens détenteurs de l'autorité locale. Ceux-ci, de plus, auraient à compter avec les socialistes, que l'extension du droit de suffrage, même atténuée par le quatrième vote, allait associer au gouvernement des cités industrielles.

Néanmoins, la R. P. était dans la place. Elle devait, en faisant ses preuves aux élections communales, préparer sa victoire sur le terrain législatif. Et, après une tentative outrageusement partiale du ministère catholique, qu'un semblant d'émeute emporta avec son triste inventeur, cette réforme équitable fut définitivement votée en 1899 et appliquée aux élections de 1900. Elle rendit à la vie politique une sérieuse minorité de libéraux et elle revalut aux socialistes, en pays flamand, les quelques sièges qu'elle leur fit perdre en pays wallon. En somme, le gain intégral fut pour les idées de liberté et de modération.

Ce gain eut été plus net, si la loi votée en 1899 n'avait pas comporté certaines restrictions, où se marquait l'esprit de parti. Qui dit R. P. dit de grandes aires électorales, permettant l'élection d'une dizaine de députés, de telle sorte que les diverses fractions de l'opinion publique soient représentées avec exactitude. Or, il plut à la majorité catholique de maintenir un certain nombre de petits districts, dont les représentants, *beati possidentes*, n'accordèrent leur vote au projet qu'à ce prix. De là quelques inégalités mathématiques, toutes aux dépens de l'opposition, et grâce à cela, une majorité factice de 20 voix assurée au parti dominant, lors des élections générales de 1900. De là aussi la nécessité de coalitions immorales, dans les arrondissements où libéraux et socialistes couraient le risque de n'emporter aucune part du gâteau, s'ils marchaient isolément au scrutin (¹).

*
* *

Un dernier point des réformes politiques doit être touché ici. Il s'agit du service militaire, qui,

(¹) Je ne puis entrer ici dans le détail d'une démonstration appuyée de chiffres ; les spécialistes la trouveront dans un article de la *Nuova Antologia*, publié le 1ᵉʳ septembre 1900. Mais voici un ou deux exemples, particulièrement significatifs : Le *quorum* électoral — condition de l'obtention d'un siège — est le résultat d'une opération mathémathique très simple, grâce à laquelle on établit le minimum des voix exigées d'un parti pour qu'il ait droit à un représentant. Or, à Alost, les libéraux eurent 7,540 suffrages et les socialistes 5,189 ; autant de suffrages perdus, et qu'une coalition eût rendus efficaces, le *quorum* étant de 10,000 voix. Dans le Limbourg, les libéraux obtinrent 5,333 voix à Tongres et 5,852 à Hasselt, c'est-à-dire dans de petits districts qu'il n'avait pas plu à la majorité de réunir. Ces 11,185 suffrages furent également émis en pure perte ; dans les deux Flandres, les déficits furent encore plus graves. Tout compté, la majorité catholique, au Parlement, ne correspond pas à une majorité électorale, existant dans le pays ; mais peut-on lui demander que, consciente des faits, elle accepte une réforme plus équitable encore et qu'elle se suicide ?

après soixante-dix ans, est encore, en Belgique, basé sur un tirage au sort, combiné avec le remplacement facultatif pour les fils de la bourgeoisie. Régime antipatriotique, discrédité partout, et qui n'est plus que mollement défendu, même dans le pays, où il a contre lui toute la gauche, ralliée au service personnel à la prussienne ou préconisant la nation armée, à la suisse (¹).

La droite, et avec elle le ministère inclinent au

(¹) Un libéral, M. Le Hardy de Beaulieu, était partisan de la nation armée, défendue aujourd'hui par les radicaux et les socialistes belges; il en vanta les mérites à la Chambre dans la séance du 30 janvier 1868. Il revint à la charge en 1869 (séance du 11 mai) et en 1870 (séance du 15 février). M. Couvreur, en 1868 et en 1869, préconisa aussi une réforme du système militaire de la nation, qui se rapprochait singulièrement de la nation armée. Voyez notamment le discours qui occupa la plus grande partie des séances du 7 et du 8 février 1868. L'un et l'autre parlementaires semblent avoir été l'écho d'opinions défendues, après 1866, à la tribune française. Voici ce qu'on lit dans SEIGNOBOS, *Histoire politique de l'Europe contemporaine,* p. 165 : « Le parti républicain (Jules Simon) proposa d'adopter le système suisse : le service universel réduit à quelques semaines, le temps nécessaire pour apprendre le métier, l'armée transformée en une milice nationale défensive. Ce régime comportait une politique de paix; il fut à peine discuté. »

volontariat. Le volontariat, c'est, au fond, l'enrôle-
ment d'une armée de mercenaires, grassement
payés et destinés à s'éterniser dans les cadres ou à
n'en sortir qu'en échange d'une compensation,
prévue et fournie par l'État. Tout cela a été imaginé en haine de l'obligation du service militaire.
C'est que les éléments conservateurs sont historiquement opposés à cette obligation. Ils le sont au
même degré et pour les mêmes raisons qu'ils le
seraient à une réforme supprimant la liberté d'enseignement. Il y a là un viel esprit, qui est resté
fidèle à des institutions aristocratiques du passé et
dont l'origine est dans le morcellement historique
des provinces belges et dans leur particularisme
tenace.

Quand les catholiques ont collaboré à la révolution de 1830, ils ont été parfaitement convaincus
qu'ils travaillaient pour la liberté, et la preuve,
c'est qu'étant la majorité, et peut-être assez forts
pour imposer une même foi, une religion d'État,
ils n'ont pas même essayé de le faire. Au contraire,
ils ont signé des deux mains un pacte de liberté
des consciences, en haine du luthéranisme hollandais dont ils avaient reconnu les inconvénients et
subi les envahissements. De même, ils se sont ralliés, eux qui étaient issus de doctrines autocra-
tiques, à toute une série d'autres thèses libérales,

en haine de la domination napoléonienne et de tous les despotismes successifs, dont leurs pères avaient crié la souffrance. Et c'est encore à Napoléon qu'ils ont pensé en réduisant au minimum le régime militaire de la nation.

Tels sont les principes qui me paraissent guider les catholiques en matière de législation militaire. Et à côté des raisons fondées sur ces principes, qui sont de l'histoire interprétée, il y a, chez eux, des raisons fondées sur des intérêts plus particuliers à leur temps et à leur pays.

Des intérêts, c'est bien ainsi qu'il faut dire, et le plus essentiel de tous, l'intérêt électoral. Car le Belge n'est pas militariste.

Lorsque la conscription fut établie, en 1795, il y eut une véritable mutinerie qui devint « la guerre des paysans » et qui fit couler plus de sang que l'encasernement n'eût peut-être, à ce moment-là, fait couler de larmes. En 1830, les précautions les plus minutieuses semblent avoir été prises pour empêcher le développement de l'esprit militaire, et les ministères qui se succédèrent, à Bruxelles, dépensèrent toute leur science pour concilier l'accomplissement du devoir patriotique avec le péril de l'impopularité, à laquelle ils savaient que toute aggravation du budget de la guerre les exposait. Il est à l'honneur du libéralisme de s'être finalement résigné (¹) à soutenir une doctrine, opposée au sentiment intime de la majorité peu éclairée des Belges. Mais il ne faut pas s'étonner qu'un vieux parti de tactique, comme le parti catholique, et qu'un jeune parti d'ambition avide et pressée, comme le parti socialiste, préfèrent sacrifier un intérêt supérieur à un intérêt plus restreint et plus immédiat.

Ce n'est pas tout. Les catholiques n'aiment pas le service de tous, parce qu'ils sentent bien qu'il résultera de là, comme en France, une émancipation des consciences et, ce qui est plus grave, la constitution d'une nouvelle conscience collective, dans laquelle se fondront, et peut-être se perdront, les croyances et les opinions héritées du paysan et de l'ouvrier; une conscience dans laquelle les préjugés de classe recevront, aussi, de terribles blessures, des blessures peut-être mortelles, et cela au détriment des parties les moins résistantes à ce contact, qui sont les parcelles de *bourgeoisisme*,

(¹) Résigné, c'est bien le mot. Car les libéraux, de 1857 à 1870 et de 1878 à 1884, occupèrent le pouvoir, sans essayer d'instaurer la généralisation du service militaire en Belgique. Le 19 décembre 1871, M. Frère-Orban se prononçait encore en faveur du remplacement; il n'admettait pas qu'on soutînt que le « service personnel » fût plus équitable.

sur lesquelles repose la fortune du parti conservateur. Car, plus encore que le parti libéral, et malgré des enseignes trompeuses, le parti catholique
a ses effectifs, ses retranchements et ses boulevards
dans la classe moyenne, comme il a son quartier
général et ses états-majors dans l'aristocratie de
titre, de terre ou d'argent.

En fait, c'est la bourgeoisie qui bénéficie le plus
complètement du privilège que lui assure la loterie
militaire (¹). L'aristocratie, sauf les prébendes du
capital, n'a guère d'autre profession où son activité
puisse s'exercer que celle de l'armée, et quant au
peuple — on l'a bien vu récemment en France où
il s'est solidarisé avec l'élément militaire —, il
n'est nullement antipathique, je ne dis pas au
principe abstrait de l'obligation patriotique de

(¹) C'est ce que disait, en 1867, un futur ministre
libéral, M. Van Humbeek, appelé à faire partie d'une
commission de réorganisation de l'armée : « Dans
notre organisation sociale, confessait-il, les classes
moyennes sont devenues les plus influentes, et, comme
leur caractère est essentiellement bourgeois, elles
mettent tout en œuvre pour se soustraire aux obligations du service de l'armée et même de la garde
civique. » Il est fâcheux de devoir déclarer que l'état
d'esprit de la bourgeoisie belge ne s'est pas modifié
depuis lors.

porter les armes, mais sûrement aux manifestations tout extérieures de ce principe dans la personne du soldat. Au contraire, le paysan et l'ouvrier voient avec raison dans le soldat un frère, pauvre comme eux et comme eux asservi à des corvées, où la dépendance est souvent cruelle, toujours onéreuse (¹).

Et puis, outre cette solidarité, il y a entre le pioupiou et l'homme en blouse, qui est de la même extraction que lui, une communauté plus noble que celle de la souffrance, ou si l'on veut, de la servitude : il y a le besoin d'idéalisme, qui trouve là un déversoir commode et large, et dont on aurait tort de ne pas apprécier l'intense noblesse. Le peuple est cent fois plus idéaliste que nous, justement parce qu'il est cent fois moins satisfait. Or, l'idée de patrie, se concrétisant dans l'uniforme, le reflet et le cliquetis des armes, le claquement des étendards, le poudroiement des défilés et jusqu'au tragique des combats, renferme un aliment, dont se repaît avec avidité la soif d'au delà, d'autre chose, de mieux, dont sont altérées les bouches des simples. Cette soif, au milieu de la fièvre des durs labeurs du sol ou du sous-sol,

(¹) Voyez là-dessus de très belles pages de M. Émile Faguet dans son récent livre, *Problèmes politiques*, p. 93 et suiv.

est sans cesse activée par les nécessités et les rapports de la vie elle-même, et il est aussi injuste
qu'imprudent de ne pas en tenir compte, et, par
l'égalité devant le fusil, de ne pas lui donner un
semblant au moins d'apaisement.

*
* *

La domination du parti catholique belge se
maintient depuis dix-huit ans. Rien ne prouve
qu'elle soit à son terme. Elle a pour soi la durée
même du pouvoir qui, si elle est une cause d'affai-
blissement dans les régions censitaires, ressemble
à un gage de longévité, dans les pays de suffrage
universel tempéré. Elle a encore pour soi les
œuvres sociales et les lois ouvrières, dont l'initiative revient aux gouvernants actuels, sans parler
de celles qu'ils ont perfectionnées sous la pression
des événements, mais avec une science d'adaptation incontestable. Elle a, enfin, pour soi la faiblesse de ses adversaires, divisés aussi profondément en 1902 qu'ils l'étaient en 1884, et incapables
de s'unir longtemps pour exercer le pouvoir dans
un intérêt commun de réparation et d'innovation
pratique et sensée. Seuls, quelques libéraux modérés, s'appuyant tantôt sur la droite, réduite à la
minorité, tantôt sur les éléments radicaux, pour-

raient, par un jeu de balance bien difficile, donner à leur administration une apparence honnête de stabilité.

Quant au socialisme, ses progrès formidables, en dix ans, expliquent, autant que ses origines et sa jeunesse, la grandeur de ses ambitions, et surtout celle de ses appétits. L'avenir lui semble réservé dans un petit pays, où l'industrie est maîtresse de plusieurs provinces, et, si de récentes enquêtes se poursuivent et si leurs résultats se confirment (¹), menace de les envahir toutes. Le jour, en effet, où la Belgique ne sera plus guère au nord, au nord-est et au sud, qu'un vaste district industriel, l'heure des expériences collectivistes aura sonné pour elle; il est donc important d'analyser les éléments à l'aide desquels se feront ces expériences, d'étudier les hommes qui s'en chargeront, de calculer leurs chances de durée, de signaler, enfin, leurs côtés avantageux et leurs périls.

(¹) On croit avoir découvert, dans les régions de la Campine limbourgeoise et anversoise, des gisements houillers, qui seraient un prolongement du bassin rhénan-westphalien, d'une part, et des mines anglaises du Yorkshire, de l'autre.

III

L'AVENIR SOCIALISTE

L'AVENIR SOCIALISTE

Le socialisme est aussi vieux que nos civilisations. Il se concrétise dans des doctrines et des œuvres, comme le catholicisme ; il a, comme celui-ci, des adeptes, qui se chargent de propager les premières et de multiplier les secondes. Son histoire présente donc plus d'une analogie avec l'histoire d'un parti religieux.

Les analogies sont anciennes, mais plus anciennes les revendications de classe, particulièrement en Belgique. Je crois qu'il est peu de démonstrations plus convaincantes, et plus négligées dans ce pays, où l'on table toujours sur la nouveauté du problème social et sur la soudaineté des phénomènes, qui y ont ouvert la lutte des classes. En interrogeant le passé, on constate que ces phénomènes se sont déjà manifestés à plusieurs époques, bien éloignées de la nôtre, notamment au ixe-xe siècle et à la fin du xiie.

* * *

Voici comment l'un des savants belges, les plus compétents en cette matière difficile, résume les dernières recherches historiques sur l'état social des temps qui virent s'accomplir la décadence carolingienne : « Quand la Méditerranée est devenue « un lac musulman, c'en est fait, et l'on entre « alors décidément dans l'âge agricole du moyen « âge... La terre est maintenant la seule richesse « connue, et, dès lors, se propagent victorieuse- « ment le système seigneurial et la féodalité. « En vertu d'une nécessité inéluctable, l'impor- « tance des grands domaines ne cesse d'augmen- « ter. *Autour d'eux, ils absorbent rapidement la* « *petite propriété, sans laquelle la liberté person-* « *nelle ne peut se maintenir. L'État tente vainement* « de s'opposer à cette action dévorante. Une loi « économique plus puissante que celles qu'il « édicte paralyse ses efforts (¹). »

Rien ne manque dans ce petit tableau : l'accumulation des capitaux, représentés par la possession de la terre, entre quelques mains, et les vains

(¹) *Revue historique*, t. LVII, p. 58.

efforts de l'État pour s'opposer à une concentration qui trouble l'équilibre de son autorité et de ses recettes. Si des voix prophétiques avaient voulu, dès lors, annoncer la fin d'un monde et la naissance d'un autre, elles auraient dit en 896 ce que clament sans relâche, avec bien moins de vérité, les voix collectivistes du temps présent. Elles n'auraient pas, d'ailleurs, été plus dignes de créance; car, bientôt après, de nouvelles formes sociales surgissent de la brume de l'avenir; le commerce international va restituer aux opprimés et aux vaincus de ce siècle de fer ce que le régime agricole leur a fait perdre. Le premier effet de cette révolution économique, ce sera, comme maintenant, la formation de villes populeuses, où des gens de toute sorte, immigrés et ruraux, se rassemblent et se coudoient dans le remous des intérêts contradictoires; les campagnes sont désertées peu à peu [1], et bientôt c'en sera fait du régime terrien, qui périra faute de bras, sous la concurrence effrénée des agglomérations urbaines.

Mais, à peine réunis dans l'enceinte des villes pour y exercer leur trafic, ces gens de toute venue songent à se solidariser; isolés ils sont livrés à

[1] Voyez les ouvrages spéciaux sur la question, mentionnés *Revue historique*, tome LVII, p. 78, note 3.

l'arbitraire seigneurial; groupés en corporation, ils auront de quoi tenir tête à leurs tyrans et ils le leur feront bien voir. Tout d'abord, ils sont riches, et l'argent leur permet de relever le front et de braver la morgue des châtelains. Jamais peut-être, si ce n'est à notre époque et dans un pays neuf comme l'Amérique, on ne vit des fortunes s'édifier avec autant de rapidité (¹); les annales de Vezelay racontent l'histoire d'un certain Hugues de Saint-Pierre, sorti des rangs les plus obscurs, sans un sou, et qui s'enrichit par l'habileté industrieuse de ses mains (*advena, genere et moribus ignobilis, quem natura inopem fecerat, sed manus arte docta mechanica locupletem effecerat*) (²).

(¹) Au xivᵉ siècle Eustache Deschamps garde de beaux accents indignés contre les parvenus de cette sorte : « Sa plus âpre haine, dit M. Petit de Julleville (*Histoire de la langue et de la littérature française*, t. II, p. 352) « est contre les financiers. Ces gens de basse naissance, « qui *s'enrichissent en dix ans par des moyens et une* « *habileté où le peuple et les poètes ne comprennent* « *rien*, font à Eustache Deschamps un effet diabo« lique, » etc. Pensez à Samuel Bernard sous Louis XIV, aux frères Paris et à l'Écossais Law sous Louis XV, et peut-être conclurez-vous qu'il y a là un phénomène de tous les temps.

(²) J. FLACH, *Les origines de l'ancienne France*, t. II, p. 369, note 3.

M. Flach (¹) a rassemblé d'autres exemples de grosses sommes gagnées dans la banque et le commerce de ce temps ; il nous cite de ces parvenus dont les filles épousent des chevaliers, de même que les filles nobles, mais pauvres, sont mariées de gré ou de force à des manants dont le gousset est bien garni. Au xii° siècle, on fait les mêmes constatations dans l'histoire et dans les œuvres littéraires ; il y a même toute une variété du lyrisme dont le thème, constant jusqu'à la monotonie, nous raconte les déceptions peu variées que procure à la jeune châtelaine le contact conjugal avec son époux de souche populaire (²). Parfois elle maudit ses parents, parfois elle a recours à eux contre la grossièreté des façons de son mari ; le plus souvent — *nil novi*, il faut le dire — elle se dédommage en compagnie d'un jeune seigneur, qu'elle appelle *ami* dans les textes et qui se fait le consolateur empressé de la dame :

> Elle dist : vilains, donée
> Suis à vous, se poise mi ;
> Mais, par la virge honorée,
> Pues ke me destraigneis ci,

(¹) J. FLACH, *passim*.

(²) Voyez les analyses de JEANROY, *Origines de la poésie lyrique en France*, particulièrement les pages 53 et suiv. et 219 et suiv.

> Je ferai novel ami,
> A cui qui voist anuant;
> Moi et li irons juant :
> Si doublera la folie... (¹)

Ou bien c'est l'amant, ou le soupirant évincé, qui attribue à la cupidité le mariage de celle qu'il aime :

> M'a ma dame confondu et traï,
> Mes (*mais*) ce ont fet li sien (*les siens*) apertement;
> Por son avoir l'ont donee a celui
> Qui nel deüst pas aler regardant
> (*Qui ne devrait pas même la regarder*) (²).

Veut-on un dernier exemple de l'intensité de cette marée montante des fortunes commerciales et industrielles à cette époque? Voici une lettre écrite, en 1179, par l'archevêque de Reims, Guillaume aux blanches mains, qui nous le fournira. Il reproche à beaucoup de bourgeois de Gand leur grande richesse et les maisons, pareilles à des tours, qui symbolisent leur opulence de parvenus ;

(¹) Elle lui dit : « Vilain, je vous ai été donnée à mon regret; mais par la vierge honorée, puisque vous me tenez court, je prendrai un amant, à qui que cela déplaise; lui et moi, nous nous amuserons; ce sera double plaisir... » BARTSCH, *Romances et pastourelles*, p. 46.

(²) *Revue des langues romanes*, 1896, p. 266.

il va jusqu'à leur reprocher d'avoir modifié le régime scolaire et la plupart des institutions au gré de leurs intérêts égoïstes (1) : je signale ce texte aux méditations des socialistes gantois de 1902 ; ils y apprendront que les crimes de la bourgeoisie gantoise, qu'ils dénoncent avec tant d'âpreté, avaient trouvé déjà un homme, de foi comme eux, pour les flétrir il y a sept cents ans.

Certes, il dut y avoir, alors comme maintenant, matière à de graves abus et à d'énergiques blâmes dans la soudaineté de certaines réussites et la brutalité affichée de certaines jouissances. En résulta-t-il une réaction aussi complète et une perturbation économique aussi foudroyante que celle qu'on nous promet pour demain? Hélas!

(1) « Multitudo civium propter arridentem sibi divitiarum abundantiam et arces domorum cum turribus æquipollere videbantur... contumax et insolens facta est, ut non solum in regimine scholarum transferendo, verum etiam in aliis plerisque jurisdictionem sibi... usurparet. » Miræus, *Oper. diplom.*, t. II, p. 974, cité dans Flach, t. II, p. 554. Les textes littéraires des xiie et xiiie siècles fourmillent de témoignages inconscients de l'opulence des bourgeois. Voyez *Flore et Blanceflor*, p. 1199 : chiez un borgois... Qui rices hom ert au marcié... *Bel inconnu*, p. 2478 : Moult rices borgois i avoit, dont la vile estoit peuplée; *Galerent*, p. 5425 : Maint bourgeois de grant richesse, etc., etc.

sept siècles ont passé, et vingt générations ont hersé le même sol, sans dévier d'un sillon dans la voie qui leur était tracée par le déterminisme de l'histoire!

Mais il faut revenir aux analogies que la vie économique de ces lointaines époques fournit à pleines mains. On a vu ce qu'était la concentration des capitaux sous le régime agraire; nous allons la retrouver, plus accentuée peut-être, sous le régime qui lui succéda [1]. Le petit pécule est peu à peu exclu à nouveau des associations qui se substituent aux fiefs seigneuriaux, ou qui s'établissent à côté d'eux et en haine d'eux. M. Pirenne définira, par exemple, la gilde de Saint-Omer au XIIIe siècle « un syndicat de capitalistes » [2]; ce syndicat et

---

[1] On ne peut tout dire, mais, parmi les points de comparaison qui se pressent sous ma plume, il en est un que je dois signaler : c'est le système des hypothèques, pratiqué dans une large mesure pour donner au commerce et à l'industrie l'extension qu'il leur permet aujourd'hui encore. (Voyez *Revue historique*, t. LVII, p. 92.)

[2] Et non seulement on trouve des capitalistes pareils aux nôtres, mais aussi des spéculateurs, morcelant leur fortune en achats de cens, de terrains et d'immeubles; tel ce personnage dont parlent les *Annales de Cambrai* (PIRENNE, p. 324) et qui est une bien jolie figure de parvenu. On trouve aussi des rentiers; aux XIIIe et XIVe siè-

ses pareils des autres cités s'arrogent le plus de privilèges qu'ils peuvent : législation et juridiction spéciales, semblables, à certains égards, à nos tribunaux de commerce, exonération de certains impôts et jusqu'au monopole des charges municipales, ce qui ressemble, à s'y méprendre, à la mise en coupe réglée des mandats par certaines fractions du monde industriel belge avant les innovations électorales de ces dernières années, et même en dépit de ces innovations.

Il y a plus. Ces syndicats de capitalistes exercèrent à la longue sur l'artisan isolé, livré à ses propres forces, une action tyrannique, qui pesa particulièrement sur l'industrie textile. Les tisserands de Verviers et d'Alost ne se doutent guère qu'ils repassent par des phases de luttes plus ou moins vaines, identiques à celles que connurent leurs ancêtres brabançons, réduits à n'être plus, selon l'expression d'un historien, que de « simples salariés au service des capitalistes ». Dans un livre

cles, cette catégorie de citoyens, chère à M. Yves Guyot et odieuse à M. Jaurès, est si largement représentée dans les villes qu'on invente ou approprie des termes particuliers pour la désigner ; ce sont les *Müssiggänger* et les *Lediggänger* en Allemagne et en Flandre, les *huiseux* (oisifs) à Noyon, etc.

récent (¹) écrit dans des préoccupations bien différentes de celles qui me guident ici, on suit pas à
pas le flux et le reflux de cette mer humaine, qui
vient lécher et polir les mêmes rocs depuis tant de
fois cent ans; on assiste à l'entrée en scène des
ouvriers de la grande industrie au xiii⁰ siècle (²) ;
leurs efforts se coalisent contre l'aristocratie mar-
chande des villes, « contre les grands bourgeois,
« qui occupaient les magistratures de la commune
« et de la gilde et avaient ainsi entre leurs mains à
« la fois la direction politique et économique (³) ».

(¹) Vanderlinden, *Les gildes marchandes dans les
Pays-Bas au moyen âge*, Gand, 1896.

(²) *Ibid.*, p. 48.

(⁵) V. aussi, G. des Marez, « Les luttes sociales en
Flandre au moyen âge » *(Revue de l'Université de
Bruxelles*, 1900), p. 14 et 20 du tiré à part. Quand je
dis grande industrie, j'entends par là le rassemble-
ment d'un grand nombre de travailleurs de l'un ou
de l'autre sexe dans une même exploitation où la
division du travail était observée. Sur cette division,
voyez le livre de Fagniez, *Études sur l'industrie et la
classe industrielle à Paris*, notamment les paragraphes
consacrés à des industries telles que celles du chapeau,
du vêtement et même du pain (p. 173), et Meyer, *Die
Stände, ihr Leben und Treiben*, etc. (p. 61, nᵒˢ 388 et
suiv.). Sans doute, les formes de la petite industrie
dominent au moyen âge, mais on perd de vue qu'il en
est encore de même aujourd'hui. Sur un peu plus de

A Bruxelles, la lutte fut longue, mais l'aristocratie l'emporta, avec le concours quelque peu forcé du duc Jean II, qui avait d'abord paru favoriser les petits ; à Anvers, le résultat fut le même ; les privilèges de la gilde, asile des ploutocrates, furent renforcés et une ordonnance communale alla jusqu'à interdire aux métiers l'appel au prince « pour obtenir des privilèges en leur faveur » ; les mêmes phénomènes se constatent à Louvain, à Léau, à Malines et dans les autres villes des Pays-Bas. On sait quelle fut à Liége, sous un régime différent, l'issue navrante des luttes à main armée que les métiers soutinrent contre la haute bourgeoisie. Un homme domine la période la plus ardente de ces luttes de sa haute taille, de son esprit aventureux et de la générosité apparente de ses desseins ; généreux ou non, ses desseins n'eurent d'autre résultat que de plonger dans la sujétion, et de réduire à une misère plus noire, la foule des ouvriers manuels et des petits patrons, qui associèrent leur fortune à celle de Henri de Dinant.

9 millions de personnes qui demandent à cette branche de l'activité humaine, en France, une part de subsistance plus ou moins congrue, il en est 6 millions qui appartiennent à la petite industrie et 3,250,000 à la grande, soit respectivement 65 et 55 p. c. En Belgique, la proportion est peu différente, malgré l'extrême concentration industrielle.

Ce n'est donc pas d'hier que l'on constate le tort infini causé à la classe ouvrière par la confusion inopportune de ses intérêts économiques et de ses revendications politiques; la défense de celles-ci implique des nécessités qui contrarièrent toujours le triomphe de ceux-là. Mais parmi ces nécessités il n'en fut jamais de plus fatale que le rôle de parasite, parfois inconscient, joué, à la tête de cette classe, par des bourgeois qu'elle adopte et qu'elle affuble en imagination, suivant les temps, d'un surcot de bure ou d'un sarrau de toile, jurant fort avec leurs mains blanches et la délicatesse de leurs attaches.

C'est l'association qui, aux xe et xie siècles, avait sauvé le commerce des griffes aquilines des seigneurs, implantés dans les bourgs ou guettant le voyageur du haut de leurs donjons. Au xiiie siècle, ce sera encore l'association, purement professionnelle, qui donnera aux ouvriers industriels une force de résistance dont ils étaient dépourvus jusque-là. Après des efforts mal dirigés, parce que révolutionnaires, on les voit se solidariser sur un terrain plus ferme, pareils en cela aux admirables travailleurs anglais, massés dans leurs *Trade Unions*, d'où ils défient à la fois les politiciens de profession et les exploiteurs d'instinct.

Mais au sein même des métiers, de nouveaux

ferments vont germer, qui produiront de nouvelles
discordes et rendront partiellement vaines les conquêtes des générations successives. La question du
patronat, et par conséquent celle du salariat se
posent dès le xii° siècle et même plus tôt. On en
note des échos douloureux ou plaisants dans la
littérature elle-même. Dans un roman de Crestien,
c'est-à-dire d'un rimeur qui vécut en Flandre autant qu'en Champagne, une aventure conduit le
héros dans une enceinte où trois cents jeunes filles
travaillent à des ouvrages d'or et de soie ; le poète
décrit le dénuement et la mine épuisée de ces victimes du capital : « Leurs robes étaient, dit-il,
élimées aux seins et aux coudes, leurs chemises
sales au dos ; leur cou était amaigri, leur teint pâle
de faim et de privations ; quand Yvain les vit, et
qu'elles le virent, elles se courbèrent sur leur travail et se mirent à pleurer en silence (1). »

(1) Et as mameles et as cotes
    Estoient lor cotes desrotes,
    Et les chemises au dos sales,
    Les cos gresles et les vis pales
    De fain et de meseise avoient.
    Il les voit et eles le voient,
    Si s'anbrunchent totes et plorent...
        (*Yvain*, édition FOERSTER, vers 5201-7.)
Plus loin, les ouvrières se plaignent d'être pauvres,

Ne voilà-t-il pas un passage sensationnel, détaché d'un discours écrit hier? Hélas! c'est un récit
daté de 1170 environ, de même que les malédictions précitées de l'archevêque de Reims remontent
à 1179; ces malédictions ne sont d'ailleurs pas
isolées, et l'on possède toute une série de textes
constituant le répertoire des injures, plus ou moins
méritées, dont la bourgeoisie fut flagellée, surtout
par les gens d'Église des xiie et xiiie siècles ([1]),
précurseurs des démocrates-chrétiens actuels. Il
est vrai que cette bourgeoisie avait, dès lors,
reconnu la nécessité de mettre des bornes à l'auto-
cratie des évêques, à l'enrichissement stérile des

tandis que celui pour qui elles s'épuisent s'enrichit à
leurs dépens :

> Et nos somes ci an poverte,
> S'est riches de notre desserte
> Cil por cui nos nos traveillons.

> (*Yvain*, édition FOERSTER, 5309-11.)

D'autres textes dans SCHULTZE, *Höfisches Leben im
Mittelalter*, t. Ier, p. 193, note 5.

([1]) Voir les textes de sermonnaires rassemblés dans
la *Revue historique*, t. LVII, p. 306 et DES MAREZ, *op.
cit.* p. 24, pour la propagande que firent les Bégards,
Guillaume Cornélius à Anvers, Bloemardine en Brabant et d'autres fanatiques ailleurs. Il ne manque pas
d'autre part, d'*intellectuels*, de souche bourgeoise,
pour se mettre à la tête des ouvriers en révolte.

corporations religieuses et à l'âpreté individuelle des clercs. Nous voyons déjà les biens de main-morte frappés de taxes particulières et les églises obligées de revendre des immeubles, qui leur avaient été légués; il arrive même qu'on leur interdise d'en acquérir. Dès le XIe siècle, la lutte s'engage, dans dix villes, entre le pouvoir épiscopal et la *commune* naissante, et l'évêque est partout forcé de compter avec ses administrés (¹).

Une fois maîtres chez eux, les bourgeois des villes ne sont pas au bout de leurs soucis. J'ai parlé tantôt de patronat. Il naîtra, aux XIIe et XIIIe siècles, des rapports entre le capital et le travail, les mêmes conflits que ceux qui alimentent aujourd'hui la chronique des grèves dans la plupart de nos journaux. Les lamentations des trois cents ouvrières, dont un passage d'*Yvain* nous a conservé la triste image, ne sont pas un fait isolé; les textes administratifs et judiciaires nous ont transmis des exemples nombreux de la tyrannie patronale, tyrannie qui allait jusqu'aux voies de fait et même plus loin encore. L'apprenti prenait un engagement qu'il ne pouvait résilier; il devait se résigner à subir toute espèce de mauvais traite-

(¹) Voyez les articles précités de M. PIRENNE, p. 92-93 et p. 297. Comp. la note 1 de la p. 93 et DES MAREZ, p. 17-18.

ments. Réclamait-il en justice? Il n'était pas assuré
d'obtenir satisfaction. Le prévôt de Paris libellait
en ces termes un arrêt daté de 1399 : « Nous avons
« enjoint et commandé au dit P... qu'il traite le
« dit Lorin, son aprentiz, comme filz de preu-
« domme doit l'estre, et l'en quière les choses
« contenues en la dite obligacion senz le faire
« batre par sa femme, *mais le bate lui mesmes s'il*
« *mesprent* (¹). » Et ce n'est pas la seule décision
de l'espèce.

En revanche, il ne manque pas de textes nous
conservant la preuve d'une solidarité affectueuse,
née des rapports entre patrons et ouvriers. Dans
un roman de mœurs et d'aventures, *Guillaume
d'Angleterre,* on voit un patron confiant à son
serjant (nous dirions à son commis) un petit capital
et une cargaison considérable pour qu'il fasse le
commerce à son profit, à charge pour lui de restituer à son maître les avances pures et simples qu'il
lui a faites (²). D'autre part, si les échantillons de
brutalité patronale ne sont pas rares dans les
textes, on y rencontre aussi maints règlements,
maintes décisions et maints faits attestant la solli-

(¹) FAGNIEZ, *op. cit.*, p. 69.
(²) *Chroniques anglo-normandes,* édition FR. MICHEL,
t. III, p. 118.

citude dont l'époque entourait les salariés du
travail industriel. Les obligations du patron envers
l'apprenti sont multiples et minutieusement spéci-
fiées dans les statuts de métier ; il devait pourvoir
à son entretien, veiller sur sa sécurité et sur sa
moralité ; dans la plupart des villes allemandes, il
était forcé de l'envoyer à l'école (¹) et partout il
devait lui laisser le loisir de remplir ses devoirs
religieux.

En somme, rien n'est sensiblement modifié dans
les cadres sociologiques de la vie économique :
soudaineté et exclusivisme de la fortune ; antipathies de classe, qu'on se plaît à dater d'hier et qui
trouvaient déjà leur expression il y a mille ans ;
revendications des petits, tantôt pacifiques, tantôt
violentes, mais toujours vaines lorsqu'elles n'étaient
pas conformes aux possibilités du moment ; sources
et moyens de mise en valeur du capitalisme tant
urbain que rural ; ce sont là, pour ne citer, que
quelques phénomènes, les éternels recommence-
ments de l'histoire (²), dont il serait puéril de
dédaigner la leçon, de ne pas prévoir la continuité
séculaire. Il ne serait pas moins puéril, il est vrai,

(¹) V. BERGER, *Bäckergewerk*, p. 118, cité dans
FAGNIEZ, p. 66, note 2.

(²) V. TARDE, *Les lois de l'imitation*.

d'ignorer ou d'omettre les réalisations lentes, les progrès acquis, les améliorations graduelles dont la situation du travailleur a bénéficié depuis cent années, grâce au grand acte d'émancipation, qui fait de 1789 le tournant le plus mémorable de l'histoire sociale des temps modernes (¹).

Encore ne faudrait-il pas s'illusionner, comme on est porté à le faire, sur la profondeur des secousses que le courant révolutionnaire imprima, à la fin du siècle dernier, à la conscience morale de nos sociétés. Les hommes changent toujours moins qu'on ne l'imagine. Les blessures de la vie, les leçons de l'école, les atteintes du sentiment passent les unes après les autres, et, chez le plus grand nombre, le composé atavique qu'est l'individu reste comme intangible dans son tranquille immobilisme. Et il en va des institutions et des conditions de la vie comme de l'homme lui-même.

(¹) M. Yves Guyot (*Les principes de 89 et le socia-lisme*) et M. Léon Say (*Journal des débats*, numéros du 24 février 1896 et suiv.) ont étudié les déviations que la politique de classe veut faire subir à la logique d'application des principes de 1789. M. Émile Faguet (*Questions politiques* et *Problèmes politiques*) a toutefois formulé d'intéressantes réserves et, le premier, établi que « la révolution était un grand fait, qui est devenu une idée vers 1830 », ce qui explique bien des choses, en apparence contradictoires.

Tantôt je citais, dans une note, la disproportion d'importance que les statistiques françaises accusent encore en faveur de la petite industrie Des statistiques semblables peuvent être invoquées en faveur de la persistance d'autres formes sociales, héritées d'un lointain passé, que les évangélistes du collectivisme se plaisent à dire mortes ou moribondes, alors qu'elles sont encore en pleine énergie de durée et d'efflorescence.

*
* *

L'histoire du socialisme, ou, si l'on préfère, des luttes de classes en Belgique, n'est pas sans intérêt pour l'époque présente. Les besoins et les désirs sont restés les mêmes ; les hommes ont peu varié de mentalité générale. Ils ont toujours accepté un évangile et des conducteurs vers la terre promise.

Toutefois, cet évangile est devenu moins fluctuant, et le marxisme a donné une formule, d'allure scientifique, à des revendications qui semblaient l'imprécision même. En Belgique, il en a été ainsi du jour où le socialisme a fait place au collectivisme doctrinal, et les groupes socialistes au P. O. (Parti ouvrier) :

« Les richesses, en général, et spécialement les moyens de production,.. doivent... être considérées comme le patrimoine commun de l'humanité. Le droit à la jouissance de ce patrimoine, par des individus ou par des groupes, ne peut avoir d'autre fondement que l'utilité sociale et d'autre but que d'assurer à tout être humain la plus grande somme possible de liberté et de bien-être. La réalisation de cet idéal est incompatible avec le maintien du régime capitaliste... Les travailleurs ne peuvent attendre leur complet affranchissement que de la suppression des classes et d'une transformation radicale de la société actuelle... l'émancipation des travailleurs sera essentiellement l'œuvre des travailleurs eux-mêmes. »

Voilà les principaux articles du *credo* collectiviste; on ne peut leur refuser la netteté; la lutte des classes et la substitution, par la voie des réformes économiques, d'un régime collectiviste au régime actuel, tels en sont les deux points essentiels. La lutte des classes est poursuivie activement par ce parti, soit qu'il groupe à part les ouvriers manuels, les cantonne dans leurs « maisons du peuple », les détache des organismes bourgeois, où certains intérêts les avaient aggrégés, rende malaisée, ou même impossible, toute entente électorale entre eux et les anciens groupements politiques. La transformation économique est prêchée et préparée ouvertement par ses *leaders* à la Chambre et par ses adhé-

rents chez eux ; la coopération et la mutualité leur
enseignent une sagesse nouvelle, leur permettant
de se suffire à eux-mêmes, de supprimer les inter-
médiaires bourgeois entre eux, d'anéantir ainsi une
fraction notable du « parasitisme » de la classe possédante. Leurs *leaders* réclament ou préconisent la
suppression de la grande propriété agricole, la
suppression de l'hérédité en ligne collatérale (plus
tard en ligne directe), l'agrandissement du domaine
public, l'impôt progressif sur le revenu et toutes
les coercitions de la loi, destinées à mettre un
frein à la puissance patronale et à rapprocher la
plèbe de l'égalité politique et de la liberté économique.

Ce n'est pas tout, car un programme politique,
long d'ici jusqu'à Pontoise, a été annexé à la charte
du parti. Il comporte les modalités les plus diverses
et les innovations, en apparence, les moins cohé-
rentes. Il touche à tout, à l'électorat, à l'autonomie
communale (qu'il prétend, par une singulière
logique, renforcer), à l'instruction aux trois
degrés, à l'Église (dont il entend supprimer le
budget), aux tribunaux (dont tous les fonctionnaires seraient élus), à l'armée (qu'il licenciera
plus tard, mais transforme d'abord en garde
nationale), à la royauté (dont il ne veut plus).

Ce n'est pas encore tout. Car, à côté des grands

principes, à côté du programme économique et du programme politique, le P. O. a ses conciles annuels, où se débattent et se décident toutes les questions d'opportunité, questions électorales et questions de personnes, questions de tactique surtout.

*
* *

Parmi ces questions, la plus passionnante a été, comme en France et comme en Allemagne, celle de savoir quelle était l'attitude à recommander vis-à-vis de la petite propriété. En Belgique, aussi bien que dans les pays voisins, a prévalu la doctrine de conservation et d'accommodation. On a déclaré le petit propriétaire digne d'intérêt, le grand propriétaire digne d'exécration. Au premier on a trouvé les mains nettes, au second on a demandé ses titres, et on les a reconnus insuffisants. Cette manœuvre simpliste a réussi surtout au village.

Au village, en effet, il y a beaucoup de mécontents, de ces mécontents qui n'osent se plaindre, qui n'ont pas les dérivatifs de l'ouvrier des villes et qui n'en sont que plus entêtés dans leurs haines négatives et si aisément contagieuses. Pris entre le curé et le gros propriétaire, comme entre l'enclume et le marteau, ces frustes souffrent donc et se tai-

sent; mais ils ont juré leur bon juron de se venger,
et sur qui? Sur le parti clérical, qui est représenté
par cette soutane, sur la bourgeoisie libérale, qu'est
censée symboliser, à tort ou à raison, cette redingote déboutonnée de ventru.

Le socialisme est là qui rayonne comme l'aube
d'un beau jour, et les paysans, ouvriers agricoles et
petits exploitants sont tentés de lui adresser leur
prière du matin. On a fabriqué, à leur usage, un
collectivisme mitigé, teinté de clair, un collectivisme qui les laisse intacts, qui accroît plutôt leur
bien par l'expropriation des trop riches (¹). M. de

(¹) « Nous respectons la propriété paysanne, parce
que dans ce cas, propriété et travail sont réunis dans
les mêmes mains. » (Vandervelde, 5 mars 1895.) C'est
parfait; mais que devient le collectivisme, et peut-on
ici invoquer Marx, qui déclare, il est vrai, que la petite
exploitation agricole est une « forme équitable de la
propriété privée », mais s'empresse d'ajouter que
« cette forme avait le grand défaut d'éparpiller les
moyens de production » et que « la petite propriété
devait périr par ce défaut »? Et c'est là tout, de sorte
que la solution préconisée par M. Vandervelde le jette
hors de sa route, si je puis dire, politiquement et le
rapproche, vaille que vaille, des catholiques intrépides,
qui ont, pour des fins bien différentes, tenté d'assurer
la conservation légale des petits héritages. A l'expropriation près, et encore, les catholiques sont d'accord

Vollmar en Allemagne, M. Jaurès en France, M. Vandervelde en Belgique n'ont pas reculé devant cette contradiction qui eût indigné Marx et que Bebel et Liebknecht n'ont jamais, que je sache, voulu inscrire dans l'évangile de leur foi : La petite propriété est conforme à l'évolution, la grande est immorale et doit disparaître; le socialisme sera le croque-mort de la seconde, le rédempteur de la première.

Des preuves? Comme il en fallait, pour étayer cette doctrine qui frisait l'hérésie, on est allé en chercher un peu partout. Sans calomnier la statistique, on peut encore dire d'elle ce que Voltaire disait d'une autre science, qui lui est apparentée : c'est qu'elle permet à un esprit retors d'établir qu'il a toujours raison.

La méthode socialiste consiste à aligner des

avec lui : « Consolider la petite propriété, disait M. Helleputte, le 20 mars 1895, au Parlement belge, la développer bien loin de la détruire, tel est notre but ». Et il exposait tout un programme de réformes fiscales et de mesures tutélaires, dont le radicalisme atténué n'échappait pas au chef du groupe socialiste, qualifiant, à son tour, de démagogique la tactique de ce fâcheux concurrent. M. Vandervelde n'avait pas tort, car, de part et d'autre il y a, au fond. une conception révolutionnaire. Voyez les lois républicaines des 10 et 20 août 1790 et des 5 et 6 juillet 1791.

chiffres pour démontrer que la petite propriété agraire est en train de disparaître et que la concentration des capitaux se fera dans ce domaine, avec autant de rapidité que dans celui de l'industrie. Les apparences, du moins en Belgique et dans quelques autres coins de terre, s'accordent assez bien avec l'argumentation des collectivistes. De 1846 à 1880, le chiffre des cultivateurs locataires, en Belgique, s'est porté de 371,724 à 616,872; celui des cultivateurs propriétaires est descendu de 337,586 à 293,524. Toutefois, si l'on consulte les mêmes documents statistiques, on constate : 1° que la statistique de 1880 a, pour la première fois, considéré les jardins loués par des citadins à la campagne comme des exploitations rurales, ce qui a contribué à accroître considérablement le nombre de ces dernières; 2° que le nombre de propriétés de plus de 40 hectares s'est réduit, dans le même espace de temps, de 6,394 à 4,817. Comment concilier ces deux chiffres avec les chiffres invoqués par les socialistes? Il y a moins de propriétaires qui cultivent et moins de grandes propriétés! Le nombre des propriétaires qui habitent la ville a crû considérablement. D'autre part, loin de se concentrer, la propriété tend à se morceler davantage, au point que l'on trouve aujourd'hui 472,471 exploitations de moins de 50 ares là où il n'y en avait, il y a cinquante ans, que 247,551.

Ce morcellement, qui est reconnu par les socialistes français, est-il un nouveau danger, comme ils l'affirment? Faut-il s'en inquiéter au même titre que de la concentration exagérée de la terre en un petit nombre de mains? L'exemple de la Russie et surtout des États-Unis prouve que ces appréhensions sont partiellement vaines (¹). Aux États-Unis, l'âge de la grande culture est passé, et le temps paraît venu de la petite culture intensive. Chaque ville est enserrée dans un réseau de minimes exploitations, prospères et fructueuses malgré leurs proportions réduites, parce que les applications de la science ont décuplé le rendement de chaque pouce de terrain. De même, chaque mètre carré d'usine représente une production décuple, parfois centuple, du même espace à l'âge historique de la grande industrie. Voilà, me semble-t-il, ce qu'on peut opposer

(¹) Voir le livre de Sehring, *Die landwirtschaftliche Konkurrenz Nordamerika's*, 1887, et plus récemment celui du socialiste Bernstein, *Die Voraussetzungen des Sozialismus und die Ausgaben der Sozialdemokratie*, Stuttgart, 1899, p. 61 et suiv. Les chiffres pour la France, sont de 1812, ceux de source belge s'arrêtent à 1880. En revanche, l'auteur constate qu'en Allemagne, les statistiques de 1895 établissent un accroissement notable de la petite propriété agricole (exploitation de 5 à 20 hectares).

aux déclarations des collectivistes, et même à leurs chiffres. Les chiffres ne valent que par le rôle désintéressé qu'on leur assigne; ceux qu'on lance à la tête du public des meetings ne sont que des petits plombs, destinés à faire balle et à se loger dans les cerveaux simplistes.

*
* *

Le petit exposé, qui m'a été suggéré par l'examen de l'une des thèses favorites du collectivisme belge, peut être renouvelé pour ses autres thèses. Il n'en est pas une seule qui résiste à une confrontation, calme et impartiale, avec les chiffres officiels. Lorsqu'il invoque, par exemple, la raréfaction qui s'opère dans certaines industries, jadis réparties entre beaucoup de mains, aujourd'hui monopolisées par quelques-unes, il n'a pas tout à fait tort, car on peut prédire la disparition prochaine de ces industries du marché commercial, où la concurrence individuelle a son libre jeu. Il est évident, quoi qu'on pense de ses inconvénients et même de ses dangers, que le rôle de l'État et des communes tend à grandir chaque jour dans le sens de l'exploitation en régie des services d'intérêt public, qu'il s'agisse de transport, d'éclairage, de force motrice, de canalisation d'eau et d'égout, -

ou même de l'exploitation de certaines industries, dans lesquelles la santé publique est intéressée (rectification de l'alcool, fabrication des allumettes, etc.). Mais il est non moins évident que pour une activité qui se stérilise sous l'effort privé et prend place parmi les monopoles d'État, il en naît dix autres, dans lesquelles l'ingéniosité créatrice de notre temps trouve matière à salaires, à gain patronal, à placements commerciaux et à spéculations financières. C'est là un va-et-vient qui, loin de se ralentir, acquiert une intensité plus vive, à mesure que se multiplient les applications des sciences aux formes indéfiniment multiples de l'activité industrielle.

*
* *

Les œuvres de parti du collectivisme belge ne sont pas moins significatives que ses revendications. Car, si j'excepte les *Trade Unions* d'Outre-Manche (qui n'ont ni l'étiquette politique, ni l'idéal des ouvriers belges), on ne trouve nulle part, en Europe, un ensemble d'institution aussi imposant et aussi florissant que les coopératives et les mutualités du P. O. flamand et wallon.

Ce que celui-ci doit à ces groupements pacifiques? Bien des choses. Un peu plus d'aisance tout d'abord, et beaucoup plus de modération ensuite. La conscience de classe n'est un péril que pour autant qu'elle soit la conscience désespérée d'une impuissance commune, devant les maux de l'existence. Faites-en un instrument de progrès économique, elle se haussera à des ambitions et à des générosités, où l'idéalisme foncier du peuple saura s'affirmer noblement.

On lui doit, en Belgique, l'abandon des moyens révolutionnaires. L'action parlementaire y a rallié désormais les collectivistes, comme elle a rallié leurs frères de France et d'Allemagne. Après s'être lentement et minutieusement équipés pour les batailles électorales dans leurs coopératives, dont les caisses de résistance et le denier de propagande étaient alimentés par les profits quotidiens, ils ont débuté, le 14 octobre 1894, en conquérant du coup un cinquième du Parlement. Le début a été trop encourageant pour qu'ils ne persévèrent pas dans le chemin tracé (¹).

*
* * .

Tout cela, on le devine, n'a pas été le fruit d'une

(¹) **Entré dans les assemblées publiques en 1894, ils s'y retranchent et s'y consolident de plus en plus. Leurs 300,000 suffrages d'alors sont devenus 500,000 en 1900.**

saison. Né officiellement en 1885, le P. O. (parti ouvrier) est, en réalité, le résidu d'efforts bien antérieurs. Dès 1830 il y eut, en Belgique, de petits convents où le fourriérisme et le saint-simonisme furent cultivés avec une ferveur paisible et jalouse. On a lu que Rogier avait connu une telle ferveur. Plus tard, la grande industrie, en répandant les mêmes bienfaits économiques qu'en Angleterre, dut semer les mêmes maux et susciter les mêmes idées de résistance commune chez les ouvriers manuels.

Dès 1857 il existe, à Gand, une société de tisserands; en 1860, les métallurgistes s'organisent; ils succombent sous la pression patronale; mais en 1867, c'est à Verviers et dans le Hainaut que le mouvement, d'abord localisé sur les rives de l'Escaut, se propage comme un incendie. En 1869-1871 il sera déjà fort et il deviendra si actif qu'une série de grèves éclatent, ouvrant l'ère des luttes sociales, dont la Belgique n'a cessé, depuis lors, d'offrir le spectacle mouvementé [1].

Il manque encore aux ouvriers des chefs; mais ils ont déjà dans le Dr César de Paepe, disciple de

[1] On trouvera l'essentiel de l'histoire du P. O. et toute la bibliographie jusqu'en 1898 dans le livre de MM. Destrée et Vandervelde, le *Socialisme en Belgique*, Paris, Giard et Brière.

Colins, un conseiller fidèle, savant et circonspect, qui formulera pour la première fois leur idéal de classe dans une étude sur les *Services publics dans la société future*. Puis viendra Jean Volders, qui sera le véritable organisateur du parti, qui le baptisera si heureusement du nom de Parti ouvrier, de façon à pouvoir rallier les âmes timorées, qu'un nouvel idéal philosophique devait inquiéter, mais que rassurait une étiquette, où la réalité trop certaine d'une même sujétion était seule affirmée ; qui collaborera largement au développement coopératif, sans lequel c'en eût été fait d'un avenir politique, fondé non seulement sur de vagues espoirs communs, mais aussi sur la réalité présente et agissante d'intérêts communs de tous les jours.

En 1885, on comptait cinquante-neuf associations ouvrières, la plupart sans grand effectif, dans le P. O. fondé cette année-là. En 1897, quatre cent quatre-vingt-neuf groupes envoyaient cinq cent quatre-vingt-seize délégués au congrès de Gand. Parmi ces groupes, il en était, formant de vastes ruches, bourdonnantes d'activités multiples, employant des centaines de « compagnons » à toutes les tâches, depuis la cuisson du pain jusqu'à la confection des habits et des chaussures (¹).

(¹) Voici, d'après MM. Vandervelde et Destrée, la pro-

C'est là l'effort quotidien ; il se légitime par les besoins et les profits immédiats. Mais il y a aussi place pour le souci du lendemain, pour l'épargne en vue des mauvais jours. Et la mutualité sera la providence de ceux qui ne croient pas à l'autre. Elle s'implantera, comme le lierre s'enroule autour du tronc vigoureux, partout où se déploie la frondaison socialiste. En 1869, dans un seul

gression du nombre des membres dans les grandes coopératives du parti, de 1889 à 1897 :

	1889	1893	1897
Le Vooruit (Gand)	3,000	5,500	6,000
Les Vrije Bakkers (Anvers) . .	1,550	4,080	10,000
La Maison du Peuple (Bruxelles)	3,500	9,000	15,000
Le Progrès (Jolimont). . . .	3,300	7,000	11,000
Les Prolétaires (Louvain) . .	550	1,200	2,500
La Populaire (Liége)	720	1,450	5,000
La Ruche ouvrière (Verviers) .	450	1,600	2,000

Et voici le pain consommé à la *Maison du Peuple* de Bruxelles, de 1889 à 1897 :

Années.	Familles.	Pain consommé.	
1889	2,500	1,260,000	kilogrammes.
1890	3,500	1,561,500	—
1891	4,750	2,965,000	—
1892	7,000	4,790,000	—
1893	8,000	4,950,000	—
1894	10,000	5,250,000	—
1895	12,000	6,450,000	—
1896	15,000	7,500,000	—

district industriel, celui du *Centre* hennuyer, elle comptait déjà 529 adhérents ; vingt ans plus tard, ils étaient 3,416, avec une encaisse décuple ; en 1897, ils étaient 9,974, et la caisse, encore octuplée ; aujourd'hui, ils sont plus nombreux et plus forts. Au *Vooruit*, de Gand, des institutions analogues ont prospéré davantage, et une pension de 156 francs par an a pu être assurée aux coopérateurs, qui remplissent certains engagements pendant vingt ans et atteignent la soixantaine. A Bruxelles, à Liége, à Jolimont, des résultats aussi profitables, sinon aussi durables, sont obtenus par l'entente commune. Et ainsi se constituent de petits États socialistes dans l'État monarchique belge, des miniatures de républiques, où la répartition des profits se fait suivant des règles plus égalitaires et sous l'œil attentif des seuls intéressés.

.˙.

Voilà les œuvres essentielles, et voici les hommes. César de Paepe et Jean Volders sont morts ; morts aussi Van Beveren, Brismée et bien d'autres artisans de la première heure. Il reste, en face, et comme front à front, des avocats et des ouvriers manuels ; ceux-là, promus par les hasards de la politique, ceux-ci, investis, par la volonté intelligente de leurs pareils, de postes d'honneur, plus ou moins enviés et rétribués.

De tous les avocats, le plus remarquable est M. Émile Vandervelde, le *leader* et le porte-voix du parti, à la fois orateur et écrivain, armé pour tous les combats et unissant à l'apparente spontanéité d'un artiste la froideur du tacticien et la ténacité monocorde du sectaire. Physiquement, ce grand garçon très brun, très maigre, avec des yeux dont la lumière est tranquille et vive, fait rêver d'un vieil étudiant calviniste, tel qu'en 1570 ou 1571, à la veille de la Saint-Barthélémy, l'université d'Orléans ou celle de Montpellier en comptait beaucoup, et la coupe sévère de ses sombres habits, la monotonie d'un geste didactique, l'accent prêcheur de sa parole, si française d'ailleurs de clarté, de nette et ferme dialectique, ajoute à une illusion, qui devient complète, lorsque cette bouche, aux minces commissures, s'ouvre pour vitupérer contre la corruption des grands ou l'inutilité des rois.

Républicain et libre-penseur, ce sociologue est le fils d'un bourgeois libéral, bon vivant, dit-on, et tempéré d'humeur; il a reçu l'éducation quasi aristocratique de sa classe et il a gardé, dans les détails de l'existence, le souci du confort hérité. Mais sa mentalité s'est châtiée d'autant plus; elle s'est fait du criticisme social un vêtement strict et rugueux, le cilice imposé par une observance contre laquelle ni ambitions moyennes, ou même supérieures, ni tentations, ni défaillances n'ont encore prévalu. Enfin, cette logique rigoureuse, à une réserve de vie près, a conduit M. Vandervelde à une union, dont il serait incorrect de se préoccuper, si elle n'avait, en accentuant peut-être son zèle de féministe, donné à la cause qu'il défend un avocat de plus (1).

Bien avant son élection au Parlement, qui coïncida avec la première victoire des collectivistes aux élections générales, M. Vandervelde avait conquis une popularité justifiée parmi les « compagnons » de Bruxelles et même de la province. Ceux qui, défilant dans les rues de Liége en 1893, l'acclamaient en ma présence, sentaient déjà confusément qu'il serait pour eux ce que fut l'enfant retiré des eaux pour les Hébreux, marchant vers la

(1) Le 4 avril 1895, M. Vandervelde disait à la Chambre : « J'ai été jadis tout à fait hostile aux droits politiques de la femme », et il expliquait cette hostilité par les témoignages d'égalité sociale que lui avait apporté son « milieu bourgeois où la femme a une situation honorée... » Mais en connaissant mieux la femme du peuple, ajoutait-il, il avait retrouvé en elle la serve, courbée sous une humiliation injustifiée, et ainsi s'était faite sa propre conversion.

terre promise. Mais c'est après 1893 que s'avère
l'espoir fondé sur sa personne et ses talents.
Du premier jour, il s'impose à une Chambre où les
libéraux ne sont plus, où la droite compte peu
d'orateurs et moins de politiques. Il parle, il parle
longuement et souvent, et c'est avec de la stupeur,
indignée et intéressée à la fois, qu'on l'écoute...

Ce qu'il dit? Qui ne le sait déjà, qui a lu les
harangues de Bebel et de Liebknecht, de Jaurès et
de Guesde? Peu lui importait l'inédit dans ce
milieu où jamais, au grand jamais on n'avait
discuté jusque-là la royauté, la propriété et les
bases héréditaires de la famille. Il pouvait, s'il
l'eût voulu, se contenter de formuler des apho-
rismes, où Marx et Lassalle auraient voisiné avec
Rousseau et Proud'hon...

Il mit une coquetterie bien juvénile à être lui-
même, au moins dans la forme très peignée de ses
discours. Il ne craignit pas de citer des poètes et
des philosophes; il en cita même beaucoup; il
chercha et il trouva des antithèses et des méta-
phores, qui n'étaient pas empruntées au vieux
magasin d'accessoires verbal de ses collègues :

« Les rois ne sont plus que des automates, des
machines activées par les forces vives de la bourgeoisie. »

« Il semble qu'à mesure qu'on s'élève dans la

hiérarchie, les initiatives deviennent de plus en plus rares, comme ces fleurs des montagnes qui disparaissent lorsqu'on approche des sommets. »

« Nous ne voulons pas que la Belgique devienne une caserne, nous préférons qu'elle reste une fabrique. »

« Vous dites au peuple qu'il est souverain, et vous lui mettez sur la tête une couronne de papier. »

Il compara les agrariens à Jenny l'ouvrière, parce qu'ils sont « contents de peu »; désignant les ministres successifs, qui avaient, selon lui, succombé l'un après l'autre dans la défense malaisée des projets royaux sur le Congo, il les montra pareils à « des cariatides qui ont une charge aussi lourde à porter que ce pauvre Atlas, qui supportait le monde »...

Toujours présent, attentif et agissant, surtout au cours des premières sessions législatives, M. Vandervelde sut se montrer tacticien aussi adroit qu'il était orateur disert, interrupteur avisé, contradicteur entêté et âpre. En deux années, il demanda plus de cent fois la parole, et il est peu de séances où ne retentit son verbe impérieux, bref et cinglant, où il ne força le *leader* de droite, M. Woeste, à la réplique improvisée, où il ne mit la majorité en colère ou en désarroi ([1]).

___

([1]) Voici en quels termes un journal catholique, le

Au contraire, son rival d'éloquence, M. Édouard
Anseele, parle peu et à ses heures, et ce n'est pas
le seul, ni le meilleur contraste entre le député de
Bruxelles et lui. Car la popularité de M. Anseele
est autre que celle de M. Vandervelde, et son passé
socialiste, comme sa race, son extraction, son
éducation et sa tactique n'offrent rien de commun

Courrier de Bruxelles, caractérisait récemment le
rôle parlementaire de M. Vandervelde :

« Par sa parole à la fois hardie et mesurée, dont il a
toujours calculé froidement les effets, M. Vandervelde
a réussi à faire de la fraction qu'il dirigeait une force
prépondérante. Avant lui, les programmes parlementaires étaient faits par les majorités; les oppositions se
bornaient à enrayer de leur mieux les mouvements
qui les contrariaient. Ni les minorités catholiques, ni
même les libérales ne se sont avisées de s'emparer de
l'ordre du jour pour tracer elles-mêmes et jalonner la
route à parcourir. Avec M. Vandervelde, les choses ont
changé. Par obstruction, par intimidation, par ruse,
par violence, il a paralysé les travaux sérieux de la
Chambre et relégué à l'arrière-plan les intérêts généraux du pays, tandis que les appétits socialistes occupaient l'avant-scène. »

Le résultat de cet obstructionnisme a été la stérilité
de l'œuvre parlementaire, et pour les présidents successifs de la Chambre, culbutés par la droite exaspérée
jusqu'à l'injustice, une *diminutio capitis*, qui a rejailli
sur le régime parlementaire lui-même.

avec la personne, les antécédents et la politique de celui-ci.

M. Anseele a été surnommé « le virtuose de la brutalité », et il n'a rien négligé pour mériter l'épithète. Chacun de ses discours a été, à la Chambre, comme un déchaînement de furies, où la haine de classe soufflait plus ardemment que les autres passions débridées. C'est lui qui, apostrophant un jour ses collègues, leur disait : « Dans « ce siècle, en France, la bourgeoisie a dix fois « juré fidélité ; elle a dix fois anéanti ses propres « idoles, ses propres rois, allant toujours à la « faveur du nouveau régime qui paye et qui « rapporte. » C'est lui qui, définissant la justice « de classe » en Belgique, ajoutait qu'elle « est une forte femme, au bras long, quand il s'agit de frapper le petit, mais une femme caduque, quand il s'agit de frapper le grand. » C'est lui qui dénommait les patrons gantois la bande Cartouche et Cie. C'est lui qui dénonçait nominativement certains abus de ces patrons, mettant les points sur les *i* et retournant les coupables sur son gril avec une férocité heureuse de tourmenteur. Au lieu de formuler des principes, de se documenter dans l'érudition allemande ou anglaise, comme **M.** Vandervelde, **M.** Anseele préféra toujours opérer *in anima vili* ; il raconta sa visite à certains ateliers, il répéta les doléances des pauvres bougres chassés, volés par des industriels sans entrailles; il fit rugir ou pleurer; il ne voulut pas convaincre.

C'est qu'au fond, il est de ceux qui se nourrissent de bonne soupe et non de beau langage. Il est homme d'œuvres, industriel lui-même puisqu'il administre le *Vooruit,* c'est-à-dire la plus vaste des coopératives de production et de consommation *qu'ait su ériger son parti.* Il y débuta humblement et y gravit un à un tous les échelons *de la confiance;* aujourd'hui, il est *le roi de ce* petit État où l'on produit et l'on vend la plus *grosse part des choses nécessaires à la vie d'un* tisserand gantois. Ne demandez point à cet homme prompt à *l'action, et qui a toutes les vertus du* commandement, les qualités intellectuelles d'un savant, enfermé dans son cabinet, qui s'abandonne tout à l'aise à ses constructions idéologiques, sans redouter que la vie, de son souffle âpre, vienne les renverser soudain.

Redresser des torts, voilà ce que rêva, dès le premier jour, M. Anseele. Réclamer des droits, et, ceux-ci obtenus, faire la trève, propice aux travaux utiles : « Nous ne pouvions être que des révoltés « aussi longtemps que nous n'étions pas ici, et « nous l'étions par votre faute. » Ainsi s'exprimait-il dans une de ses premières harangues au

Parlement belge. Et pour compléter sa pensée, il
eût pu ajouter : « Nous ne sommes des mécontents
« que parce qu'il ne vous plaît pas de nous concéder
« les réformes ouvrières les plus urgentes. » Celui-
là, au fond, ne désire pas tant une perturbation
qu'une évolution sociale, pas tant une évolution
rapide qu'une série de perfectionnements sûrs et
féconds.

C'est, si l'on veut, le Rogier d'un futur gouvernement, dont M. Vandervelde serait le Frère-Orban,
mais un Frère-Orban qui n'a pu encore faire ses
preuves d'administrateur et qui reste provisoirement, pour la défiance bourgeoise, un beau par-
leur, très lettré et très érudit. Plus temporisateur,
M. Anseele est peut-être plus redoutable que son
rival. Celui-ci, en conscience, si pas par tactique,
n'est-il pas obligé de racheter la tare ploutocratique, qui se voit sur toute sa personne et jusque
sur ses mains blanches et sur son linge fin, par
une intransigeance de surface et une raideur d'attitude? M. Anseele, lui, fils du peuple et cher au
peuple, qui l'aime avec familiarité, a le laisser-
aller que permet une conception harmonique de
l'homme et de la vie : ses actes, ses paroles, son
geste même décèlent la tranquillité d'âme du petit
bourgeois flamand, vivant à même la plèbe de sa
race et de sa ville, dont il garde le parler savou-

reux, quoique infiniment guttural, la rude franchise et un certain simplisme d'idées et de mots.

MM. Vandervelde et Anseele s'opposent et se
complètent, d'attachante manière, dans cette petite
galerie où il convient de ranger les chefs du mouvement collectiviste en Belgique. A côté d'eux, je
ne vois guère qu'une notoriété à mettre en relief,
qu'un nom à mentionner, celui de l'économiste
Hector Denis, député de Liége depuis 1895.

Entré en coup de vent dans la carrière politique,
à laquelle aucune vocation ne le préparait, M. Denis est resté à la Chambre le professeur laborieux,
informé et désespérément terne qu'il est, dit-on, à
l'Université de Bruxelles. Compilateur d'une rare
sincérité, mais d'un manque total d'éclat, il compose, par intervalle, de longs discours qu'on lit aux
Annales parlementaires avec un réel profit, mais
qu'on n'écoute pas au Parlement, car il les prononce d'une voix basse, lente, attristée, comme
une psalmodie, qui aurait gardé le rythme monas-
tique des anciens moines de Saint-Gall.

Les autres *leaders* du socialisme belge sont,
comme dans les autres pays, des gloires locales ou
d'insignifiants comparses. Pour leur concéder une
taille plus haute, il faut s'armer d'un télescope là
où une loupe suffirait. Examinés de près, ils ne
résistent pas, pour la plupart, à un mesurage

sommaire. Car, ni leur langage ni leurs actes ne
témoignent d'un sens de la vie, d'une expérience
publique, d'une connaissance quelconque du passé
national et des lentes et infinies acquisitions du
savoir humain. Ils n'ont guère d'autre originalité
que celle d'une phrase plus ou moins colorée, d'une
mise plus ou moins débraillée, d'une profession
abandonnée, mais ayant laissé d'évidentes traces
dans leurs raisonnements étroits et dans un verba-
lisme, abondamment fleuri d'idiotismes locaux.

C'est ainsi qu'on reconnaît à je ne sais quoi de didactique, même dans l'incohérence de leur exposé,
des instituteurs qui, volontairement ou non, ont
déposé la férule du maître pour saisir la houlette
des « mauvais bergers ». L'un d'eux, M. Demblon,
poète à ses heures, s'est fait une spécialité enviée
des interruptions littéraires et une autre spécialité,
moins appréciée il est vrai, des philippiques
antireligieuses ; Dieu, la Vierge et les saints semblent occuper dans sa pensée une place aussi
grande que dans celle d'un zélé desservant.

*
* *

Chez lui, comme chez d'autres, il y a encore un
trait caractéristique de plus en plus accusé avec
l'effort des années. C'est l'embourgeoisement, qui
tend à faire, de ces farouches démolisseurs de la

société, de petits propriétaires paisibles et satis-
faits. Engrenés peu à peu dans un organisme
qui avait été le sujet de leurs âpres critiques,
on les voit s'accoutumer doucement aux sinécures
du Parlement, des députations de province et des
échevinats de ville, remplacer la bure par la laine
et le drap, le coton d'un linge sommaire par la
belle toile des Flandres, prendre du maintien et
même du ventre (¹). Tout cela se fait insensiblement, par une loi plus forte que les antagonismes
de classe et les haines d'hommes, et non moins
insensiblement, le P. O. se grossit de milliers
d'adhérents qui n'ont plus le même idéal lointain
et ne voient en lui qu'un parti fort, quasi assuré

(¹) Même il en est qui ont abandonné la lutte pour
des fonctions grassement rétribuées, tels les anciens
ministres de nos ploutocraties, qui échangent régulièrement le portefeuille de maroquin contre une grasse et
douce prébende. Déjà M. Nieuwenhuys, le révolutionnaire hollandais, prévoyant cette orientation de certaines consciences collectivistes, avait exprimé ses
appréhensions dans un précieux passage de son *Socialisme en danger* : « Beaucoup de chefs locaux de la
« social-démocratie sont égarés par leur existence de
« petit bourgeois. Ils ne sont plus les représentants du
« mouvement prolétarien..., ils commencent à parler
« de l'amélioration des petits bourgeois *dans le cadre
« de la société actuelle...* », etc.

du triomphe et qui leur apportera, demain, un pain plus blanc, plus de loisirs et des satisfactions égalitaires.

L'atténuation des haines sociales est sensible en Belgique, et on l'a pu constater déjà dans la collaboration active des députés socialistes aux lois ouvrières, dans la nouvelle théorie qu'ils professent sur la propriété paysanne, dans leur désir de participer aux travaux des commissions municipales, où ils siègent à côté de bourgeois conservateurs, dans mille circonstances où ils déposent le sectarisme comme un vêtement d'emprunt.

Tout, d'ailleurs, contribue à favoriser une orientation pacifique du P. O., depuis le sentiment de sa force, qui l'empêche d'être plus longtemps une simple faction et l'achemine à de plus hautes destinées, jusqu'à ses propres institutions, qui sont, les coopératives surtout, les instruments solides de cette force lentement acquise. Une coopérative est l'œuvre de chaque jour, et les congrès, les meetings, les toasts, les injures proférées contre la classe possédante ressemblent à des soupapes de sûreté, par où s'exhalent les gaz méphitiques, empoisonnant encore l'atmosphère des « maisons du peuple; » il faudra longtemps, longtemps encore pour que ces vains échappements deviennent inutiles et apparaissent tels aux plus enfiévrés d'un parti à base révolutionnaire.

Au surplus, les conceptions de ce parti ont évolué au même degré que les attitudes coutumières de ses dirigeants. Jadis partisans de la prise de possession armée du pouvoir, ceux-ci s'habituent à ne demander qu'au jeu des institutions monarchiques le triomphe, plus laborieux, certes, mais plus durable aussi, de la portion vraiment pratique et utilitaire de leur programme. Les émeutes d'avril 1902, qui ont tant préoccupé les chancelleries et la presse étrangère, n'ont été, pour les amateurs de barricades, qu'une dernière et sage leçon.

* *
*

Ces émeutes, qui datent d'hier, n'appartiennent, strictement, point à cet exposé. Qu'on m'excuse donc d'y faire allusion et de constater qu'elles ont démontré la faiblesse offensive du P. O. Comme l'a dit M. Vandervelde, le plus clairvoyant des *leaders* socialistes belges, que peuvent de mauvais revolvers contre les fusils Mauser de la garde civique, les mousquets de la gendarmerie et les sabres affilés de la police urbaine? L'armée n'a pas été requise, ou du moins elle n'a joué qu'un rôle effacé dans la répression de l'émeute ; mais tout permet de croire qu'elle n'eut pas failli à la terrible fonction que

lui assignait le prince de Bismarck, dans ses ulti-
mes prévisions politiques, dont les *Hamburger
Nachrichten* ont eu jadis la confidence.

On sait que le chancelier était, dans les derniers
temps de sa vie, convaincu que la force militaire
constituait, en suprême analyse, la meilleure sauvegarde de la classe possédante. Si telle était la
pensée du gouvernement belge, on s'expliquerait
mieux que sa politique tendît à transformer le
régime militaire dans le sens du volontariat, c'est-
à-dire à constituer insensiblement une armée de
mercenaires, dont les effectifs, soigneusement
recrutés parmi les affiliés des cercles catholiques,
coopéreraient, le cas échéant, à une sanglante
répression des troubles populaires. Mais c'est là
une simple hypothèse, et il est encore permis
d'espérer qu'il n'en sera que cela.

La solution pacifique des difficultés sociales, en
Belgique, dépend surtout du P. O. lui-même. Il est
en pleine période de croissance et il a les défauts
inhérents à la jeunesse, l'intraitable fatuité, l'in-
consciente assurance, l'aveuglement tranquille et
brutal. Mais il faut concéder qu'il est plus mesuré
qu'il y a dix ans, qu'il mord à l'épargne et aux
œuvres de longue durée et de lent rapport. D'autre
part, s'il en a les défauts, il a aussi quelques-unes
des vertus de la vingtième année; son idéalisme

n'est guère entamé, il marche dans son rêve comme un César dans sa pourpre; l'heure du réveil amer, malgré certaines expériences négatives, n'a pas encore sonné pour lui.

C'est dans son isolement que réside son plus grand péril (¹). Les rares fils de la bourgeoisie incorporés dans ses rangs n'ont pu, il faut bien l'avouer, élargir sa compréhension des choses sociales, ni atténuer, autant qu'il conviendrait, son exclusivisme pratique. Ils ont plutôt paru occupés de renforcer celui-ci, de lui donner ce qu'ils appellent assez anachroniquement une *conscience de classe;* soit qu'en se montrant plus papistes que le pape, ils désirent faire oublier leur extraction, soit qu'ils obéissent à une tendance instinctive, propre à tous les convertis et les projetant à l'extrême opposé de leur ancien idéal. Une

(¹) Il y a quelque chose d'éminemment suggestif dans ces lignes, où l'historien de la vie économique du moyen âge en Flandre, M. DES MAREZ, explique la prompte décadence du pouvoir démocratique à Gand, Bruges et Ypres, vers la fin du XIVe siècle : « La démo-« cratie, portée brusquement au pouvoir, refusa de « s'allier aux éléments sociaux qu'elle avait combattus. « Elle ne voulut connaître qu'une solution : la victoire « et ses avantages pour elle, et pour elle seule; l'écra-« sement total, la disparition même du parti vaincu. « Là gît le secret de sa chute. »

fraction des libéraux a, par des alliances électorales, des contacts personnels et des concessions
de programmes, essayé comme en France et dans
les autres pays, de réconcilier la classe des manuels
avec la bourgeoisie. Mais la tentative a été plutôt
vaine ; elle devait l'être, cette fraction, généreuse
dans ses aspirations, n'ayant ni l'importance
numérique, ni l'autorité nécessaires pour accomplir ce « grand œuvre ».

C'est pourtant de ce côté qu'est, en Belgique, la
seule chance d'apaisement politique. Le catholicisme n'y peut rien, il n'y pourra jamais rien ;
quoiqu'il tente, c'est à des libéraux que reviendra
la mission, bien délicate, il est vrai, de rapprocher
victorieusement deux classes désunies. Encore ne
devront-ils s'y essayer qu'au lendemain d'une victoire parlementaire, lorsque le partage du butin
rapprochera les appétits pour une même besogne
de revanche, de réparation et même d'assouvisse-
ment brutal. Un ministère libéral-socialiste est
dans les possibilités de l'avenir à Bruxelles,
comme il est dans la réalité d'aujourd'hui, à Paris,
avec les mêmes atténuations de programmes et les
mêmes compromissions de classes ; on peut dire
que, s'il se constitue un jour, il fera plus pour
la paix sociale, après cette traversée indéfiniment
longue d'un désert aride, que tous les congrès de
partis et que tous les écrits des philosophes.

TABLE DES MATIÈRES.

Charles Rogier. — Ce que fut la révolution belge de 1830. A quel prix se constitue une nationalité. Jeunesse de Rogier. C'est un républicain gallophile. Il réconcilie la France avec le nouvel État. Ses premiers rapports avec Léopold Ier. Portrait du souverain. Rôle de Rogier; ses talents d'organisation. L'anticléricalisme de 1830; les intérêts et les opinions contradictoires des libéraux et des catholiques. L'orangisme. Attitude de Léopold Ier. La question militaire. Dissidences entre libéraux; le régime électoral; les lois scolaires; les réformes ouvrières; Rogier précurseur du socialisme d'État. 8

Walthère Frère-Orban. — L'homme. Ses débuts au Parlement. Ce qui le distingue et le sépare de Rogier. Ce qu'il pense de l'instruction publique à tous les degrés. Lois de 1842 et de 1879; lois de 1850; loi de 1876. Frère-Orban religieux. Il est opposé à l'extension du droit de suffrage, et pourquoi. Son rôle à la

23

Bruxelles. P. Weissenbruch, imprimeur du Roi.